尚秉和易学思想研究

Research on Shang Binghe's Scholarship on the *Changes*

韩慧英　著

中国社会科学出版社

图书在版编目(CIP)数据

尚秉和易学思想研究/韩慧英著.—北京：中国社会科学出版社，2021.4
ISBN 978-7-5203-8296-0

Ⅰ.①尚…　Ⅱ.①韩…　Ⅲ.①《周易》—研究　Ⅳ.①B221.5

中国版本图书馆 CIP 数据核字(2021)第 067999 号

出 版 人　赵剑英
责任编辑　郝玉明
责任校对　张爱华
责任印制　王　超

出　　版　中国社会科学出版社
社　　址　北京鼓楼西大街甲 158 号
邮　　编　100720
网　　址　http://www.csspw.cn
发 行 部　010-84083685
门 市 部　010-84029450
经　　销　新华书店及其他书店

印　　刷　北京君升印刷有限公司
装　　订　廊坊市广阳区广增装订厂
版　　次　2021 年 4 月第 1 版
印　　次　2021 年 4 月第 1 次印刷

开　　本　710×1000　1/16
印　　张　14.5
字　　数　260 千字
定　　价　78.00 元

国家社科基金后期资助项目

出版说明

后期资助项目是国家社科基金设立的一类重要项目，旨在鼓励广大社科研究者潜心治学，支持基础研究多出优秀成果。它是经过严格评审，从接近完成的科研成果中遴选立项的。为扩大后期资助项目的影响，更好地推动学术发展，促进成果转化，全国哲学社会科学工作办公室按照“统一设计、统一标识、统一版式、形成系列”的总体要求，组织出版国家社科基金后期资助项目成果。

全国哲学社会科学工作办公室

序　言

尚秉和先生是近现代易学名家，其治《易》归本象数，推尊汉儒，以《焦氏易林》之易象研究为钤键，洞启易学象数之堂奥，显豁卦爻取象之新思，融旧而铸新，形成了独特的尚氏易学象数学说，深得学界之推许，是当代易学实现创造性转化与发展的重要学术资源。因此，如何全面而深入地认识和理解尚氏易学，乃是当代易学研究的一个重要课题。作为首部尚氏易学研究专著，本书从象数思想、易理思想、易学史思想、筮法思想、解《易》路径五大方面，对尚氏易学进行了系统的梳理与阐释，不仅厘清了尚氏易学的思想脉络，而且运用简帛易学研究成果对尚氏易学之得失给予了分析与评判，提出了新的见解，深化了学界对尚氏易学及相关问题的研究。

书中作者从“易象说”“易数说”及先天八卦之学三个方面，展示了尚氏易学的“象数观”。尚先生提出“《易》之为书，以象为本”（《周易尚氏学·左传国语易象释》），因此，其解释卦爻辞之路径是“首释卦爻辞之从何象而生。辞与象之关系既明，再按象以求其或吉或凶之故，还易辞之本来”（《周易尚氏学·说例》）。在他看来，《易》中无一字不本于象，“辞而吉，象之吉也；辞而凶，象之凶也”（同上），而且由于诸卦之取象不同，“甲卦之辞不能施之乙，乙卦之辞不能施之丙，偶有同者其象必同”（同上）。即便“上语方吉，下语忽凶”或“上句方说甲，下句忽说乙”此类看似语无伦次的卦爻辞，究其实皆是“象所命也”。如《睽》卦上九爻“见豕负涂，载鬼一车”，《豫》卦九四爻“朋盍簪”，《剥》卦六五爻“贯鱼以宫人宠”等，看似怪奇不经，实际上皆“象所告也”“象所命也”。凡此尚氏“易象观”的精要之处，作者皆能详加爬梳，并做出富有深度的解读与评判，这是非常可贵的。

既然《易》以象为本，那么，明象也就是治《易》的首要任务。作者指出，尚先生通过对《左传》《国语》所载之易象的整理，增补了一些《说卦传》中没有记载的八卦之象；又经过对《焦氏易林》逸象的发明，开辟了以象解《易》的新思路，使之既能纠正东汉人注解《易》象之偏失，又能为《易》中许多疑难文辞做出新的注解。书中对尚氏易学的主要取象方法——伏象、覆象、互象、半象、大象等一一做了总结与评析，认为尚氏易象说抓住了《周易》作为卜筮之书的特质，其取象方法为今人诠释《周易》经传提供了新的思路，但也多有值得商榷之处。特别是作者以20世纪70年代出土的马王堆帛书《易传》为依据，对尚先生将《焦氏易林》之易象视为西汉《周易》真诂的观点，提出了不同的见解。认为帛书《易传》对卦爻辞的解释，呈现出一种完全不同于尚氏的解释理路。

如对《乾》卦九三爻“君子终日乾乾”的解释，尚先生曰：“乾为君子，为日，三居卦终，故曰‘终日’。虞翻谓阳息至三，二变成离，离为日。荀爽谓日以喻君。虞固穿凿，荀亦未得，皆由不知乾日象也。”对此，作者援引帛书《二三子》之文以辨之。《二三子》云：“卦曰：‘君子终日键键，夕沂若厉，无咎。’孔子曰：此言君子务时，时至而动，□□□□□□屈力以成功，亦日中而不止，时年至而不淹，君子之务时，犹驰驱也，故曰‘君子终日键键’。时尽而止之以置身，置身而静，故曰‘夕沂若厉，无咎’。”作者指出，由帛书可知，孔子于此爻强调“君子务时”的重要性，而尚氏之解则强调乾为日之象，并认为虞翻、荀爽的问题也在于不知乾为日象。帛书《易传》是汉初之传本，在将之与《焦氏易林》相比较之后，作者认为尚氏定《易林》为西汉《易》真诂的看法有些武断，有待进一步探讨，这种态度是稳妥的。

案，帛书《二三子》对《乾》卦九三爻辞的解读，在帛书《衷》篇及《淮南子》中也有类似的表述，其皆言“时”言“动”言“息”，旨意有相同相通之处。此亦帛《易》在汉初仍有传之确证也。《经义考》卷五论《淮南道训》，引何乔新曰：“九师之《易》，王通以为《易》道因之而微，则无资于圣经可知。”“无资于圣经”，道出了帛《易》经传与《淮南道训》失传的真正原因：它们都是因为受到“有资于圣经”者，亦即得势一派学者的压制、打击与排挤，从而渐渐退出世人的学术研究视野后失传。《淮南子·人间训》云：“‘终日乾乾’，以阳动也；‘夕惕若厉’，以阴息也。因日以动，因夜以息，唯有道者能行之。”其“阳动”“阴息”之旨体现了西汉人讲《易》“训诂举大谊”的特点。尚先生一生治学艰苦勤奋，提出了别有新见的“以象为本”的“易象说”，但此说有时拘泥于以象系辞，失去了《易》“变动不居，周流六虚，上下无常，刚柔相易，不可为典要，唯变所适”的“变易说”真精神。

尚先生将《易林》所用之数分为卦数、爻数、五行数、九宫数、十日数、大衍数、十二辰数。他说："《易林》繇辞无一字不从象生，不从数出。"此说有些绝对与偏执，其相关注解亦难免有些牵强。正如作者所指出的，尚先生注《易林》中的《萃》之《夬》"千欢万悦"云"兑为欢悦、为决，乾为千万"，以"乾为千万"与其所介绍的乾一爻、一卦之策数并不相符；又注《易林》中《噬嗑》之《损》"远望千里"云"坤为千里，艮为望"，以"坤为千里"也与坤一爻、一卦之策数不一致。如此之例，尚有不少。

尚先生虽然承继清儒之说而推尊汉易，但对清代汉学家所批驳的先天八卦方位却认为其渊源有自，绝非宋人所创。如《左传·闵公二年》鲁桓公之占，得《大有》之《乾》，曰"同复于父，敬如君所。"尚先生说："乾若不在南，但言敬如君可矣，胡言所乎？此先天乾南之确证。"《左传》其他言先天卦位之处，尚氏同意嘉庆学者万裕澐所云，庄公二十二年之"山岳则配天"是先天艮与后天乾同位西北，"风行而著于土"是先天巽与后天坤同位西南；宣公十二年之"川壅为泽"是先天坎与后天兑同位正西；僖公十五年之"震之离，亦离之震"是先天离与后天震同位正东。此外，尚氏考证《焦氏易林》《乾凿度》《九家易》、荀爽《易》注、郑玄《易》注等皆言先天卦位，证明"先天方位，两汉皆未失传"。这些都为我们进一步探讨先天八卦方位之源流提供了极具价值的线索。正如潘雨廷先生在其《〈焦氏易诂〉提要》中所充分肯定的："彼不信先天者，读此可以解其蔽。"

与象数相对者为义理，自古以来学者也多将易学分为象数与义理二派，而尚氏易学在发明象数的同时，所推重的是"易理"而非"义理"。尚先生认为，以王弼为宗的义理之学，"实所谓义理者，与易理无涉"（《周易尚氏学·总论》），如程颐《易传》那样对卦爻辞意义的解读，其"陈义可谓正大矣"，但往往"于易理则大背"。韩慧英指出，尚氏所谓之"易理"以"同性相敌，异性相感"的阴阳之理为主要内容，具体体现为《周易》经传中的"敌""类""朋"等观念。阳与阳、阴与阴同性相遇为"敌"，阴与阳异性相遇则为"类"为"朋"。尚先生认为，自汉代以来诸多易家已不知《易》中"敌""类""朋"的真诂，以致许多卦爻辞之本义失解。例如，《益》卦上九爻《象传》云"或击之，自外来也"，尚氏注曰："外谓五，五为上敌。下《系》云：'凡《易》之情，近而不相得则凶，或害之。'故上欲应三，五或击之。五在外，言击之者仍在外也。《同人》九二曰：'敌刚。'《中孚》六三云：'得敌。'《子夏传》'三与四为敌。'是阳遇阳，阴遇阴，愈近而愈不相得。

旧解自虞翻以来，皆不知此为《周易》根本定例。故说‘或击之’，皆不知击上九者为何爻，而无不误矣。”尚氏又注《颐》六二《象》“六二征凶，行失类也”曰：“二无应，前遇重阴，阴遇阴则窒，故曰‘征凶’。阴阳相遇方为类，今六二不遇阳，故曰‘失类’。象义如此明白。乃二千年《易》家，皆以阴遇阴为类。于是《文言》之‘各从其类’，《坤·象传》之‘乃与类行’，《系辞》之‘方以类聚’，及此皆失解。”对《周易》经传“敌”“类”“朋”的解读，确为尚氏《易》注中的精彩之笔。作者在书中对此做了详细的梳理，但其是否就是《周易》之根本定例，作者则提出了质疑。

为此，作者考释了帛书《易传》中关于“敌”“类”“朋”的相关论述。如帛书《衷》篇云：“人之阴德不行者，亓（其）阳必失类。《易》曰‘潜龙勿用’，亓（其）义潜清勿使之谓也。子曰：废则不可入于谋，胜则不可与戒。忌者不可与亲，缴者不可予事。《易》曰‘潜龙勿用’‘炕（亢）龙有悔’，言亓（其）过也。物之上而下绝者，不久大位，必多亓（其）咎。”作者指出，帛书所说的“不可入于谋”“不可与戒”“不可与亲”“不可予事”都可以看作“失类”的具体表现。以此可知，帛书《易传》对《周易》经文的诠释兼取“义理”与“象数”两种方法。尚秉和先生所云反映阴阳关系的“敌”“类”“朋”，并没有在帛书《周易》中展现出“《周易》根本定例”“《易》义之根本”的特征。因此，作者认为，尚先生的“易理”虽然强调《周易》本身之理，但他对“敌”“类”“朋”等概念的阐释与运用，与“承”“乘”“比”“应”一样，是对爻位关系的一种描述。进而又指出，尚氏的“易理”实际上是对《周易》象数思想的扩展与延伸，而帛书《易传》对于经文的阐释更注重人文思想的挖掘，因而展现出与尚氏易不同的理路与风格。所以，这也从一个侧面说明，尚先生所揭示的自虞翻以来久已失传的“易理”，至少在帛书《周易》中没有找到确证。

关于易学史，尚秉和先生的研究主要集中在两汉易学的考释上，其中又以《焦氏易林》的考证和解读为重心。尚先生通过对《汉书·儒林传》的研读梳理西汉传《易》谱系，发现西汉易学中存在阴阳灾变之学，即所谓《易》之“古义”。他认为，“阴阳灾变之学，皆出自孔门，为传《易》者所必学”（《焦氏易诂》卷一），而焦氏易则在西汉《易》之“古义”的传承中发挥了承上启下的重要作用。由于焦氏易与东汉诸儒之易不同，尚先生又提出“西汉易学至东汉已失传”的重要论断。关于《易》之“古义”，我本人也曾做过相关的研究，看法与尚先生基本一致。但西汉易学除“古义”之外，我提出还有“今义”，并认为《周易》“今义”凸显的是德性优先的人文关怀，与“古义”突出阴阳灾变思想大为不同。（参见拙作《周易古义考》）本书中作者结合帛书《易传》的内容，对汉易之“今义”“古义”的问题做了新的辨析，并且指出东汉人虽然也谈“卦气”，但主要是用之注解经文，与“古义”的“明阴阳，辨灾异”的宗旨相去甚远，就此而言可以说西汉易学之“古义”到东汉似乎失传了。更为难得的是，作者将帛书《易传》与《焦氏易诂》的内容做了对比，指出《焦氏易诂》中的一些分析过分拘泥于卦象，对易象的运用难免牵强附会。尚氏以《焦氏易林》为西汉易学之真谛，殊不知其借由该书所揭示的诸多易例，并没有超出东汉虞翻等人之窠臼。我们认为，尚先生的“易学史观”是建立在其独特的“易学观”基础上的，其对《焦氏易林》的表彰也是为其“易学观”服务的，其中既有真知灼见，也有其偏失之处，此当分别观之。

《系辞上传》云：“君子居则观其象而玩其辞，动则观其变而玩其占。”对治《易》而言，观象玩辞与观变玩占是互为助益的。观象玩辞是观变玩占的基本方法，观变玩占则是观象玩辞的重要途径。循此路径，在尚先生那里，筮法研究与象数研究是并驾齐驱的。尚先生提出：“学《易》宜先明筮法。”（《周易古筮考》卷一）他本人即由明筮而入易，且终生不辍，其在象数易学上取得的杰出成就在很大程度上即得益于对筮法的深切体认。他关于《乾》《坤》二卦之“用九”“用六”、《左传》《国语》筮例之“八”、纳甲筮法以及射覆法的考证、阐释和运用，都能发前人所未发，其大作《周易古筮考》代表了近人易学筮法研究的最高水平。本书作者认为，尚先生对于筮法的研究，立足于对《周易》中象和数的阐发和挖掘，深化了易学象数学的研究，为学界开展古代筮法研究提供重要凭借。但也正如作者所言，在“筮法观”问题上，尚先生过度专注于春秋筮占的“神乎技矣”及古人筮法的精熟，而忽视了其中“明数而达乎德”的人文关怀。

总体而言，本书对尚氏易学的研究具有以下几个特点：第一，在内容上，充分占有研究资料，探研寻绎，析义明理，清晰地勾画了尚氏易学的体系架构，为今后尚氏易学之研究奠定了基础；第二，在方法上，重视运用简帛易学文献的研究成果，以更为宽阔的学术视野对尚氏易学之得失进行辨析和评判；第三，在理论上，对专宗象数之治《易》路数的不足进行了反思，坚持象数与义理不可偏废的“易学观”。

韩慧英博士学《易》治《易》已约二十年，勤于钻研，穫而不辍，于象数易学用功尤深。扎实的象数学功底，使她能够较为从容地进入尚氏易学的话语体系之中，反复推求，深耕细作，终于取得了可喜的成果。作为她的老师，我感到非常欣慰。今值大作付梓之际，索序于我，我平素对尚秉和先生的道德文章十分景仰，故而欣然命笔，对尚氏易学及本书之研究略赘管见如上，谨望未来尚氏易学之研究粲然光大。

刘大钧

2020 年 5 月 9 日于山东大学运乾书斋

目　　录

第一章　尚秉和的学术生平及研究现状

第一节　先生生平与等身著述

一　生平行状

尚秉和（1870—1950 年），字节之，河北省行唐县城西南滋河北岸伏流村人。因祖籍家临滋河之滨，故晚年自号滋溪老人；京寓院内植有两株老槐，故学者称其为槐轩先生、槐轩主人。

尚秉和于清同治九年（1870）生于耕读之家，生平所历，用他自己的话说，“如科名如学问，无不艰苦既久，而后得之”[①]。年少受父命在外游学，辗转肄业于其邑龙泉书院、真定恒阳书院。后又慕名游学于保定莲池书院，师事桐城吴汝纶[②]先生。其间，六应乡举而不第。岁己亥[③]尚先生又逢生母张太宜人过世，丁忧后，尚先生摒弃制艺，专心致力于诗古文及史传的研究，经数年之功，终有所获。光绪壬寅（1902 年），尚先生第七次应试乡举，始举于乡，翌年（1903 年）而成进士，分工部。继而（1904 年）入进士馆，学习法政。光绪三十一年（1905）调入巡警部，三十二年（1906）任补主事，第二年升迁为员外郎，以军机章京[④]记名。宣统元年（1909），入京师大学堂（今北京大学）为教习，次年丁父忧，服阕复为

---

① 尚秉和：《周易尚氏学》附录之《滋溪老人传》，中华书局 1980 年版，第 361 页。

② 吴汝纶（1840—1903 年）：字挚甫，一作挚父，晚清著名的古文家和教育家，也是桐城派后期作家。

③ 《周易尚氏学》中华书局 1980 年版中的《滋溪老人传》为“岁乙亥，丁生母张太宜人忧”，但据尚氏所称成进士时“先母张太宜人殁已三年”推断，尚先生于光绪癸卯年（1903）成进士，三年前应为己亥年（1889），而乙亥为 1875 年，故此处应为 1980 年版中华书局木印刷错误，改为“岁己亥”。

④ 军机章京就是唐宋的中书舍人，其职主要是缮写文书。

民政部[①]员外郎。辛亥革命（1911 年）后，任内务部第三科科长、署理营缮司司长。尚秉和在部中浮沉十余年，终不堪官场的阿谀奉承、趋炎附势，遂辞官执教于“国立”清华大学，并开始以著述自见。1929 年，他受聘于沈阳萃升书院，主讲三年。九一八事变（1931 年）后，日本侵陷东北，尚秉和由东北返京，为北平中国大学国学系教授。1936 年讲学于保定莲池学院。卢沟桥事变（1937 年）起，尚先生居家不复出，在京寓为生徒讲《易》。抗日战争胜利（1945 年）后，南京“国史馆”聘其为纂修。1950 年，尚秉和先生病殁，享年八十一岁。

尚秉和平生虽然讷于言，但却博学多闻，不但通晓制艺、诗古文、诸子、史传，而且精通医药方术，经常为家庭妇孺以及邻舍老幼解除病患，因此曾被北京中医学会聘为顾问。与此同时，尚先生还善于鉴赏金石文玩、热衷书画创作，有自己命名的画室“无声诗室”，自号“石烟道人”。他所绘山水，介于子久云林[②]之间，别有一番韵味。[③]

二 著述情况

尚秉和一生笔耕不辍，著述宏富，涉及经史子集各个方面，尤以《古文讲授谈》《辛壬春秋》《历代社会风俗事物考》等著作见重于世。其中，《古文讲授谈》十二卷辑录了归有光、方苞等文章家讲求义法、传授心印之言，此书一经刊发便受到当时众多大儒名士的称誉；《辛壬春秋》四十八卷，是尚先生有感于辛亥革命国体变更，搜集传记百七十余种，十年磨一剑而成；而在《历代社会风俗事物考》四十四卷中，尚先生则详细考察了自三代至唐宋以来社会风俗的演变、事物风尚的异同以及饮食起居的状况，为中国的传统文化及民俗研究作出了不可多得的贡献。此外，尚先生还著有《读书偶得录》四卷、《查勘明陵记》四卷、《燕京城垣沿革考》一卷、《燕京历代宫殿考》一卷、《灌园余暇录》六卷、《槐轩见闻录》二卷、《客余随笔》一卷、《文集》四卷、《诗集》四卷、《槐轩说诗》十二卷、《毛诗说》二卷等。

尚先生老而好《易》，据其七十岁所写的自传《滋溪老人传》中可以得知，尚先生先后写成了《周易古筮考》十卷、《左传国语易象释》一

---

① 据《滋溪老人传》，此处的民政部即前所说的巡警部设立二年后易名而来，后又易名为内务部。

② 子久云林是元代著名的山水画家“元四家”中的黄公望和倪瓒。黄公望，字子久。倪瓒，号云林。

③ 详见尚秉和《周易尚氏学》附录之《滋溪老人传》后尚秉和哲嗣尚骧先生按语，第 364 页。

卷、《焦氏易林注》十六卷、《焦氏易诂》十二卷、《周易时训卦气图易象考》一卷、《连山归藏卦名卦象考》一卷、《周易尚氏学》二十二卷、《易林评议》十二卷、《读易偶得录》二卷、《太玄筮法正误》一卷等十余种易学著作，体现了尚秉和先生在易学研究领域较高的学术造诣。

尚先生平生所著远不止于此，据尚氏哲嗣尚骧称，尚先生还著有《诸子古训考十八种》、《国学概论》、《云烟过眼录》、《避暑山庄记》、《河北省通志》（兵事篇）、《洞林筮案》、《郭璞洞林注》、《易卦杂说》、《（易筮）卦验集存》、《周易导略论》等二十余种，足可见尚先生学识之渊博。

第二节　研《易》历程与思想渊源

一　研《易》历程

根据尚秉和先生七十岁时所写的自传——《滋溪老人传》所述，他曾先后写成《周易古筮考》十卷、《左传国语易象释》一卷、《焦氏易林注》十六卷、《焦氏易诂》十二卷、《周易时训卦气图易象考》一卷、《连山归藏卦名卦象考》一卷、《周易尚氏学》二十二卷、《易林评议》十二卷、《读易偶得录》二卷、《太玄筮法正误》一卷等十余种易学著作。又据《周易古筮考・自叙》称“民国十五年一月，滋溪老人记”①，可知《周易古筮考》约写成于 1926 年 1 月。据尚骧先生《滋溪老人传》的按语：“（先君）写此传时约为 1939 年，正当华北沦陷时期，忧国心伤，无以自遣，书此述怀，聊作一生总结。”② 可知，《滋溪老人传》中所提到的《周易古筮考》等十余部论著大致完成于 1926 年至 1939 年之间，即值尚先生五十七岁至七十岁之间，尚先生暮年致力于易学研究，正体现了孔子老而好《易》的特点。

在尚先生的众多易学著作中，《周易古筮考》《焦氏易林注》《焦氏易诂》和《周易尚氏学》四部著作应当是其代表作，这四部作品不仅体现了尚先生在易学领域的独到见解和深厚造诣，同时也对后世易学乃至易学史研究产生了深远的影响。尚先生先作《周易古筮考》，继而作《焦氏易林注》和《焦氏易诂》，最后作《周易尚氏学》也体现了尚先生由筮入易、由焦氏易到尚氏易的研《易》历程。

---

① 尚秉和：《周易古筮考・自叙》，中国书店 1990 年影印本，第 4 页。
② 尚秉和：《周易尚氏学》附录之《滋溪老人传》后尚秉和哲嗣尚骧先生按语，第 363 页。

《周易》最初是一部卜筮之书，由筮入易成为众多学者提倡的学《易》门径，尚先生也持此观点，认为“欲学易，先明筮”①。于是他从研究卜筮入手，搜罗了自春秋至明清的筮案百余则，完成了他的第一部易学著作——《周易古筮考》十卷。此书的完成为尚先生进行更深入的易学研究奠定了坚实的象数基础。尚先生通过对《左传》《国语》中等所载古筮法的精深研究，总体概括出“象者，学易之本”② 的结论，并初步形成了以象为本的易学思想体系。沿此思路，尚先生认为“汉人说易，其重象与春秋人同”③，而《易林》系西汉时焦延寿的作品④，在一定程度上体现了汉易的内容与特点。尚先生早年在莲池游学时，就对《焦氏易林》产生了浓厚的兴趣，同时也发现此书所用之象，与汉魏人存在很大差异，带着阙疑，尚先生对《焦氏易林》进行了全面的探究。经过数年的孜孜求解，尚先生解开了先前的疑惑，认为《易林》与汉魏人用象之所以不同，在于汉魏人误解了易。尚先生将多年研究《焦氏易林》的心得收集成册，最终成《焦氏易林注》十六卷和《焦氏易诂》十二卷。通过对西汉焦氏易的研究，尚先生更加坚定了先前对于《周易》的理解，并从《易林》中考证出诸多佚失的易象和《易》说，将这些易象和《易》说以及多年来对《周易》的理解，用于对《周易》经传的重新注解和诠释，作《周易尚氏学》，形成了不同于先儒旧说的尚氏易学。《周易尚氏学》的完成标志着尚秉和先生易学思想的成熟。可见，《易林》为尚先生易学思想的形成提供了有力的证据和可靠的素材，故尚先生在自传中说：“盖《易林》既通，以《易林》注《易》。而《易林》未通以前，实以《易》注《易林》。”⑤

由此我们可以看出，《周易古筮考》的问世使尚秉和先生由《周易》筮法研究步入象数易学的研究，而《焦氏易林注》和《焦氏易诂》的完成使尚先生对西汉易学有了全新的认识，而《周易尚氏学》则是尚先生由焦氏易转入尚氏易，成一家之言的重要著作。《周易古筮考》《焦氏易林注》《焦氏易诂》和《周易尚氏学》这四部书构成了尚先生最主要的研《易》理路，也体现了尚先生最精髓的易学思想。

---

① 尚秉和：《周易尚氏学》附录之《滋溪老人传》，第 358 页。

② 尚秉和：《周易尚氏学》附录之《滋溪老人传》，第 358 页。

③ 尚秉和：《周易尚氏学》附录之《滋溪老人传》，第 358 页。

④ 今本《易林》是否为焦延寿所作，学界仍有争议，但尚秉和先生认为《易林》就是焦氏所作（详见第四章相关论证），故《易林》即是《焦氏易林》。

⑤ 尚秉和：《周易尚氏学》附录之《滋溪老人传》，第 362 页。

二　思想渊源

上面我们提到代表尚先生易学思想的四部著作，其中在《周易古筮考》中，尚先生收罗古人筮案，尤为注重以易象来探讨《周易》的筮法，提出“象者，学易之本”[①] 的观点。在《焦氏易林注》和《焦氏易诂》中，尚先生进一步阐明了《周易》中的易象，将其具体分为逸象、对象、覆象、半象、互象、大象等诸多类别，并予以一一说明，同时还考证了为多数清儒所疑的先天八卦之说，提出“《焦氏易林》实第二《易》也，《周易》卦辞爻辞无一字不从象生，《易林》亦无一字不根于象”[②] 的论断。在《周易尚氏学》中，尚先生继续秉承前面著述中以象为本的治《易》宗旨，对《周易》经传进行重新注释，着重于易象的整理、归纳和推衍，提出了相对完整而详细的卦象解说体系。与此同时，尚先生也没有偏废对于《周易》中易理的阐发，提出了“阴阳相须”的观点，尚先生对于《周易》易象的总结以及对于易理的揭示，开创了尚氏易学的先河，对易学的发展起到了很大的推动作用。由此可见，卦象解说体系的创立、先天八卦之学的考辨以及阴阳互为类思想的阐发，在尚先生的四部易学著作中突出地展现出来，而这些易学观点的最终形成并非是尚先生首创，尚先生在《滋溪老人传》提到了会稽茹敦和、归安卞斌、安仁卢兆敖、黄冈万裕云、得宛平李源、江宁沈绍勋六家《易》说，尚先生认为这六家《易》说虽然不皆善，却各有二三说与其说相符合，所谓“德不孤必有邻”[③]，尚先生引以自证，事实上，这六家的相关《易》说也正体现了尚先生易学思想的学术渊源。

其中，在发明失传的易象方面，尚先生指出，乾隆进士茹敦和所著《周易大衍》，以坎为矢，震为輹，艮为床；嘉庆进士卞斌所著《周易通释》，以巽为豕，坤为鱼，坎为矢；嘉庆进士卢兆敖所著《周易辑义》，以乾为日等，这三家对于八卦逸象的发明皆与其同。在考辨先天之学方面，嘉庆举人万裕澐所著《周易变通解》，指出左氏“风行而著于土”“山岳则配天”[④]“川壅为泽”[⑤]“震之离亦离之震”[⑥]，荀爽注《家人》卦谓“离

---

① 尚秉和：《周易尚氏学》附录之《滋溪老人传》，第358页。

② 尚秉和撰，陈金生点校：《焦氏易诂》卷二，中华书局1991年版，第66页。

③ 尚秉和：《周易尚氏学》附录之《滋溪老人传》，第360页。

④ “风行而著于土……山岳则配天”出自《左传·庄公二十二年》，详见附录第1例“陈厉公筮公子敬仲生”例。

⑤ 详见附录第10例。

⑥ 详见附录第5例。

巽之中有乾坤”[①]，注《同人》卦谓“乾舍于离，同日而居。坤舍于坎，同月而居”[②]，皆明言先天卦位；又沈绍勋所著《周易示儿篇》谓《左传》“同复于父，敬如君所”[③]，及“南国蹷，射其元，王中厥目”[④] 等辞，皆明言先天卦位，此二家《易》说被尚先生认同和借鉴。在阐释阴阳之理方面，道光举人李源所著《周易函书补义》，说“西南得朋，乃与类行”为“朋即类，类即朋，阴以阳为朋”；《复》曰“朋来无咎”，谓“阳来也，阴以阳为类”；《颐》六二曰“行失类也”，谓“往不遇阳也”，这些思想都为尚先生所汲取。此外，在对个别经传文的注释上，卢兆敖以“鸣鹤在阴”之阴为山阴，以“龙战于野”之战为交接；李源以“天地变化，草木蕃”中的“蕃”为掩闭，以《大过》“巽为女妻，兑为老妇”，以《既济》“离为东，坎为西”，尚先生在他的易学著作中也采纳了卢兆敖和李源的理解。[⑤]

尚秉和所作集易理与易象于一体的《周易尚氏学》，提出了许多与前儒旧说不同的观点，尚先生也因此将这部对《周易》经传重新诠释之作命名为“周易尚氏学”，然而这些不同却在六家易著中找到了交集，正如尚先生所说“真理之在天壤，久而必明”[⑥]，尚先生的《易》说之所以在六家易著中寻到根源，乃在于尚先生所发明的易象和易理在一定程度上反映了《周易》的本义。从出土文献诸如帛书《周易》[⑦]、《清华简》[⑧] 等来看，尚先生提出的许多观点得到了一定程度的印证[⑨]，我们虽然不能因此断定两千余年的旧解皆误，但我们可以肯定尚先生对于《周易》的诠释和理解是十分有价值的，我们有必要对尚先生的易学思想进行一番考究。

---

① （清）李道平撰，潘雨廷点校：《周易集解纂疏》，《家人·象》荀爽注，中华书局 1994 年版，第 350 页。

② （清）李道平撰，潘雨廷点校：《周易集解纂疏》，《同人·象》荀爽注，第 182 页。

③ 详见附录第 3 例《左传·闵公二年》“鲁桓公卜筮成季之生”例。

④ 详见附录第 12 例《左传·成公十六年》“晋鄢陵筮败楚”例。

⑤ 参见尚秉和《周易尚氏学》附录之《滋溪老人传》，中华书局 1980 年版。

⑥ 尚秉和：《周易尚氏学》附录之《滋溪老人传》，第 360 页。

⑦ 帛书《周易》，1973 年出土于长沙马王堆三号汉墓，包括《易经》《二三子》《系辞》《衷》《要》《缪和》《昭力》等篇。下文所引的帛书《周易》的引文，皆引自廖名春《马王堆帛书周易经传释文》，载杨世文等编《易学集成》第 3 卷，四川大学出版社 1998 年版。

⑧ 《清华简》，是清华大学于 2008 年 7 月收藏的一批战国竹简。2014 年 1 月，《清华大学藏战国竹简（肆）》公布，整理出《筮法》《别卦》两篇与易学密切相关的文献。下文所引的《清华简》文字，皆引自清华大学出土文献研究与保护中心编，李学勤主编《清华大学藏战国竹简（肆）》，中西书局 2013 年版。

⑨ 具体印证，将在后续相关章节中予以说明。

第三节　现状检讨与研究立论

一　现状检讨

今人对于尚秉和易学思想的研究主要表现在三个方面：一是对尚先生的主要易学著述做精要的评论；二是对尚秉和易学思想或易学方法做整体的探究；三是对尚秉和易学思想中某个观点做具体的探讨。下面我们分别对三个方面的研究成果作一番简单的介绍。

对第一方面内容进行研究的主要有黄寿祺和潘雨廷两位先生。黄寿祺先生曾于1929年至1935年在北平中国大学师事尚秉和先生，因此他对尚氏易学深有体会，他所作《周易尚氏学札记》，不但充分肯定了尚先生《周易尚氏学》的独到见解，还对《周易尚氏学》中的某些论述提出了不同的看法，同时也对《周易尚氏学》做了详细的校勘。[①] 潘雨廷先生的遗著《读易提要》介绍了西汉至近代二百余种有代表性的易学典籍的要义，其中就对尚先生的《周易古筮考》和《焦氏易诂》两部著作进行了提要，不但扼要介绍了尚先生的主要易学观点，而且还对两部书中存在的问题均做了透彻的解析。[②] 由此可见，黄先生的《札记》与潘先生的《提要》具有重要的参考价值和学术价值，他们为研究尚氏易学、易著提供了有意义的指导。

在第二方面，今人的主要研究论文有：刘光本的《尚秉和易学思想初探》、赵杰的《本易理以诂易辞，由易辞以准易象——试论尚氏易学的特色及其对易学史的贡献》以及连镇标的《尚秉和易学思想考》等。其中在《尚秉和易学思想初探》一文中，刘光本先生从尚氏易学的两大贡献——对卦象的归整和推衍以及对《周易》古筮法的阐释和考订出发，初步探讨了尚秉和先生的象数易学思想。[③] 赵杰先生的论文则是以尚先生“本易理以诂易辞，由易辞以准易象”的解《易》方法为基点，对尚先生的易理与易象进行了评述，进而揭示出尚先生“以易解易”“以易证易”的解《易》特色。[④] 连镇标先生的《尚秉和易学思想考》也对尚先生的生平行

---

① 参见黄高宪《黄寿祺〈周易尚氏学札记〉评述》，《周易研究》1998年第4期。

② 参见潘雨廷《读易提要》，上海古籍出版社2003年版。

③ 参见刘光本《尚秉和易学思想初探》，《周易研究》1995年第4期。

④ 参见赵杰《本易理以诂易辞，由易辞以准易象——试论尚氏易学的特色及其对易学史的贡献》，《周易研究》2002年第6期。

状及其易学思想做了一番考探。[①] 可见，刘光本等人的研究给我们开启了一扇总体审视和了解尚氏易学的窗口。

今人在第三个方面取得的成果主要有：刘玉建的《试论两汉易学的传承——与尚秉和先生商榷》以及黄黎星的《以象解筮的探索——论尚秉和先生对〈左传〉〈国语〉筮例的阐解》等论文。刘玉建先生与尚先生所要商榷的就是两汉易学的传承问题，尚秉和在《焦氏易诂》中多次提出"西汉易学至东汉已失传"，刘玉建先生通过对两汉易学传承关系的梳理，驳斥了尚先生的论断。[②] 黄黎星的论文则对尚先生以象解筮的具体内容进行了考察，并对尚氏说中"观象"与"用象"，易理与义理等问题进行了思考。[③] 可见，刘先生与黄先生的论文都是针对尚先生易学思想中某一突出的观点展开讨论的，他们的研究进一步深化了我们对尚先生易学思想的认识和理解。

总之，今人对于尚氏易学研究所取得的成果，对本书的撰写有很大的参考与启示作用。本人在进行尚秉和易学思想研究时，对上述提到的研究成果都或多或少地有所涉及和借鉴。

二　研究立论

尚秉和在《滋溪老人传》中曾指出他的《易》注"与先儒旧说十七八不同"[④]，他不但对郑玄的"爻辰说"、虞翻的"卦变法"不予采纳，而且对王弼扫象阐理以至宋儒的义理之学也均表示反对。鉴于此，尚先生说道："以二千余年之旧解，今忽谓其多误。以一人之是，谓千百年人皆非，无乃骇众。"[⑤] 尚先生不敢自匿其非，故将他的《易》注命名为"周易尚氏学"。尚先生在他的《易》注中提出了许多异于先儒旧解的观点和看法，今天我们对尚秉和的易学思想进行探究，就不可避免地要涉及尚先生的思想与先儒旧解孰是孰非的问题。判断是非对错，就需要一个可以依据的标准，这个标准是什么呢？在介绍尚先生的易学思想渊源时，我们提到尚氏易学中某些观点在出土的《周易》文献中找到了相似的论述。这就启示我们研究尚氏易学，应当将出土的《周易》文献的思想纳入评判的标准。近

---

① 参见连镇标《尚秉和易学思想考》，《周易研究》2007 年第 2 期。

② 参见刘玉建《试论两汉易学的传承——与尚秉和先生商榷》，《理论学刊》1996 年第 2 期。

③ 参见黄黎星《以象解筮的探索——论尚秉和先生对〈左传〉〈国语〉筮例的阐解》，《周易研究》2002 年第 5 期。

④ 尚秉和：《周易尚氏学》附录之《滋溪老人传》，第 359 页。

⑤ 尚秉和：《周易尚氏学》附录之《滋溪老人传》，第 359—360 页。

一个世纪以来，随着考古资料的不断出土，使人们对先秦文献的认识发生了巨大的变化，其中在易学领域引起较大轰动的就包括 1973 年出土的长沙马王堆汉墓帛书《周易》经传，除此之外，还有 20 世纪 90 年代出土的郭店楚墓竹简、2003 年整理出版的上海博物馆藏战国楚竹书《周易》、2014 年公布的《清华大学藏战国竹简（肆）》中的《筮法》《别卦》两篇，等等。这些简帛资料，一方面扩充和丰富了《周易》文本的原始内容，另一方面也为《周易》经传的研究提供了新的线索和思路。因此，我们研究尚氏易学，适时地纳入出土文献资料中的相关思想来印证和比较，不但是评判的需要，也是时代的使命所然。

研究一个人物的思想，无非要做两项工作，一是客观真实地反映人物的思想；一是针对人物的思想做出有价值的评判。确定了评判的标准，接下来要做的就是要尽可能地、客观真实地反映尚氏易学思想的全貌。研究一个人物的思想，我们往往会很自然地放大其思想的精华而淡化其不足，本书力图克服这种研究的偏颇：以出土文献的相关思想作为评判标准，尚氏易学中异于先儒旧解却与简帛思想相符的，我们认为这些思想体现了尚先生深邃的洞见力，是其思想的精华；而与简帛思想不符的，我们则认为这些思想作为尚先生认识的偏差，是其思想的不足。无论是尚先生思想的精华部分还是不足之处，都予以阐释和说明，尽可能地将尚先生的易学思想客观真实地呈现出来。与此同时，从解释学的角度来看，无论是尚氏《易》说还是先儒旧解，均是对《周易》文本的一种诠释，他们的诠释由于融入和灌注了自己的思维方式和价值取向，所以展现出不同的思想和观念，进而使《周易》这门学说得到不断的丰富和发展。在这个意义上，我们同样有必要客观展现尚氏易学的全部，即包括对其思想精华的揭示，也应含有对其不足的说明，因为两者同时体现了尚氏易学的特征与特色。

第二章　融古铸新的象数思想

历来，人们对于《周易》的研究有象数派与义理派之分。之所以有这种流派的划分，实则是由《周易》的形式和内容的特殊性决定的。

从形式来看，《周易》由卦爻象和卦爻辞两部分构成，卦爻象通过阴阳爻画和爻位的变化来表征宇宙间的物象或现象，而卦爻辞附在其后，则是对相应卦爻象的表征意义所做出的一种解释。这样一来，《周易》不但有一套文字系统，而且还有一套符号体系。两套系统同时存在，就为《周易》研究的象数、义理之分提供了原始的素材。

从内容来看，《周易》古经是一部卜筮之书，《周易》传文是对经文的哲学化诠释。象数源于和脱胎于卜筮，《左传·僖公十五年》载，“龟，象也；筮，数也。物生而后有象，象而后有滋，滋而后有数”[①]，意思就是说：龟卜以金、木、水、火、土五行之象示于人，占筮以七、八、九、六阴阳蓍策之数告于人；物生发而后有其形象，有形象而后滋多，滋多而后有数。可见，最初的象与数都是为卜筮服务的，象数是人们借以与神明相感通的桥梁和媒介。但随着人们理性思维水平的不断提高，象数的作用发生了变化，由最初的卜筮之用逐渐演变成表征万物和人事变化的符号体系，最终形成一种专门之学——象数之学。义理应是发端于《易传》对《易经》的哲学诠释，《易传》从表面来看是对卦爻辞的诠释，而实际上，《易传》的诠释，已远远超越了卦爻辞所表达的原始意义，它在阐释卦爻辞时，不但引入宇宙万物、社会人生的运动变化之理，而且还注重考察和揭示隐藏于八卦及六十四卦背后的与人伦道德相契合的卦义和卦德，从而使《周易》充满了浓郁的人文精神。在《易传》的作用和影响下，易学研究逐渐形成了解《易》、治《易》的另一种学问——义理之学。

通过上面的论述，我们可以看出，不管是象数还是义理，它们均从不同角度展现了《周易》的思想和精神。我们在进行易学研究中，任何一方

---

① 李学勤主编：《十三经注疏·春秋左传正义》，北京大学出版社 1999 年版，第 382 页。

都不能也不应偏失。但鉴于先有筮书性质的《易经》、后有说理释经特点的《易传》的事实，所以从象数和义理二者的关系来看，讲求义理应该是以象数为基础的，因为脱离了象数，义理就会流于空泛，同时也就失去了它的本根和价值。朱熹在评论程颐的易学时曾云："须先见象数的当下落，方说得理不走作，不然事无实证，则虚理易差也。"[①] 因此，从这个意义来说，象数在易学中占有首要地位。

尚秉和先生有见于此，对《周易》中的象与数思想分别进行了重新梳理。此外，形成于宋代的图书之学，乃是对《周易》象数思想内涵的发展和延伸，其"先天（伏羲）八卦方位图""先天八卦次序图"等构成了先天之学，这无疑对认识《周易》卦象具有划时代的意义，然而先天之学却没有得到它本应受到的礼遇和重视，反而一度受到后儒的质疑与否认，尚先生遍考历来诸家易著，对先天八卦方位进行了重新考辨，提出了自己的独到见解。下面我们就从易象、易数以及先天八卦方位三方面来探究尚先生的象数易学思想。

第一节 "以象为本"的"易象说"

易象是指《周易》中的爻象和卦象，它们由阴阳爻画组成，表征宇宙自然的万事万物以及社会人生的方方面面。《左传·昭公二年》载："晋侯使韩宣子来聘，且告为政而来见，礼也。观书于大史氏，见《易象》与《鲁春秋》曰：'周礼尽在鲁矣。吾乃今知周公之德，与周之所以王也。'"[②] 韩宣子适鲁"观书"，不曰"见《周易》"，而曰"见《易象》"，可证《易》之为书是以象为主的[③]，或者说，在《左传》所记的春秋时期，象是《周易》中最主要的特征和内容。且《系辞》明言"《易》者，象也"，"八卦成列，象在其中"，"夫象，圣人有以见天下之赜，而拟诸其形容，象其物宜，故谓之象"[④]，这些都说明易象在《周易》中所起的

---

① （宋）朱熹撰，徐德明、王铁校点：《晦庵先生朱文公文集》卷五十六《答郑子上》，载朱杰人等主编《朱子全书》（修订本），上海古籍出版社、安徽教育出版社 2010 年版，第 2676 页。

② 李学勤主编：《十三经注疏·春秋左传正义》第四十二卷，第 1172—1173 页。

③ 参见尚秉和《周易尚氏学》，中华书局 1980 年版，于省吾的序言。

④ 书中涉及的《周易》经文和传文，除个别说明，其余皆引自李学勤主编《十三经注疏·周易正义》，北京大学出版社 1999 年版。

作用是非常重要的。

鉴于上面所述，尚先生推出了"《易》之为书，以象为本"[①] 的结论，并指出"象学宏深博大之义，唯系辞能发挥之"，也就是说《系辞》充分展现和发挥了《周易》象学的博大精深之义。《系辞》云"圣人设卦观象系辞焉而明吉凶"，这说明《周易》中的卦爻辞由观象而系，尚秉和先生依此提出"读易者，须先知卦爻辞之从何象而生，然后象与辞方相属"[②]，可以看出，这是一种以卦象为本的易辞诠释原则。具体而言，尚先生认为"辞而吉，非系辞者命其吉也"[③]，是"象吉之也"[④]；"辞而凶，亦非系辞者命其凶也"[⑤]，是"象凶之也"[⑥]。也就是说，《周易》卦爻辞的或吉或凶，并非系辞者"命其吉""命其凶"，而是由象所示，有象所本，即所谓"皆象所告，不得不然也"[⑦]。

尚先生将"以象为本"的诠释原则，验之于《周易》中的卦爻辞，进一步指出"甲卦之辞不能施之乙，乙卦之辞不能施之丙，偶有同者其象必同"[⑧]。尚先生举《小畜》卦六四爻和《升》卦初六爻、《夬》卦九四爻与《姤》卦九三爻具体说明之，他认为"《小畜》六四、《升》初六，象皆曰'上合志'；《夬》《姤》皆曰'其行次且'"[⑨] 即是其证。这就是说，《小畜》䷈六四《象》曰"'有孚惕出'，上合志也"，《升》䷭初六《象》曰"'允升大吉'，上合志也"，两卦的《小象》之所以皆曰"上合志"，就在于《小畜》䷈六四爻与《升》䷭初六爻处于相同的巽风☴之象中，巽为志，《小畜》六四阴爻之上、《升》初六阴爻之上皆为两阳爻，按照尚先生的易理思想（详见第二章），阴遇阳得类，故两爻的《象》皆曰"上合志"。同样，《夬》卦䷪九四爻与《姤》卦䷫九三爻，二者都在乾☰象之中，乾为行；上下、进退皆阳，得敌无应，由于《夬》九四与《姤》九三两爻具有相同的象，故他们对应的爻辞皆曰"其行次且"。尚先生还指出卦爻辞的上下语不相属，如"上语方吉，下语忽凶"[⑩] 或是"上句方说

---

① 尚秉和：《周易尚氏学》附录之《左传国语易象释》绪言，第 339 页。
② 尚秉和：《周易尚氏学》说例，第 1 页。
③ 尚秉和：《周易尚氏学》附录之《左传国语易象释》绪言，第 339—340 页。
④ 尚秉和：《周易尚氏学》说例，第 1 页。
⑤ 尚秉和：《周易尚氏学》附录之《左传国语易象释》绪言，第 340 页。
⑥ 尚秉和：《周易尚氏学》说例，第 1 页。
⑦ 尚秉和：《周易尚氏学》附录之《左传国语易象释》绪言，第 340 页。
⑧ 尚秉和：《周易尚氏学》说例，第 1 页。
⑨ 尚秉和：《周易尚氏学》说例，第 1 页。
⑩ 尚秉和：《周易尚氏学》说例，第 1 页。

甲，下句忽说乙”[①]，并非系辞者语无伦次、支离文意，而是“象所命也”[②]。依此论断，像《睽》卦䷥上九“有豕负涂，载鬼一车”，《豫》卦䷏九四“朋盍簪”，《剥》卦䷖六五“贯鱼以宫人宠”等爻辞看似怪奇，实际上也是“皆象所告”“象所命也”。

尚先生又将“易以象为本”的论断，用于对历代《易》说、《易》注的评判。他认为“易之为学，至王弼为一转关”[③]，在尚先生看来，对于《周易》的注解和研究，以魏晋的王弼为转折点，原因在于“王弼以前注《易》者，无不言象”[④]，而王弼之后，则扫象不谈。

首先，对于王弼之前的易学研究，尚先生着重指明了春秋人说《易》、汉代人研《易》的特点，并评判了《左传》《国语》《焦氏易林》及东汉郑玄、虞翻的《易》说。

对于春秋人说《易》的特点，尚秉和指出：乃是“无一字不根于象，且于易用正用互用覆之法，亦无不依样揭出”[⑤]。这就是说，早在春秋的时候，人们注《易》就由象而发，并且已经使用正象、互体之象、覆象等取象的方法。由于“说《易》之书，莫古于《左传》《国语》”[⑥]，所以尚先生推断“易师莫先于左氏”[⑦]，“《左传》《国语》为最古之易师”[⑧]，其所取象，则为“最古最确之易象”[⑨]。

对于汉代人研《易》的特点，尚秉和认为西汉人治《易》继承了春秋人重象的遗风，尤其是西汉人焦延寿所著的《焦氏易林》，尚先生认为《焦氏易林》亦无一字不从象生，能得《周易》之真谛，可谓第二《易》。而至东汉，郑玄的“爻辰说”、虞翻的“卦变说”应运而生，尚先生虽然认为他们的《易》说“象之不知者，则滥用卦变或爻辰以当之”[⑩]，但终没有脱离象。而自王弼扫象开始，学者避难就易，而使王弼的扫象注《易》之法，大行其道，失去了象数的基础，学者逐渐不能真正认识《周易》为何物，使易辞概无所属，至宋而演变为空谈义理，由此，尚先生总

---

① 尚秉和：《周易尚氏学》附录之《左传国语易象释》绪言，第340页。
② 尚秉和：《周易尚氏学》说例，第1页。
③ 尚秉和：《周易尚氏学》附录之《左传国语易象释》绪言，第340页。
④ 尚秉和：《周易尚氏学》附录之《左传国语易象释》绪言，第340页。
⑤ 尚秉和：《周易尚氏学》附录之《左传国语易象释》绪言，第340页。
⑥ 尚秉和：《周易尚氏学》说例，第2页。
⑦ 尚秉和：《周易尚氏学》说例，第2页。
⑧ 尚秉和：《周易尚氏学》附录之《滋溪老人传》，第358页。
⑨ 尚秉和：《周易尚氏学》说例，第3页。
⑩ 尚秉和：《周易尚氏学》附录之《滋溪老人传》，第358页。

结道："自王弼以来，无论其谈老庄、言王道、说圣功，不以象解《易》者，皆与《系辞》背驰者也。"①

同时尚先生也对唐之李鼎祚，宋之朱汉上、吴草庐，明之来矣鲜，及清之讲汉《易》者做了评述。尚先生认为，他们的易学思想"无论其详略深浅，皆能认识易象，语不离宗，与《系辞》所言之大本大源相合"②，不同于自王弼至宋人的空泛谬悠之说，是值得肯定的。

可见，尚先生对于历代《易》说、《易》注的评判还是落实在对象的取用上。在获得尚先生肯定的易著、易学家里，从春秋时期的《左传》《国语》到西汉焦延寿所著的《焦氏易林》，再到唐代的李鼎祚，宋代的朱震、吴澄，明代的来知德，最后到清代的讲汉《易》者，他们共同的特点都是能够正确地认识易象。因为正如我们前面所述，象（数）是《周易》的基础和根本，把握住了象，也就立稳了《周易》的根基，抓住了《周易》的根本。与之相反，以王弼为代表的义理派学者，由于扫象不谈，使《周易》脱离了本宗的同时，也就使他们的《易》说陷入了空谈义理的窠臼，因而在尚先生看来是不值得推崇的。而对于东汉时的一些易学家的易学思想，如郑玄的"爻辰说"、虞翻的"卦变说"，尚先生认为他们的学说虽然用象有牵强附会之嫌，但终归没有抛弃和脱离象，所以较之自王弼以来的空谈义理之学，还是有一定的可取之处。

基于上面的认识，尚先生再次重申他对《周易》卦爻辞的诠释原则，即"首释卦爻辞之从何象而生。辞与象之关系既明，再按象以求其或吉或凶之故，还易辞之本来"③。也就是说，每一个卦辞和爻辞都对应着一定的象，辞的或吉或凶是由与辞对应的象决定的，所以如果要正确地理解和诠释《周易》，就要先确定卦爻辞是从哪种象生发而来的。

一 与《易》相关的易象总结

真正做到"还易辞之本来"，首先要明象。《周易》六十四卦由乾☰、坤☷、震☳、巽☴、坎☵、离☲、艮☶、兑☱八经卦相重而来，所以《周易》六十四卦辞、三百八十四爻辞归根到底皆由观八卦卦象而系。《说卦》对《周易》的八卦之象做了整理和介绍：

---

① 尚秉和：《周易尚氏学》附录之《左传国语易象释》绪言，第340页。

② 尚秉和：《周易尚氏学》附录之《左传国语易象释》绪言，第340页。

③ 尚秉和：《周易尚氏学》说例，第1页。

乾，健也。坤，顺也。震，动也。巽，入也。坎，陷也。离，丽也。艮，止也。兑，说也。

乾为马，坤为牛，震为龙，巽为鸡，坎为豕，离为雉，艮为狗，兑为羊。

乾为首，坤为腹，震为足，巽为股，坎为耳，离为目，艮为手，兑为口。

乾，天也，故称乎父。坤，地也，故称乎母。震一索而得男，故谓之长男。巽一索而得女，故谓之长女。坎再索而得男，故谓之中男。离再索而得女，故谓之中女。艮三索而得男，故谓之少男。兑三索而得女，故谓之少女。

乾为天，为圜，为君，为父，为玉，为金，为寒，为冰，为大赤，为良马，为老马，为瘠马，为驳马，为木果。

坤为地，为母，为布，为釜，为吝啬，为均，为子母牛，为大舆，为文，为众，为柄。其于地也为黑。

震为雷，为龙，为玄黄，为旉，为大涂，为长子，为决躁，为苍筤竹，为萑苇。其于马也为善鸣，为馵足，为作足，为的颡。其于嫁也为反生。其究为健，为蕃鲜。

巽为木，为风，为长女，为绳直，为工，为白，为长，为高，为进退，为不果，为臭。其于人也为寡发，为广颡，为多白眼，为近利市三倍，其究为躁卦。

坎为水，为沟渎，为隐伏，为矫輮，为弓轮。其于人也，为加忧，为心病，为耳痛，为血卦，为赤。其于马也，为美脊，为亟心，为下首，为薄蹄，为曳。其于舆也，为多眚，为通，为月，为盗。其于木也，为坚多心。

离为火，为日，为电，为中女，为甲胄，为戈兵。其于人也，为大腹。为乾卦，为鳖，为蟹，为蠃，为蚌，为龟。其于木也，为科上槁。

艮为山，为径路，为小石，为门阙，为果蓏，为阍寺，为指，为狗，为鼠，为黔喙之属。其于木也，为坚多节。

兑为泽，为少女，为巫，为口舌，为毁折，为附决。其于地也为刚卤，为妾，为羊。

尚先生认为上述《说卦》所叙说的八卦之象“皆举其纲领，使人类推非谓象止于此也”。也就是说，按照《系辞》所说，圣人仰观俯察始作八卦，以类万物之情，而《说卦》所叙的八卦之象所能涵盖和表征的事物还是极为有限的，与此同时仅以这些八卦之象来解释繁杂的卦爻辞，也是远远不够的。这就需要人们以《说卦》所列的象为纲领，类推八卦所表征的其他象。后世“九家”逸象、孟氏逸象等就是对《说卦》之象的类推和丰富。与此同时，尚先生通过分析，发现《说卦》“又示人以复象”，按照尚先生所举的例子“乾为马，震坎亦为马”“坤为腹，离亦为腹”，可知所谓“复象”就是指可以被不同的经卦重复表征的象。由此尚先生断定《说卦》之所以表明“复象”的存在，意在启示人们“非谓某卦有某象，即不许某卦再有某象也”。至于八经卦如何取“复象”，尚先生认为“笔所难罄”而“详尽在口传”。并且，取象的原则在口口相传中至东汉失传。至于为什么至东汉失传，尚先生是通过考察东汉末年的《易》学大家虞翻的《易》注而得出的结论。他举《颐》䷚、《损》䷨、《益》䷩三卦为例，认为《颐》初九爻“舍尔灵龟”，《损》六五爻、《益》六二爻“或益之十朋之龟”，三卦爻辞中出现的“龟”皆为艮☶的取象。而以象数著称的虞翻在解释这三爻时，只知《说卦》中离取龟象，却不知艮也可以取龟象，于是运用卦变的方法，使相关的爻变成离后以取龟象。由此就可以证明，八卦的取象至东汉已失传。①

按照尚先生的分析，既然八卦的取象至东汉已失传，那么我们如何以《说卦》为纲，类推八卦表征的其他象，从而解释繁杂的卦爻辞呢？上文已述，尚先生在对历代《易》说评判时，尤为推崇《左传》《国语》及《焦氏易林》②，他认为《左传》《国语》为最古说《易》之书，记载了最古最确的易象；而《焦氏易林》集象学之大成，涵盖了众多失传的易象。因此尚先生对《说卦》八卦之象的推广，主要就集中在对《左传》《国语》和《焦氏易林》所涉及易象的整理和归衍上。下面我们分别看一下尚先生在这两方面取得的成果。

（一）对于《左传》《国语》等易象的整理

尚先生在他所著的《周易古筮考》之“卦象考”一节中，对包括《左传》《国语》在内的古昔先儒发明推演的《周易》八卦之象进行了一番荟萃、记录与整理。主要有：

---

① 此段中涉及的尚秉和的引文，详见（汉）焦延寿著，尚秉和注，常秉义点校《焦氏易林注》例言，光明日报出版社2005年版，第4页。

② 《左传》《国语》及《焦氏易林》这三部易著，皆在东汉之前，因此按照尚先生的论断，八卦的取象还没有失传。

乾，健也。坤，顺也。震，动也。巽，入也。坎，陷也。离，丽也。艮，止也。兑，说也。

乾为天，首，圜，君，父，金，玉，寒，冰，大赤，良马，老马，瘠马，驳马，木果，龙，直，衣，言（与震重）。

坎为水，豕，耳，沟渎，隐伏，矫輮，弓轮，加忧，心病，耳痛，血卦，赤，美脊马，中心马，下首马，薄蹄马，曳马，月，盗，坚心木，宫，栋，丛棘、狐、蒺藜，桎梏，险，棺椁（管辂语），志，法，律，酒，夜，中男，多眚车，众（见《左传》注）。

艮为山，狗（或作拘，非），手，径，路，小石，门阙，阍寺，指，鼠，黔喙之属，坚多节木，鼻，虎，狐，背，皮，尾，宗庙，小子，僮仆，城，狼，鬼冥门，言（见《左传》杜注），少男，果蓏。

震为雷，龙（与乾重），足，玄黄，旉（又作专，静也），大涂，决躁，苍筤竹，萑苇，善鸣马，馵足马，反生稼，健（与乾重），蕃鲜，玉（与乾重），鹄，鼓，侯，主，兄，夫，言，行，乐，出，作，麋鹿，喜笑，车，木，诸侯，长男。

巽为风，鸡，股，木（与震重，盖皆取五行），长女，绳直，工，白，长，高，进退，不果，臭（或作嗅），寡发人，广颡人，白眼人，近利市三倍，躁卦，杨，鹳，妻，处，随，鱼，号，包，杞，白茅。

离为火，雉，目，日，君（从日得象），电，中女，甲胄，戈兵，大腹人，乾卦（乾音干，取干燥义），鳖，蟹，蠃，蚌，龟，科上槁木，牝牛，飞鸟，隼，鹤，矢，黄牛，文明，昼，斧，鸟，诸侯（上二象皆《左传》）。

坤为地，母，腹，牛，布，釜，吝啬，均，子母牛，大舆，众，文，炳，黑地，帛，裳，黄，牝，方，邑，臣，民，土，国，顺，师，马（见《左》注），兕虎。

兑为泽，口，羊，少女，巫，口舌，毁折，附决，刚卤地，妾，辅颊，妹，孔穴，刑人，小，虎（郭璞每以兑为虎），言，柝（马重绩以兑为柝），鸡（管辂云：鸡者兑之畜），丧车（管辂语）。①

通过对比以上诸象与《说卦》所载之象，可以发现尚先生对《左传》《国

① 尚秉和：《周易古筮考》卷九《占易杂述·卦象考》，第258—262页，引文中括号里的内容为尚秉和先生所作的注。

语》等八卦之象的整理基本上全部采用了《说卦》所记之象①，并且增补了一些《说卦》没有记载的八卦之象，具体如下：

乾为龙，直，衣，言。

坤为帛，裳，黄，牝，方，邑，臣，民，土，国，师，马，兕虎。

震为玉，鹄，鼓，侯，主，兄，夫，言，行，乐，出，作，麋鹿，喜笑，车，木，诸侯。

巽为杨，鹳，妻，处，随，鱼，号，包，杞，白茅。

坎为宫，栋，丛棘、狐、蒺藜，桎梏，险，棺椁，志，法，律，酒，夜，众。

离为君，牝牛，飞鸟，隼，鹤，矢，黄牛，文明，昼，斧，鸟，诸侯。

艮为鼻，虎，狐，背，皮，尾，宗庙，小子，僮仆，城，狼，鬼冥门，言。

兑为辅颊，妹，孔穴，刑人，小，虎，言，析，鸡，丧车。

同时，尚先生在整理八卦之象的过程中又再次提到了“复象”的问题，即我们前面所述的可以被不同的经卦重复表征的象。如上面尚先生提到的乾为“言（与震重）”，震为“龙（与乾重）……健（与乾重）……玉（与乾重）”，巽为“木（与震重）”，也就是说“言”“龙”“健”“玉”“木”等象可以被不同的八经卦来表征。除了尚先生提出的“复象”，我们可以发现，乾为君，离也可为君；艮为虎，兑也可为虎；震、离皆可为诸侯；巽、兑皆可为鸡，等等，可见尚先生所说的“复象”比比皆是。接着问题就来了，既然不同的八经卦可以表征同一个象，那么我们在具体的取象过程中如何取舍和判断呢？尚先生也意识到这个问题，为我们做了分析和总结，他说：“乾为言，艮、震、兑皆为言，自以震、兑义为长。乾、震皆

① 尚先生所录之象与《说卦》存在三个方面的不同。第一个方面是，列举八卦的顺序不同。《说卦》以乾坤生六子的顺序列举，即乾、坤、震、巽、坎、离、艮、兑的顺序，尚先生则是以后天八卦方位顺序列举，即乾、坎、艮、震、巽、离、坤、兑的顺序。第二个方面是，坤卦和坎卦所列的个别卦象不同。坤卦卦象，《说卦》作“为柄”，尚先生引作“炳”，“柄”与“炳”形近相通；坎卦卦象，《说卦》作“为亟心”，尚先生则引作“中心马”，按《周易正义》“取其中坚内动”之义，“亟心”与“中心”意义当相通。第三个方面是，《说卦》所载的震卦和坎卦的个别卦象，尚先生没有辑录，如震卦的“为作足”“为的桑”，坎卦的“为通”，尚先生都没有辑录。

为龙，艮、兑皆为虎，坎、艮皆为狐，坤、震皆为车，义似兼胜。乾、坤、坎、震皆有马，其专属者则为乾，余皆取马之动作。至坎、坤皆为众，则坤义胜。乾、震皆为玉，则乾义胜。乾、震皆为健，亦乾义胜。”[①]可见，八卦的取象虽然有重复，但取象时还是有主次、亲疏、轻重之分的。

（二）对于《焦氏易林》逸象[②]的归衍

尚先生经过十余年的潜心研究，发现和总结了与《周易》有关的《易林》逸象一百七十余种，它们是：

> 乾为日，河海，山陵，石，南，虎，大川。
>
> 坤为水，江淮河海、鱼，蛇，渊，云，墟，茅茹，逆，北，心，志，忧，疾病，毒，劳，风，野，郊，原。
>
> 震为武，旗，鸿，隼，射，南，爵，樽，食，鹤，君，征伐，周，姬，瓮，胎，舟船，飞翼，老夫，商旅，公，父，口，羊，神，襦，缶，瓶，辰，登，狩，乘，华，羽翰，发，袂，东北，萌芽，箕子，孩子，田，山阴，嘉，邻，藩，斗，福，虚，岁年。
>
> 巽为母，齐，姜，少姜、少齐，陨落，豕，豚，虫，蠹，腐，敝漏，隙，袖，盗贼，烂，寇戎，病，枯，饿，疑。
>
> 坎为首，大首，肉、胏，夫，矢，鬼，孤，西，泥，食，筮。
>
> 离为星，东，金，巷，肤。
>
> 艮为火，鸟，鸿，隼，面，簪，须，祖，臣，臣妾，角，啄，负，寿，贵，邑邦国，床，斯析，贝，金，观，视，光明，龟，西北，天，刀剑，枕，牛，豕，夫，巢，僮仆，终日，谷。
>
> 兑为月，华，老妇，鲁，资斧，井，牙齿，鸡，燕，耳，酒，穴，兵戎，雨。[③]

尚先生认为，上面的《易林》逸象已全部失传，导致东汉研《易》之人在

---

① 尚秉和：《周易古筮考》卷九《占易杂述·卦象考》，第262—263页。

② 所谓“逸象”就是《周易》未收录或已失传的八卦之象。

③ 引自（汉）焦延寿著，尚秉和注，常秉义点校《焦氏易林注》中的《〈易林〉逸象原本考》，光明日报出版社2005年版，第9—19页。尚先生在引述上面一百七十余种《易林》逸象的时候，还简要表明了逸象之所本，如在“乾为石”的逸象后，用括号注明“《说卦》：乾为玉”，也就是说，《易林》中取“乾为石”的逸象，本于《说卦》中“乾为玉”的表述。同时，尚先生在他所著的《焦氏易诂》中，还对这些《易林》逸象进行了详细解说。

注解《周易》的过程中多有错误。通过对《易林》逸象的重新审视与《周易》经传文交融互证，不但可以纠正东汉人注解《周易》之偏，还可以为《周易》中的许多疑难易辞做出新的注解。如尚先生在他所著的《焦氏易诂》中对《易林》逸象“乾为日”进行解说时就提到，《乾》䷀九三“君子终日乾乾”、《大畜》䷙九三“日闲舆卫”、《彖传·乾》“大明终始”、《彖传·恒》䷟“日月得天而久照”的文辞中之所以都不约而同地出现“日(大明)”，就在于《乾》《大畜》《恒》等六画卦中皆含有三画乾卦☰的象，而根据《易林》以乾为日的取象，那么《乾》九三、《大畜》九三、《彖传·乾》、《彖传·恒》等都提到“日（大明)”就不足为奇了。[①] 又如《易林》以坤为鱼，则《剥》䷖六五“贯鱼以宫人宠”迎刃而解；虞翻解此爻为“《剥》消《观》五，巽为鱼、为绳”；何妥注此爻为“夫《剥》之为卦，下比五阴，骈头相次，似‘贯鱼’也”[②]，显然，《易林》以坤为鱼，较之虞翻、何妥等人于义更胜。同理，《易林》以离为星，则《丰》䷶六二之“见斗”得解[③]，而虞翻注此爻以“《噬嗑》艮为星”[④] 应当有失《周易》本旨。可见，尚先生对于《易林》逸象的发明，无疑对诠释观象而系的易辞开辟了新的思路，也为纠东汉以来注《易》之偏提出了新的见解。

（三）对于八卦之象的重新厘订

尚先生对于《左传》《国语》及《焦氏易林》易象的整理和推演，极大地丰富了易象学的内容，但同时也使易象显得更加繁杂。为了便于学者更好地理解八卦的各种取象，掌握其中的精髓和纲要，尚先生从繁多的卦象中筛选出最重要且为古人常用的卦象，以备学者研循。他们分别是：

> 乾为天，君，父，金，玉，马，龙，健。凡《易》辞多取刚健义，而原本于天。
>
> 坎为盗，险，陷，隐伏，月，中男。凡《易》辞取义皆用坎险、坎陷，而原本于水。
>
> 艮为止，门庭，少男，虎，鼠，鼻。凡《易》辞多取艮止及门庭义，而原本于山。
>
> 震为动，龙，长男，言，车，马，钟，鼓，足。凡《易》辞多取

① 详见尚秉和撰，陈金生点校《焦氏易诂》卷一，第25页。

② （清）李道平撰，潘雨廷点校《周易集解纂疏》，第257—258页。

③ 尚秉和撰，陈金生点校《焦氏易诂》卷一，第27—28页。

④ （清）李道平撰，潘雨廷点校《周易集解纂疏》，第483页。

震动义，而原本于雷。

巽为顺，长女，鸡，长，寡发，入。凡《易》辞多取顺入义，而原本于风。

离为日，文明，君，电，兵甲，目，雉，中女。凡《易》辞多取文明义，而原本于火。

坤为母，土，腹，文，牛，布帛，大舆，众，顺，臣，民，马，国。凡《易》辞多取坤顺安贞之义，而原本于地。

兑为口舌，少女，言，毁折，羊，说。凡《易》辞多取兑说义，而原本于泽。占者以毁折、口舌二义为最验。①

按《说卦》“天地定位，山泽通气，雷风相薄，水火不相射，八卦相错”可知，乾为天，坤为地，艮为山，兑为泽，震为雷，巽为风，坎为水，离为火，是八卦最原始的取象。又依《说卦》“乾，健也。坤，顺也。震，动也。巽，入也。坎，陷也。离，丽也。艮，止也。兑，说也”可知，乾健，坤顺，震动，巽入，坎陷，离丽，艮止，兑说，是八卦最本根的取义。应当说，尚先生对于诸多八卦之象所做的厘订，最终还是回归到《说卦》所言的八卦诞生之初的取象与取义，这也正好体现了他对《说卦》作用和意义的揭示：“祗说其纲领，以为万象之引伸，并示其推广之义。”②

二　《易》所用的几种主要的取象方法

在对《左传》《国语》及《焦氏易林》失传之象进行推衍的基础上，尚秉和先生又对其中的取象方法进行了揭示和总结，主要有：《易》用伏象（对象）、用覆象（反象）、用互象、用半象及用大象五种，下面我们分别介绍之。

（一）《易》用伏象（对象）

所谓“伏象”，尚秉和又称为“对象”，就是由卦之阳爻变阴爻，阴爻变阳爻所得的象。虞翻称之“旁通”③，明代易学家来知德则将这种“阴

① 尚秉和：《周易古筮考》卷九《占易杂述·卦象考》，第263—265页。

② 尚秉和：《周易尚氏学》自序，第2页。

③ 如虞翻注《比》卦卦辞曰“与《大有》旁通”；注《彖·小畜》曰“与《豫》旁通”；注《履》卦卦辞曰“与《谦》旁通”；注《彖·同人》曰“旁通《师》卦”等。（详见（清）李道平撰，潘雨廷点校《周易集解纂疏》，第139、148、155、181页）

与阳相对”称为“错”[①]。此外，唐代的孔颖达在《周易正义·序卦》序中将今本六十四卦排列顺序解释为“二二相耦，非覆即变”[②]，其中的“变”说的就是两两为对的卦阴阳爻互变，也就是互为伏象或对象。

尚秉和在注解《周易》及《焦氏易林》时，“言‘通’某卦、‘伏’某卦、‘对’某卦实皆‘伏象’”[③]。根据阴阳相对的原理，乾☰对坤☷、坎☵对离☲、艮☶对兑☱、震☳对巽☴。尚先生认为，本象（正象）伏象（对象）反映了“阴阳相求相感固有之理”[④]。《文言》云“六爻发挥，旁通情也”，此旁通之“情”就是“言阴阳不能相离也”。[⑤]《说卦》曰“天地定位，山泽通气，雷风相薄，水火不相射”，说的就是“阳往阴来，自然相遇，相遇然后相交，易道乃成”。[⑥]“阴阳气既相薄相通相逮，即混合而不能分”[⑦]也就是说，乾与坤阴阳相感，故“定位”，位定则互通有无；艮与兑阴阳相感，故“通气”，气通则往来不分；震与巽阴阳相感，故“相薄”，“相薄”则合而为一；坎与离阴阳相感，故“相逮”，“相逮”则凝而为一。清代学者王引之批评虞翻的旁通使阴阳无别，尚氏认为此乃王引之不明阴阳相互依存、相互感通的易理所致。他说：“略如见一男子，可推知其家必有妇。见一妇人，可推知其家必有夫也。然非以夫为妇，以妇为夫，使男女无别也。”[⑧]尚氏将正伏象常不分比喻为夫妇共事一家，夫妇任何一方都不可或缺。同时，尚先生也指出，虽然正伏象如同夫妇，有夫有妇才有家，但这并不表示夫就是妇，妇就是夫，而是男女有别，并非混淆阴阳之间的差别，因此他又说“《易》系辞取象可用伏，而义则正也”[⑨]。

基于上面的旁通之理，尚氏认为《易》用伏象，《易林》本之。以对《履》☰☱卦辞“履虎尾”的注解为例，尚先生一方面说明虞翻用对象来解，独存“古义”；另一方面也指出虞翻以“坤为虎”，不如来知德以

---

① （明）来知德：《周易集注》卷之首上《来瞿唐先生易经字义——错》，九州出版社2012年版，第48页。

② 李学勤主编：《十三经注疏·周易正义》，第334页。

③ （汉）焦延寿著，尚秉和注，常秉义点校：《焦氏易林注》之《读者须知》，第20页。

④ 尚秉和：《周易尚氏学》卷一，《乾·文言》注，第28页。

⑤ 尚秉和：《周易尚氏学》卷八，《大过》卦九五爻辞注，第142页。

⑥ 尚秉和：《周易尚氏学》卷二十，第324页。

⑦ 尚秉和撰，陈金生点校：《焦氏易诂》卷二，第50页。

⑧ 尚秉和：《周易尚氏学》卷八，《大过》卦九五爻辞注，第142页。

⑨ 尚秉和：《周易尚氏学》卷八，《大过》卦九五爻辞注，第142页。

“艮为虎”，与《易林》例合。[①] 由《履》䷉下卦为兑☱，兑☱通艮☶，“艮为虎”，《履》卦卦辞即言虎，故《易》用伏象。又如《泰》䷊初九爻与《否》䷋初六爻皆言“拔茅茹以其汇”，根据《乾》《坤》两卦的《象》所述，“坤为品物、为庶物、为万物”，所以“坤有茅茹象”。由此尚先生认为《否》初六言“茅茹”，是用正象（本象）；又坤☷与乾☰相通、互为对象，故《泰》初九爻亦言“茅茹”，则用伏象（对象）。[②] 尚先生认为，《易林》本《易》，亦用伏象，如《否》䷋之《中孚》䷼云“老妾据机”，以中孚䷼下兑☱为“老妾”，兑在此是用正象。[③] 而《需》䷄之《剥》䷖云“老妇亡夫”，则以《剥》䷖上艮☶伏兑☱为“老妇”，兑则用伏象。[④]

尚氏提出《易》中某些用伏象者，自荀爽、虞翻以来的学者，解卦皆从本象出发苦苦追求却终不得解。如《大过》䷛九五“老妇得其士夫”，虞翻注曰：“‘老妇’谓初。巽为‘妇’，乾为‘老’，故称‘老妇’也。‘士夫’谓五。”[⑤] 尚氏认为，由《大过》上兑☱为老妇，伏艮☶为士夫，可知《大过》老妇、士夫皆在对象，而虞翻却以《大过》九五爻应下卦巽☴之初爻为老妇，按照《易》例，一卦六爻中，初爻与四爻、二爻与五爻、三爻与上爻相应，虞翻以五应初，“《易》无此例也”[⑥]，于是《大过》九五爻遂不得解。

按尚氏之说及《文言》所云“六爻发挥，旁通情也”，《说卦》“天地定位，山泽通气，雷风相薄，水火不相射，八卦相错”[⑦] 等论述，《周易》应当确有取伏象之法。然而尚氏依此法在注解《周易》

---

① 尚秉和撰，陈金生点校：《焦氏易诂》卷三，第90—91页。虞翻注，详见（清）李道平撰，潘雨廷点校：《周易集解纂疏》，第155页。（明）来知德注，详见《周易集注》卷之三，第179页。

② 详见尚秉和撰，陈金生点校《焦氏易诂》卷二，第93—94页。

③ 详见（汉）焦延寿著，尚秉和注，常秉义点校《焦氏易林注》，第131页。

④ 详见（汉）焦延寿著，尚秉和注，常秉义点校《焦氏易林注》，第50页。

⑤ （清）李道平撰，潘雨廷点校：《周易集解纂疏》，第294页。

⑥ 尚秉和：《周易尚氏学》卷八，《大过》卦九五爻辞注，第142页。

⑦ 此处帛书《衷》篇曰“天地定立（位），[山泽通气]，火水相射，雷风相榑，八卦相厝”（廖名春：《马王堆帛书周易经传释文》，载杨世文等编《易学集成》第3卷，四川大学出版社1998年版，第3038页），与今本《说卦》最明显的不同就是“水火相射”一句，今本作“水火不相射”，“射”读为yì，释为“厌，厌弃”。按照上下文义，帛书“水火相射”之“射”应读为shè，意为“舍射”，从句子的对仗性和规整性来看，似乎帛本的叙说更胜。

经传文时也有值得商榷的地方。如他在注《鼎》䷱卦卦辞取端木国瑚[1]说，认为“《鼎》之象不在鼎，而在伏象《屯》䷂。《屯》下震为足，互坤为腹，上坎为耳、为铉，凡鼎之象无一不备。后人不知《易》于正伏象不分，谓下阴为足，中三阳为腹，五阴为耳，《易》焉有巽足乾腹离耳之象哉”[2]。尚氏批驳后人以“下阴为足，中三阳为腹，五阴为耳”的取鼎象法乃是不知《易》有用伏象的取象方法，但《系辞》曰“象事知器”，后人取鼎象从整个卦象出发，以初六爻阴爻象鼎足，以九二、九三、九四三阳爻象鼎腹，六五阴爻象鼎耳，上九爻象鼎铉，观《鼎》之卦象即可知鼎之器用。我们以为，尚先生舍易就难，不直接取《鼎》卦之象，而从伏象《屯》卦中求解，反而不如后人之取象更合《周易》“易则易知，简则易从”的易简之旨。正如于省吾先生在序言中对此评判道：“舍鼎形之实象而信伏象，未免疏失。”[3] 又如他解释《履》䷉卦辞“履虎尾”时，在《焦氏易诂》中明确指出《易》用伏象，即《履》下卦为兑，兑通艮，艮为虎。[4] 转而在《周易尚氏学》中又不用伏象解经，曰“乾为虎，四虎尾，兑在乾后，故曰‘履虎尾’”[5]，先不说“乾为虎”不在他搜罗整理的八卦逸象之列，仅从同一经文既用伏象解又不用伏象解看，尚先生对《履》卦辞“履虎尾”的解释应再做斟酌和统一。

（二）《易》用覆象（反象）

所谓“覆象”，即将卦的爻画颠倒过来所成的象。孔颖达对今本六十四卦排列顺序解释为“二二相耦，非覆即变”，其中“覆”的意思就是将卦的六个爻画全部颠倒，如《屯》䷂卦六爻颠倒（初爻成为上爻，二爻成为五爻，三爻成为四爻，四爻成为三爻，五爻成为二爻，上爻成为初爻）就成为《蒙》䷃卦，《需》䷄卦六爻颠倒成为《讼》䷅卦，《屯》与《蒙》、《需》与《讼》就互为覆象。考察《周易》六十四卦的卦画，我们可以发现，除了《乾》䷀、《坤》䷁、《坎》䷜、《离》䷝、《颐》䷚、《大过》䷛、《中孚》䷼、《小过》䷽八个卦的六爻画颠倒后不变外，其余五十六个卦都可以

---

① 端木国瑚：（1773—1837 年）清代易学家。字子彝，又字井伯，号鹤田，晚号太鹤山人，浙江青田人。嘉庆举人，道光进士，官内阁中书，曾任归安教谕十余年。尝受业于阮元，得其赏识，入杭州敷文书院就读。易学则承自家学。治《易》以象数为宗，欲包罗汉、宋、焦、京、陈、邵之学，融合为一。易学著作颇丰，有《易例》一卷、《周易指》三十八卷、《易断辞》一卷、《周易图》五卷、《周易葬说》三卷等，另有《太鹤山人诗集》十三卷、《文集》四卷。

② 尚秉和：《周易尚氏学》卷十四，第 228 页。

③ 尚秉和：《周易尚氏学》于省吾的序言，第 6 页。

④ 详见尚秉和撰，陈金生点校《焦氏易诂》卷三，第 90—91 页。

⑤ 尚秉和：《周易尚氏学》卷三，第 71 页。

由二十八个卦颠倒而来。而这种两个卦的卦画存在互相颠倒的关系，虞翻在注解《周易》经传文时就已注意到并加以运用，如在注《象·观》曰“《观》反《临》也”，注《序卦》提到的“《咸》反成《恒》”[①]，其中的“反”就是表示覆象的意思。来知德在他的《周易集注》中又将这种爻画的“或上或下，颠之倒之”称为“综”。[②] 此外，学者也有称为“倒象”“反易”[③] 或是“反对之象”[④] 的。

尚先生在前人的基础上，对《易》用覆象进行了总结。他首先对覆象进行了定义：“易用覆象，来氏曰‘综’，亦名反象”，“覆象者，艮反为震，震反为艮，兑反为巽，巽反为兑”。[⑤] 可以看出，尚先生对于覆象（反象）的定义是基于三爻画的经卦而言的。在八经卦中，乾☰、坤☷、坎☵、离☲三爻画上下颠倒卦象不变，所以这四个经卦的覆象是它们本身；而震☳与艮☶、巽☴与兑☱的爻画则互为上下颠倒的关系，所以震☳与艮☶、巽☴与兑☱互为覆象或反象。六十四卦由八经卦相重而来，所以六画的别卦自然也有相应的覆象（反象）。

接着，尚先生又对《易》用覆象（反象）的取象方法进行了揭示。一方面，尚先生认为：“《易》之用覆象，如‘十朋之龟’，如‘臀无肤’，如‘枯杨生华’皆显著，人能知之。”[⑥] 这就是说，互为覆象的两卦的卦爻辞呈现出相同或相似的内容，如《损》䷨六五爻与《益》䷩六二爻爻辞皆有“或益之十朋之龟，弗克违”的内容；又如《夬》䷪九四爻与《姤》䷫九三爻爻辞皆曰“臀无肤，其行次且”；再如《大过》䷛九二爻爻辞“枯杨生稊”与九五爻爻辞“枯杨生华”表达的意思相类[⑦]，等等。尚氏认为上面的例子都从显著处表明了《易》对覆象取象方法的运用，因此人们能够很容易地知晓。但另一方面，尚先生也指出，对于《易》用覆象的“幽深之处则不易知”[⑧]。尚先生着重举了两个例子来说明不容易知晓的“幽深之处”。第一个例子是对《困》卦卦辞“有言不信”的注解。尚先

① （清）李道平撰，潘雨廷点校：《周易集解纂疏》，第229、724页。

② （明）来知德：《周易集注》卷之首上《来瞿唐先生易经字义——综》，第49页。

③ （清）毛奇龄：《仲氏易》卷一，上海古籍出版社1990年版，第3页。

④ （清）黄宗羲：《易学象数论》卷三，九州出版社2007年版，第129页。

⑤ 尚秉和撰，陈金生点校：《焦氏易诂》卷二，第44、47页。

⑥ 尚秉和撰，陈金生点校：《焦氏易诂》卷二，第51页。

⑦ 除尚先生列举的例子，《既济》卦九三爻爻辞“高宗伐鬼方，三年克之”与《未济》九四爻爻辞“震用伐鬼方，三年有赏于大国”内容相似，亦可补证尚先生之言。

⑧ 尚秉和撰，陈金生点校：《焦氏易诂》卷二，第51页。

生认为，“《困》卦之‘有言不信’，则用覆兑”[①]，具体说来就是“兑口为言，三至上正反兑，所向不同，故‘有言不信’”。[②] 所谓“用覆兑”，就是《困》䷮卦三爻至上爻可以看成由一个正着的兑☱和一个反着的兑（即巽）☴组成，又兑为口，正反两个兑表征两口方向相反，所以《困》卦卦辞曰“有言不信”。尚先生认为，用覆兑解释《困》卦“有言不信”才是正解，但上至虞翻、荀爽，下至张惠言、惠栋却都没有用覆象解经，致使“此其义亦误解者二千年矣”[③]。今天我们重新审视虞翻等人的注解，就会发现虞翻“以震变兑为不信”[④]，荀爽以“否阴升上失中为不信”[⑤]，张惠言、惠栋以“乾为信，乾灭故不信”[⑥]，确实不如尚先生“以覆兑为不信”更惬洽文意。尚先生举的第二个例子是对《中孚》卦九二爻辞“鸣鹤在阴，其子和之”的注解。尚先生以为“《中孚》之鹤鸣子和，则用覆震覆艮”[⑦]，按他在《周易尚氏学》中的注解“二至五正反震，下震鹤……三至五震反，其子谓覆震”[⑧]，《中孚》䷼卦二三四爻可以看成一个正着的震☳，三四五爻的艮☶则可视为把震反过来，即覆震。两震相对，故“子和”。在尚先生看来，《中孚》九二用覆震“此其义亦二千年长夜矣”[⑨]，即如同《困》卦辞用覆兑一样不易被人知晓。通过尚先生所举的两个例子，我们可以发现互为正反象的两个经卦相重，尚先生又称为“正覆（反）震”和“正覆（反）兑”，也可称为“正覆（反）艮”和“正覆（反）巽”，并且他认为《周易》中的多处经传文取义于正覆震和正覆兑。如《蒙》䷃卦之“再三渎”，尚氏曰：“二至上正反震，言多，故曰‘渎’。渎，亵渎也，震反为艮，艮止故不告。”[⑩] 此外，《颐》䷚卦《大象

---

① 尚秉和撰，陈金生点校：《焦氏易诂》卷二，第51页。

② 尚秉和：《周易尚氏学》卷十三，《困》卦卦辞注，第215页。

③ 尚秉和撰，陈金生点校：《焦氏易诂》卷六，第182页。

④ 虞翻注《困》卦卦辞“有言不信”曰：“震为言，折入兑，故‘有言不信，尚口乃穷’。”（清）李道平撰，潘雨廷点校《周易集解纂疏》，第411页。

⑤ 荀爽解《困》卦卦辞“有言不信”曰：“阴从二升上六，成兑为‘有言’，失中为‘不信’。”（清）李道平撰，潘雨廷点校《周易集解纂疏》，第411页。

⑥ 张惠言注《困》卦卦辞曰：“乾为‘信’，乾灭故‘不信’。”［张惠言撰，刘大钧校点：《周易虞氏义》卷之五，载北京大学《儒藏》编纂与研究中心编《儒藏》（精华编一〇册），北京大学出版社2010年版，第110页］。惠栋疏《困》卦卦辞曰：“乾为信，上之二，故‘有言不信’。”（清）惠栋撰，郑万耕点校《周易述》卷七，中华书局2007年版，第133页。

⑦ 尚秉和撰，陈金生点校：《焦氏易诂》卷二，第51页。

⑧ 尚秉和：《周易尚氏学》卷十七，《中孚》九二爻卦注，第269页。

⑨ 尚秉和撰，陈金生点校：《焦氏易诂》卷七，第221页。

⑩ 尚秉和：《周易尚氏学》卷二，《蒙》卦辞注，第46页。

传》之“慎言语，节饮食”①，《损》䷨卦《大象传》之“惩忿窒欲”② 等处也皆取正覆震相对或相背之象。

尚秉和先生还指出，《易》用正覆震相背《左传》已有，如《左传·昭公五年》载穆庄叔筮叔孙穆子生遇《明夷》䷣之《谦》䷎，卜楚邱释占曰“于人为言，败言为谗”，尚氏解释道：“谦上震，震为言，下艮震覆，故曰‘败言’，言相反故曰‘馋’。”③ 又《左传·僖公十五年》晋献公筮嫁伯姬于秦，遇《归妹》䷵之《睽》䷥，曰：“西邻责言”，尚氏曰：“兑为西，故曰‘西邻’。兑为口舌、为言，而三至四覆兑，两兑口相对即相背，故曰‘责言’。”④

尚先生同时指出，《易》用正覆震、正覆兑，《易林》本之，如《讼》䷅之《困》䷮云“心与言反”，乃是由于《困》䷮下“坎为心，三上正覆兑相背，故曰‘心与言反’”。⑤ 又如《坤》䷁之《离》䷝云“齐鲁争言”，尚氏以《离》䷝“二至五正反两兑相背”为“争言”。⑥ 故尚先生总结道：“凡正反震、正反兑相背者，不曰‘争讼’，即曰‘有言’。”⑦ “独《易林》凡遇正反两兑两震两艮相反或相对者，不曰‘相嚊’，即曰‘相讼’，不曰‘相击’，即曰‘相鬪’。”⑧

由此可见，尚先生关于正反震、正反兑的理解可以分为四种情况：一是正反震相对，䷚、䷨、䷩，震为言，震动艮止，表示欲言又止，欲动而作罢；二是正反震相背，䷎、䷣，表示言语相反，为有言、败言、谗言；三是正反兑相背，䷅、䷮、䷝，兑为口、为悦、为说，两兑口向外，表示小有言、有言不信、微辞、责言之类；四是正反兑相对，䷥、䷼，则表示朋友讲习、商兑等。尚氏以为，正反震、正反兑体现了《易》之用覆象的幽深精微处，而对于这些精微之处，荀爽、虞翻知之而不能推行，遂使用覆象者不得其解。

刘大钧先生在《周易概论》中还发现：“互为反对之象的两卦中，其

---

① 尚秉和：《周易尚氏学》卷八，《颐》卦《大象传》注，第136页。

② 尚秉和：《周易尚氏学》卷十二，《损》卦《大象传》注，第193页。

③ 尚秉和：《周易尚氏学》说例，第4页，详见附录《左传国语易象释》，第350页。

④ 尚秉和撰，陈金生点校：《焦氏易诂》卷二，第51—52页。

⑤ （汉）焦延寿著，尚秉和注，常秉义点校：《焦氏易林注》，第52页。常秉义点校的《焦氏易林注》将“坎为心”引为“夫为心”（第66页），根据《困》卦䷮上兑下坎，“坎为心”于义更胜。

⑥ （汉）焦延寿著，尚秉和注，常秉义点校：《焦氏易林注》，第17页。

⑦ 尚秉和：《周易尚氏学》说例，第4页。

⑧ 尚秉和撰，陈金生点校：《焦氏易诂》卷二，第52页。

前一卦初爻爻辞的吉凶，绝大部分和后一卦上爻爻辞的吉凶相同。例如《屯》卦䷂初九爻：‘盘桓，利居贞，利建侯。’《蒙》卦䷃上九爻：‘击蒙，不利为寇，利御寇。’……”① 刘先生的发现，加之前面所言的今本六十四卦“非覆即变”的卦序排列和互为反对之象相应爻相似卦爻辞的应用，都不可否认《周易》作者在观象系辞的过程中考虑到了对覆象的应用。

（三）《易》用互象

所谓“互象”，就是指由内外（上下）两卦交互组成的卦象，又称之为“互体”“互卦”或“互体之象”。尚秉和认为互象是对中爻的运用，因为“《系辞》云‘若夫杂物撰德，辨是与非，则非其中爻不备’。中爻者，三至五互一卦，二至四互一卦，即上下互也”②。也就是说，《周易》一卦六爻中，内（下）卦二爻和外（上）卦五爻是中爻，并且三爻至五爻、二爻至四爻可以分别互为一卦，因此互象实际上就是由中爻五爻和二爻的上下互而成。

尚先生认为，《易》用互象，具体来说有二爻之下互和五爻之上互两种。如《谦》卦䷎九三云“劳谦君子”，《谦》䷎二爻至四爻互为坎☵，坎为劳卦，故曰“劳谦”。《豫》卦䷏六二云“介于石”，《豫》卦䷏二爻至四爻互为艮☶，艮为石，故曰“介于石”。像《谦》卦和《豫》卦一样由二至四爻所成的互象，尚氏认为“是《易》用下互也”。又如《小畜》卦䷈九三云“夫妻反目”，以《小畜》䷈三爻至五爻互为离☲，离为目，故曰“反目”。又《贲》卦䷕六四云“白马翰如”，《贲》䷕三爻至五爻互为震☳，震为马、为的颡，故曰“白马”，像《小畜》卦和《贲》卦一样由三至五爻所成的互象，尚氏认为“是《易》用上互也”。③

尚先生指出，《左传》为最古用互象者。《左传·庄公二十二年》中陈厉公筮公子敬仲生④，遇《观》䷓之《否》䷋，曰“风为天于土上，山也”，杜预注为“巽变为乾，故曰风为天。自二至四，有艮象。艮为山”，杜预以《否》卦䷋二至四互成艮☶，而取“山”象，尚氏同意杜预的注解。但《左传》又曰“犹有观焉”，杜预注曰：“因观文以博占，故言犹有观，非在己之言，故知在子孙。”《春秋左传正义》曰：“以卦名观，故

---

① 刘大钧：《周易概论》，齐鲁书社1988年版，第66页。

② 尚秉和撰，陈金生点校：《焦氏易诂》卷二，第45页。

③ 尚秉和撰，陈金生点校：《焦氏易诂》卷二，第46页。

④ 此例中的引文、杜预注及《正义》疏皆引自李学勤主编《十三经注疏·春秋左传正义》第九卷，第271—272页，详见附录第1例“陈厉公筮公子敬仲生”例。

因观文以博占也。观者，视他之辞。此宾王之事，若所为筮者身自当有，则不应观他。此卦犹有观焉，观非在己之言，其人观他有之，故知在其子孙也。”杜预注以及《春秋左传正义》疏都从《观》卦卦名所代表的“观望”义出发，来阐释“犹有观焉”的意思。尚先生则不同意杜预及《春秋左传正义》的说法，他认为：“‘犹有观焉’，言《否》三至五仍为巽，虽变为《否》卦，仍上巽下坤，与《观》卦同也。”① 在这里，尚氏仍以互象来作解：他先以变卦《否》䷋三至五爻互成巽☴，接着又以《否》卦初爻至五爻五画连互②形成一个《观》卦。笔者以为，此处《左传》“于土上，山也”确应取互艮象，因为正如刘大钧先生在《周易概论》中分析的那样：“若舍‘互卦’得出艮山，则《观》䷓、《否》䷋二卦别无‘山’象。”③ 而对于“犹有观焉”是否如尚先生所言仍取互象，恐需具体问题具体分析。因为“犹有观焉”从上下文语义连贯性看，杜预注、《春秋左传正义》疏以及尚氏所要表达的意思都是要取“观望等待”义，所不同的是，杜预与《春秋左传正义》直接取本卦《观》卦卦义，而尚氏则是取互卦《观》卦的卦义（《否》卦初爻至五爻五画连互成《观》卦），可见，杜预、《春秋左传正义》与尚氏解“犹有观焉”殊途同归，各有道理，而尚氏却推断“自杜注以来，解此句皆误”④，恐过于绝对。

（四）《易》用半象

所谓“半象”，是指在一个六爻卦中，由相邻两爻而成的象，或者说以三爻画卦之上两爻画或下两爻画为半象。

尚秉和认为《易》及《焦氏易林》用半象。如《履》䷉六三“眇能视，跛能履”，《履》䷉二、三两爻形成半离、半震象。离为明，半离则为“明不足”⑤；震为行，半震则为“行不足”⑥，故履卦《小象》曰“眇能视，不足以有明也。跛能履，不足以有行也”，因此尚先生总结道：“眇而视、跛而履，皆力不足而不止之象”⑦，“不足者，言离震未全见也”⑧。同

① 尚秉和撰，陈金生点校：《焦氏易诂》卷二，第46页。

② “连互”即取卦体内外两卦及其互成的两卦，相互连接，这样在一卦之中又可以相连“互”出好几卦来，其法有“五画连互”“四画连互”两种。详见刘大钧《周易概论》，第58—65页。

③ 刘大钧：《周易概论》，第119页。

④ 尚秉和撰，陈金生点校：《焦氏易诂》卷二，第46页。

⑤ 尚秉和撰，陈金生点校：《焦氏易诂》卷二，第45页。

⑥ 尚秉和撰，陈金生点校：《焦氏易诂》卷二，第45页。

⑦ 尚秉和：《周易尚氏学》卷三，《履》卦六三爻辞注，第72页。

⑧ 尚秉和撰，陈金生点校：《焦氏易诂》卷三，第92页。

理，《归妹》䷵卦下兑☱，“二三半离”①，故《归妹》九二亦曰“眇能视”。由《易》推《焦氏易林》，如《解》䷧之《节》䷻云“左眇右盲”，《节》下兑，为半离，故曰“眇”。② 又《剥》䷖之《萃》䷬云“两目失明”，亦以《萃》上兑，兑数二，为半离，故曰“两目失明”。③ 又《否》䷋之《夬》䷪云“鸟飞跌跛”，《夬》上兑，兑为半震为“行不足”，兑伏艮象为鸟，故曰“鸟飞跌跛”。④ 又《剥》䷖之《萃》䷬云“胫足跛曳，不可以行”，《萃》上兑，兑亦为半震，故曰“不可以行”。⑤《焦氏易林》中半离半震的运用与《易》之《履》卦合，故尚氏感叹道：“此易林解履眇之确诂也”“此易林解履跛之确诂也，皆与象传合，皆以半象也。”⑥

尚秉和同时指出，《易》及《焦氏易林》用半象之处并不多，但《焦氏易林》于《既济》䷾、《未济》䷿二卦却十之八九用之。⑦ 如《大畜》䷙之《既济》䷾云“六雁俱飞”，震为雁、为飞，《既济》卦有三个半震，故曰“俱飞”。⑧《蹇》䷦之《未济》䷿曰“一口三舌”“群羊百фт”，《未济》卦三个半兑，兑为舌、为羊，故曰“三舌”“群羊”。⑨《解》䷧之《既济》䷾曰“螟虫并起”，《既济》两个半巽为重巽，巽为虫，故曰“螟虫并起”。⑩《涣》䷺之《未济》䷿云“三虎上山”，《未济》有三个半艮形，艮为虎、为山，半震为登、为上，故曰“三虎上山”。⑪《既济》䷾、《未济》䷿二卦均没有震☳、兑☱、巽☴、艮☶四象，而《焦氏易林》的文辞却用到了震、兑、巽、艮相应的取象，可知上面所举的《易林》四例皆用半象。

尚秉和认为半象之名的提出，起于虞翻。如虞翻注《需》卦䷄九二“小有言”云“震象半见”⑫；注《小畜·象》䷈“密云不雨，尚往也”时云：“坎象半见”⑬ 等。尚先生指出虞翻的“半象说”是基于卦位的，

① 尚秉和：《周易尚氏学》卷十五，《归妹》卦九二爻辞注，第245页。
② （汉）焦延寿著，尚秉和注，常秉义点校：《焦氏易林注》，第407页。
③ （汉）焦延寿著，尚秉和注，常秉义点校：《焦氏易林注》，第235页。
④ （汉）焦延寿著，尚秉和注，常秉义点校：《焦氏易林注》，第128页。
⑤ （汉）焦延寿著，尚秉和注，常秉义点校：《焦氏易林注》，第235页。
⑥ 尚秉和撰，陈金生点校：《焦氏易诂》卷三，第92—93页。
⑦ 参见尚秉和撰，陈金生点校《焦氏易诂》卷二，九州出版社2017年版。
⑧ （汉）焦延寿著，尚秉和注，常秉义点校：《焦氏易林注》，第268页。
⑨ （汉）焦延寿著，尚秉和注，常秉义点校：《焦氏易林注》，第399页。
⑩ （汉）焦延寿著，尚秉和注，常秉义点校：《焦氏易林注》，第408页。
⑪ 尚秉和撰，陈金生点校：《焦氏易诂》卷二，第53页。
⑫ （清）李道平撰，潘雨廷点校：《周易集解纂疏》，第115页。
⑬ （清）李道平撰，潘雨廷点校：《周易集解纂疏》，第149页。

正如清儒杭辛斋所云："震初位，艮三位，震起艮止，中自然离，故离兼艮震，离位二也。巽位在四，兑位在上，兑见巽伏，中自然坎，故坎兼兑巽，坎位五也。"① 也就是说，一卦的初、二、三、四、五、上六个爻位分别是震、离、艮、巽、坎、兑所在的卦位。而清儒焦循以"半震亦可作半兑，半艮亦可作半巽"，来批驳虞翻的"半象说"，尚先生指出此乃焦循不知卦位说所致。② 但从虞翻所用半象的例子看，虞翻的半象并不完全符合杭辛斋所总结的"卦位说"，而是基于卦变基础上的半象，如上面所举虞翻注《需》䷄卦九二"小有言"例，虞翻云："《大壮》䷡震为言，兑为口，四之五，震象半见，故'小有言'。"③ 此处虞翻以《大壮》卦作解，认为《需》卦由《大壮》卦四爻之五爻而来，《大壮》四之五，外卦由震变坎，故曰"震象半见"。如果按卦位说，震的卦位在初，显然与虞翻所言不符。又如虞翻注《小畜·象》䷈"密云不雨，尚往也"时云："《需》䷄坎升天为云，坠地称雨。上变为阳，坎象半见，故'密云不雨，尚往也'。"④ 虞翻以《需》卦来解《小畜》卦象辞，《需》卦上爻变为阳，由坎变为巽，故曰"坎象半见"。虽然此处的半坎符合"位五"的"卦位说"，但从上下文义来看，虞翻更侧重《需》卦由于上爻阴变阳，而使得上卦坎的全象不见。尚先生又考《易林》用半象处，发现也不完全符合杭辛斋所言，所以尚先生又说"今按《易林》所用卦位之说，亦不拘也"⑤，笔者以为这是尚先生的折中之辞，无论是虞翻基于卦变基础上的半象，还是尚氏诠释下的《易》及《易林》所用半象，都是对经文所做的一种卦象分析，由于虞翻与尚氏都试图使自己的半象与经文原义相吻合，所以在对某些经文的注解上，总稍显附会和牵强。

（五）《易》用大象

大象者，即是与三爻画经卦具有相同卦形的象。朱熹在《周易本义》卷首所载的《八卦取象卦歌》，描述八经卦的卦形为，"☰乾三连，☷坤六断，☳震仰盂，☶艮覆盌，☲离中虚，☵坎中满，☱兑上缺，☴巽下断"⑥，依此我们可以确定相应的大象。如离卦☲与《颐》卦䷚形式上都是"中虚"，所以称《颐》卦䷚所成的象为大离。又如兑卦☱与《大壮》

---

① 尚秉和撰，陈金生点校：《焦氏易诂》卷二，第47页。
② 尚秉和撰，陈金生点校《焦氏易诂》卷二，第47页。
③ （清）李道平撰，潘雨廷点校：《周易集解纂疏》，第115页。
④ （清）李道平撰，潘雨廷点校：《周易集解纂疏》，第149页。
⑤ 尚秉和撰，陈金生点校：《焦氏易诂》卷二，第47页。
⑥ （宋）朱熹撰，廖名春点校：《周易本义》，广州出版社1994年版，第7页。

卦䷡皆为“上缺”的形式，所以《大壮》卦䷡所成的象即可视为大兑。同理，《大过》卦䷛呈坎形☵，故称为大坎；《剥》卦䷖与艮形☶同，故称为大艮，依此可推其他经卦的大象。

尚氏认为《易》用大象。如《剥》䷖初六曰“剥床以足”，六二“剥床以辨”，六四“剥床以肤”，《剥》卦爻辞屡言“床”，乃在于《剥》卦䷖的卦象体艮象☶，即为大艮，艮为床。[①] 又如《大壮》䷡上六爻辞曰“羝羊触藩”，之所以曰“羝羊”，在于《大壮》卦䷡的卦象体兑象☱，为大兑，兑为羊。[②] 再如《系辞》“后世圣人易之以棺椁，盖取诸大过”，尚氏注曰：“大过中实亦坎象，故亦象棺椁，汉儒以大过为死卦，盖本此也。”[③]

尚氏认为《易林》“时时用大象”[④]。如《蹇》䷦之《颐》䷚云“张罗百目”，尚先生用大象来注解：是以《颐》为大离，离为目、为网罗，故曰“百目”。[⑤] 又如《夬》䷪之《大过》䷛云“久阴霖雨”，则以《大过》为大坎，坎为霖、为雨，故曰“霖雨”[⑥]，等等，尚先生认为《易林》“用大象之多，不可胜数也”[⑦]。

尚氏指出，虽然《易》用大象，《易林》时时用大象，但大象之法至东汉已失传，虽然后来的“朱汉上始悟得之，来矣鲜始昌言之”[⑧]，但到了清儒惠栋父子等治汉易时，因马融、郑玄、荀爽、虞翻等汉人皆未言，所以不敢妄用大象之法，故《大壮》卦之“羊”，《剥》卦之“床”皆不能得到合理的解释。[⑨]

尚氏所揭示的大象之法，从《易》观象系辞的特点看，客观地讲有其存在的理论基础，但是否确如尚先生所肯定的那样，《易》用大象，《易林》时时用大象似乎还稍显证据不足，需要我们做进一步的研究。

黄宗羲所著《易学象数论》中，曾将《周易》的取象归结为“八卦之象”“六画之象”“象形之象”“爻位之象”“反对之象”“方位之象”

---

① 尚秉和：《周易尚氏学》卷七，《剥》卦初六爻辞注，第 120 页。

② 尚秉和：《周易尚氏学》卷十，《大壮》卦上六爻辞注，第 166 页。

③ 尚秉和：《周易尚氏学》卷十九，第 310 页。

④ 尚秉和撰，陈金生点校：《焦氏易诂》卷二，第 60 页。

⑤ （汉）焦延寿著，尚秉和注，常秉义点校：《焦氏易林注》，第 394 页。

⑥ （汉）焦延寿著，尚秉和注，常秉义点校：《焦氏易林注》，第 430 页。

⑦ 尚秉和撰，陈金生点校：《焦氏易诂》卷二，第 60 页。

⑧ 尚秉和撰，陈金生点校：《焦氏易诂》卷六，第 205 页。

⑨ 参见尚秉和撰，陈金生点校《焦氏易诂》卷二，九州出版社 2017 年版。

"互体之象"[①] 等，其中"反对之象"和"互体之象"就是尚先生所说的覆象和互象。黄氏所言的其他取象之法，尚先生在注《易》过程中也有所应用，如"六画之象"中的"得位""失位"以及"承""乘""比""应""据""中"等关系，尚先生贯穿于注解始终，兹不赘述。这里需要指出的是，尚氏以《易林》为西汉象数之薮，同为西汉易著的帛书《易传》，却没有展现出重象的特色。尚先生所列举的五种取象方法，帛书《易传》仅有几处显示了对互象的应用，即帛书《系辞》曰："［上古结］绳以治，后世耶（圣）人易之以书契（契），百官以治，万民以察，盖取𡗝（者）大有也。"[②] 此处的《大有》䷍，今本《系辞》为《夬》䷪，"大有"与"夬"形、音、义皆不同，首先排除错讹的可能，而《大有》初爻至五爻正可连互出一个《夬》，由此可知帛书《系辞》用互象。又如帛书《衷》篇曰"大蓄兑而誗［也］"[③]，此处"兑而誗"之"兑"有可能就是指《大蓄》（畜）䷙二至四爻的互兑☱。除此之外，其他四种取象方法，并未明显见于帛书《系辞》中，我们由此可以做出两种推断，一种推断就是帛书《易传》与《焦氏易林》可能属于西汉易中不同的派别；另一种推断就是尚先生所理解的《易林》以及由《易林》所阐发的"易象说"可能并不全是《易林》的原本意义。

三　尚氏"易象说"再商榷

尚秉和先生的"易象说"，提出以象为本的解《易》原则，这可以说是抓住了《周易》最初作为卜筮之书的性质，对易学的研究起到了正本清源的作用。尚先生从《焦氏易林》中发现了久已失传的与《周易》有关的逸象以及伏象、覆象、互象、半象、大象等取象的方法和规律，为我们诠释《周易》经传开辟了新的路径。这些都是尚先生"易象说"对易学发展作出的贡献。然而，以今天之研究视野，参考新出土的文献资料，我们可以发现，尚先生的"易象说"也存在一些需商榷的地方。

首先，尚先生在《焦氏易诂·凡例》曰："易象用于此而合，于彼不合，须再三变始得其象者，皆误象也。"[④] 否认由卦变所得来的象，因而对于荀爽、虞翻的"卦变说"不予采纳。尚先生曾批驳道："虞翻命卦再三

① （清）黄宗羲：《易学象数论》卷三，第129页。

② 廖明春：《马王堆帛书周易经传释文》，载杨世文等编《易学集成》第3卷，四川大学出版社1998年版，第3035页。

③ 廖明春：《马王堆帛书周易经传释文》，载杨世文等编《易学集成》第3卷，第3037页。

④ 尚秉和撰，陈金生点校：《焦氏易诂》，第13页。

变，以就其象。夫一卦可变为六十四卦，尚何求而不得乎？经义之不明，此等曲说障之也。”[①] 尚氏取象虽然不用卦变，却取伏象、覆象、互象、半象、大象等以就易辞，如此一来，一卦可取之象又何止六十四，与虞翻的“命卦再三变”又有何异？《系辞》明言“《易》者，象也”，“八卦成列，象在其中”，尚先生依此视《系辞》为象学精义之集中体现者，然《系辞》亦曰“变动不居，周流六虚，上下无常，刚柔相易，不可为典要，唯变所适”，此又实乃卦变、爻变之所本。荀爽与虞翻的卦变，尽管存在不合经义、牵强附会之处，但卦、爻之间的变动，确为观象、取象的必备之识，也是展现六十四卦之间相互关系的基础，且若无卦变、爻变，尚氏推崇的《焦氏易林》以“一卦变为六十四卦，六十四卦变四千零九十六卦”的著说体系，又何以立论？这恐怕应是尚氏“易象说”需商榷的一个地方。

其次，尚先生认为自王弼扫象至宋儒的义理之学皆流于“空泛谬悠”[②]，进而论断“程传之浮泛无根，更甚于王弼”[③]，这就将他的“以象为本”的解《易》原则过于绝对化。王弼表面上不取象数，“扫象不谈”，然而在其《周易略例·明象篇》中，仍然承认“寻象以观意”，“意以象尽，象以言著”[④]，从思想主旨上并没有脱离象本身空谈义理，而落实到注解《周易》经文。王弼也适时取象，如在注《大有·象》“君子以遏恶扬善，顺天休命”时曰：“《大有》，包容之象也，故遏恶扬善。”[⑤] 只是在这里王弼已将仰观俯察之象抽象为义理化的象。又如在注《复》卦䷗六二爻“休复，吉”时曰：“得位处中，最比于初……在初之上而附顺之，下仁之谓也。既处中位，亲仁善邻，复之休也。”[⑥] 在这里王弼用了“六画之象”中反映爻位之间关系的“得位”“比”“中”等术语来解释经文，可见王弼的“扫象”并非不知象。王弼易学也确如尚先生所言是易学研究的一个转关，但是这个转关所起的作用有消极的地方，同样也有积极的成分。王弼的易学是在东汉象数之学走到庞杂附会的困境中应时产生的，虽然在一定程度上阻碍了象数思想的发展，但同时也是对象数研究的一种重新审视和评判，他所倡导的“得意忘象”、以义理解《易》的治《易》路数实则

---

① 尚秉和撰，陈金生点校：《焦氏易诂》卷十一，第 375 页。
② 尚秉和：《周易尚氏学》说例，第 1 页。
③ 尚秉和撰，陈金生点校：《焦氏易诂》卷二，第 48 页。
④ （魏）王弼著，楼宇烈校释：《王弼集校释》，中华书局 1980 年版，第 609 页。
⑤ （魏）王弼著，楼宇烈校释：《王弼集校释》，第 290 页。
⑥ （魏）王弼著，楼宇烈校释：《王弼集校释》，第 337 页。

是对《周易》人文精神的回归。以《程氏易传》为代表的宋儒的义理之学继承和发展了王弼的易学思想，将王弼寻象所得之“意”进一步抽象和提升为统摄世间万事万物的“天地之道”——“理”。而对于“理”的阐发，程氏仍主张“因象以明理”[①]，“假象以显义”[②]，提出“至微者理也，至著者象也。体用一源，显微无间”[③] 的观点，认为“理”与象二者的关系是显微、体用不可分离的关系。可见王弼至宋儒的易学并不是全如尚先生所评论的那样“空泛谬悠”，相反却构成了义理易学研究中的重要内容，推动了易学史的发展。尚先生将他的“象为易之本”的思想绝对化，并且以此作为评判历来《易》说的唯一标准，就在一定程度上忽略了《周易》中发端于《易传》的义理思想，也忽略了以历史的眼光来看待易学发展中的各种学说，这应该也是尚先生“易象说”中需要再商榷的问题。

最后，尚先生以《易林》“繇辞无一字不根于象”，而将《易林》所得之象视为西汉《周易》真诂，这未免有夸大其词的嫌疑。因为从出土的帛书《易传》的相关内容看，帛书对《周易》卦爻辞的阐释呈现出一种完全不同于尚氏的理路。以对《乾》䷀九三“君子终日乾乾”的注释为例，尚先生曰：“乾为君子、为日。三居卦终，故曰‘终日’。虞翻谓阳息至三，二变成离，离为日。荀爽谓日以喻君。虞固穿凿，荀亦未得，皆由不知乾日象也。”[④] 而帛书《二三子》曰：“卦曰：君子终日键键，夕沂若，厉无咎。孔子曰：此言君子务时，时至而动，□□□□□□屈力以成功，亦日中而不止，时年至而不淹。君子之务时，犹驰驱也。故曰君子终日键键。时尽而止之以置身，置身而䇫（静），故曰夕沂若，厉无咎。”[⑤] 由帛书知，孔子于此爻强调“君子务时”的重要性，尚氏批虞翻“穿凿”、荀爽“未得”“皆由不知乾日象也”。而帛书不仅言“日中而不止”，更言“时年至而不淹，君子之务时，犹驰驱也”。今以帛书《易传》[⑥] 考之，尚

① （宋）程颢、程颐撰，潘富恩导读：《二程遗书》卷二十一上，上海古籍出版社 2000 年版，第 325 页。

② 梁韦弦：《〈程氏易传〉导读》，《乾》初九爻注，齐鲁书社 2003 年版，第 51 页。

③ 梁韦弦：《〈程氏易传〉导读》，《易传序》，第 49 页。

④ 尚秉和撰，陈金生点校：《焦氏易诂》卷三，第 74 页。

⑤ 廖明春：《马王堆帛书周易经传释文》，载杨世文等编《易学集成》第 3 卷，第 3027 页。

⑥ 据廖明春整理《马王堆帛书周易经传释文》说明“马王堆帛书周易经传一九七三年出土于湖南长沙马王堆三号汉墓，是公元前一六八年抄写的先秦文献”（第 3013 页），可知帛书《周易》经传的下葬年代为公元前 168 年，由此我们可以推断帛书《易传》最晚也应为西汉文帝（公元前 179—前 157 年）时的作品。又按西汉易学尤重师法，故帛书《易传》显然有西汉易的内容与特色。

氏以《易林》为西汉易真诂，似乎有些武断，有待进一步地探讨。

由于尚秉和的“易象说”存在上述问题与不足，所以决定了他在具体的解《易》过程中，时时试图皆以象解《易》，离象而莫敢言《易》，有失西汉人言《易》“训诂举大谊”① 之旨，进而支离卦象以就经文，再次走向了东汉易学烦琐的象数之路，终究没有摆脱他所反对的东汉人解《易》的藩篱。

第二节 “易道由成”的“易数说”

易数主要是指筮数以及由筮数引申而出的其他数的思想，包括大衍之数、天地之数、先天八卦之数、河图数和九宫数等。关于数与象的关系，《左传·僖公十五年》曰：“物生而后有象，象而后有滋，滋而后有数。”《左传》是从宇宙万物的生成发展规律来说明象与数的关系是先有象而后有数的。但是从《易传》大衍筮法揲蓍定卦来看，则是数以定象、数以象显。因为经三变而得的六、七、八、九之数正是老阴、少阳、少阴、老阳之象确定的根据，也就是说六、七、八、九四数分别通过老阴、少阳、少阴、老阳四象显示出来。唐代孔颖达有见于《周易》筮法中象与数关系不同于自然万物之象与数的关系，因此他在阐述象与数的关系时，一方面从宇宙万物的生成发展角度说“象生而后有数，是数因象而生也”②，这与《左传》所言的“象而后有滋，滋而后有数”是相一致的。另一方面，孔颖达又从占筮定卦的角度说：“若《易》之卦象，则因数而生。故先揲蓍而后得卦，是象从数生也。”③ 孔颖达对于象与数关系的分析可谓明白。

尚秉和对于易象与易数的理解正是基于《周易》揲蓍之法下象与数关系上的，他认为“象者，易辞之所本”④，以此建构起一套相对完整而详细的“卦象说”体系。而对于定象、生象之数，尚秉和提出了“数者，易道所由成也”⑤ 的观点，围绕此观点，尚先生对《周易》传文中“大衍之数五十”，“参伍以变，错综其数”，“参天两地而倚数”等有关数的论述做

---

① （汉）班固撰，（唐）颜师古注：《汉书》卷八十八，《儒林传》第五十八，中华书局1962年版，第3597—3598页。

② 李学勤主编：《十三经注疏·春秋左传正义》第十四卷，第383页。

③ 李学勤主编：《十三经注疏·春秋左传正义》第十四卷，第383页。

④ 尚秉和撰，陈金生点校：《焦氏易诂》卷十一，第345页。

⑤ 尚秉和撰，陈金生点校：《焦氏易诂》卷十一，第345页。

出了新的诠释。与此同时他又对《易林》中所用之卦数、爻数、五行数、十日数、九宫数、策数和十二辰数等数做了总结和说明。下面我们就具体看一下尚秉和先生对于易数的研究。

一 对于易数的基本认识

对于《周易》的数，尚先生提出“数者，易道所由成也”，又说“易道尽包括于十数之中也”。[①] 十数即《系辞》所言的“天一，地二；天三，地四；天五，地六；天七，地八；天九，地十”十个数，那么这十个数是如何成就易道的呢?

我们先看一下尚先生是如何理解《系辞》“大衍之数五十”，“参伍以变，错综其数”以及《说卦》“参天两地而倚数”这三处《周易》中关于数的论述。

“大衍之数五十”，尚氏注曰：“五者生数之极，不能再生。又一二三四五五数皆无偶，于是由五加一为六，以与一偶。加二为七，以与二偶。加三为八，以与三偶。加四为九，以与四偶。加五为十，以与五偶。故十者成数之极，不能再加。……五十既为极数，故大衍以此为本也。”[②] 尚氏认为一、二、三、四、五，五个生数中，五为生数之极，不能再生。五个生数中一、三、五为天数、为阳，二、四为地数、为阴，五个生数“阳无耦，阴无配，未得相成”[③]，所以五加一为六，与一偶；五加二为七，与二配；五加三为八，与三偶；五加四为九，与四配；五加五为十，与五偶。六、七、八、九、十，五个成数中，十为成数之极，不能再加。生数止于五，成数止于十，天地生成之数止于五十，“大衍之数五十”以此为本。在此基础上，尚先生又进一步说明了大衍筮法中数的衍算过程，他说：“五十居生数成数之极，极则穷故不用之。用五十之次数四九，由四十九方能衍出六七八九。然六七八九之生，仍由于一二三四。虚一，用一也。分二，用二也。挂一，用三也。象四，用四也。揲余不一则二，不三则四，本一二三四，衍出六七八九。而六七八九，无不含五，十仍五也。非果不用也，此所以为大衍也。”[④] 也就是说用于实际衍算的四十九根蓍草，通过四营三变最终衍出确定四象的六、七、八、九，而六、七、八、九在

---

① 尚秉和：《周易尚氏学》卷十八，《系辞》注，第300页。

② 尚秉和：《周易尚氏学》卷十八，《系辞》注，第296页。

③ （汉）郑玄撰，（宋）王应麟编：《周易郑康成注》，载（清）永瑢、（清）纪昀等《钦定四库全书》，台北：台湾商务印书馆1986年影印本，经部易类，第7册，第143页。

④ 尚秉和：《周易尚氏学》卷十八，《系辞》注，第296页。

四营三变的过程中皆本于一、二、三、四：虚一是用一，分二是用二，挂一是用三，象四是用四，三变后的揲余不是一则是二，不是三则是四，六、七、八、九的整个生成过程皆以一、二、三、四为本。六、七、八、九皆包含一个五，十由生数五加五而成，故“十仍五”，一、二、三、四分别加五成为六、七、八、九，所以五在此起到了桥梁与枢纽的作用，所以尚氏说五“非果不用也，此所以为大衍也”。

“参伍以变，错综其数”，尚氏注曰：“爻数至三，内卦终矣，故曰必变。乾四云‘乾道乃革’是也。此从三才而言也。若从五行言，至五而盈，故过五必变。《乾》上‘有悔’，《泰》上‘城复于隍’是也。故曰‘三五以变’。一二三四，与六七八九同，而阴阳则异。故一与六相错，二与七相错，三与八相错，四与九相错。综者，来往上下也。数至三而终，终则复始，故三变成一爻。至五而盈，盈则返初，五加一为六，加二为七，加三为八，加四为九。故曰‘错综其数’。”[①] 尚先生从三才与五行的角度来解释“参伍以变”：从三才而言，爻数至三，内卦终，终则必变；从五行言，至五而盈，盈则必变。对于“错综其数”，尚氏认为“错”是阴数与阳数相合相得，即阳数一与阴数六、阴数二与阳数七、阳数三与阴数八、阴数四与阳数九分别相合相得；“综”是阴阳的来往上下，数至三而终，终则复始；至五而盈，盈则返初，五加一为六，加二为七，加三为八，加四为九，确定老阴、少阳、少阴、老阳四象的六、七、八、九，正是由一、二、三、四错综而来。

“参天两地而倚数”，尚氏注曰：“参两者，乃数之本原。马、王谓一三五为参天，二四为两地，夫一二三四五乃生数，故数止于五；五数既立，以此为本，加一为六，二为七，三为八，四为九，而蓍数乃出。然则六七八九之成数，皆原于一二三四之生数，故曰倚数，言数皆依此立也。马、王之说是也。”[②] 尚氏取马融、王肃说，认为“参天两地”乃指一、三、五参天，二、四两地。“倚数”则是指数皆依三天两地而立。一、二、三、四、五是生数，生数止于五，五加一、二、三、四成六、七、八、九，蓍数形成。而六、七、八、九作为成数由一、二、三、四生成，所以六、七、八、九原于一、二、三、四。尚先生进一步指出《周易》的极数之法，仍以参两回互为本。他说：“天奇地耦，大衍五十，两地也；用四十有九，参天也。分二，两地；挂一，参天；揲四，两地；归奇，参天。三变得三奇，三

① 尚秉和：《周易尚氏学》卷十八，《系辞》注，第299页。
② 尚秉和：《周易尚氏学》卷二十，《系辞》注，第322页。

三而九，参天也。三变得三耦，二三得六，两地也。三变而两奇一耦，则为八，两地也。两耦一奇则为七，参天也。盖欲知来，必先极数。而极数之法，必参两回互，以此为本也。”① 可见大衍筮法从选取五十根蓍草、用四十九根，到进行分二、挂一、揲四、归奇于扐的“四营而成易”的演算过程，以及经三变而得的六、七、八、九的演算结果，皆遵循参天、两地回互运行的规则。

古今说《易》者，对《周易》传文中的这三处关于数的诠释历来见仁见智，讫无定解，尚先生在郑玄、马融等人的研究基础上，从筮数的本原出发予以合理的解释，为我们提供了有意义的指导和参考。

尚先生还分析了大衍之数五十与天地之数五十有五二者的关系。他认为大衍之数以天地之数为本，他在注“天数五，地数五，五位相得而各有合”时说：“此以天地数明大行数之本也。一三五七九，天数。二四六八十，地数。五位，谓奇耦之位。一与六合为北方水，二与七合为南方火，三与八合为东方木，四与九合为西方金，五与十合为中央土，故‘五位相得而各有合’。”② 按尚氏注大衍之数五十，五十居天地生数成数之极，极则穷，故用四十九，以一二三四为本衍出六七八九，六、七、八、九，无不含五，十仍五，一至十在大衍筮法中所体现这种关系正本于天地之数一与六、二与七、三与八、四与九，五与十的分别相得而各有合，所以尚氏曰：“全以数位言，天地数为大衍数之本。”③ 尚氏这段的论述，郑玄、虞翻均有此说。郑玄注《系辞》说：“天地之数五十有五……天一生水于北，地以二生火于南，天三生木于东，地四生金于西，天五生土于中。阳无耦，阴无配，未得相成。地六成水于北，与天一并；天七成火于南，与地二并；地八成木于东，与天三并；天九成金于西，与地四并；地十成土于中，与天五并也。”④（又见于《礼记·月令》疏引）虞翻注“五位相得而各有合”亦曰：“以一六合水，二七合火，三八合木，四九合金，五十合土也。”⑤ 尚氏对于天地之数“五位相得而各有合”的理解当汲取了郑玄与虞翻的思想。

通过上面的分析，我们可以看出，尚秉和先生理解的易数，主要是指天

---

① 尚秉和：《周易尚氏学》卷二十，《系辞》注，第322—323页。

② 尚秉和：《周易尚氏学》卷十八，《系辞》注，第298页。

③ 尚秉和：《周易尚氏学》卷十八，《系辞》注，第298页。

④ （汉）郑玄撰，（宋）王应麟编：《周易郑康成注》，载（清）永瑢、（清）纪昀等《钦定四库全书》，第143页。

⑤ （清）李道平撰，潘雨廷点校：《周易集解纂疏》，第583页。

地之数和本于天地之数的大衍之数。基于此认识，我们再反过头来看一下尚氏所谓的“数者，易道所由成也”的论断，尚氏解释道：

> 凡数有十，而实尽于五，参天两地也。五合一为六，合二为七，合三作八，合四为九，合五为十。十不能变，仍与一同。故《易》只用六、七、八、九。以六、七、八、九包一、二、三、四、五于其中也。……可见一、二、三、四与六、七、八、九同，只以五为枢纽耳，故即此六、七、八、九之数，参伍之，错综之，而策数之变化以见，而易道之根本以成。①

也就是说，在天地十数中，一、二、三、四、五为生数，六、七、八、九、十为成数，五合一为六，合二为七，合三为八，合四为九，合五为十，六、七、八、九、十由一、二、三、四、五生出，大衍筮法以此为本，参天（一、三、五）两地（二、四）而依数，所以尚氏说“凡数有十，而实尽于五，参天两地也”。《易》揲蓍之法由四十九衍出六、七、八、九，六、七、八、九包一、二、三、四、五于其中，且在四营三变的过程中皆本于一、二、三、四，故尚氏说“一、二、三、四与六、七、八、九同，只以五为枢纽耳”。《易》以六、七、八、九，“参伍以变，错综其数”，成《乾》一卦之策二百一十有六，《坤》一卦之策百四十有四，进而可得《周易》六十四卦，三百八十四爻之策万有一千五百二十，如此一来，万物之数立，天下之能事毕，故尚氏曰“策数之变化以见，而易道之根本以成”。

二　对《易林》所用之数的总结

尚先生理清了数在《周易》中的作用之后，又对《易林》所用的卦数、爻数、五行数、十日数、九宫数、策数和十二辰数等做了介绍和总结。应当说，这些数不但用于《易林》，而且同样用于《周易》，更确切地说，这些数实则是古今先儒根据注疏经文的需要从原始意义上的筮数概念引申和发展而来的。下面我们分别看一下这七个数具体都是什么。

（一）卦数

尚氏曰“卦数者，八卦之次第”，又曰“八卦之次，皆出于自然”。②

---

① 尚秉和撰，陈金生点校：《焦氏易诂》卷十一，第345—346页。

② 尚秉和撰，陈金生点校：《焦氏易诂》卷十一，第348页。

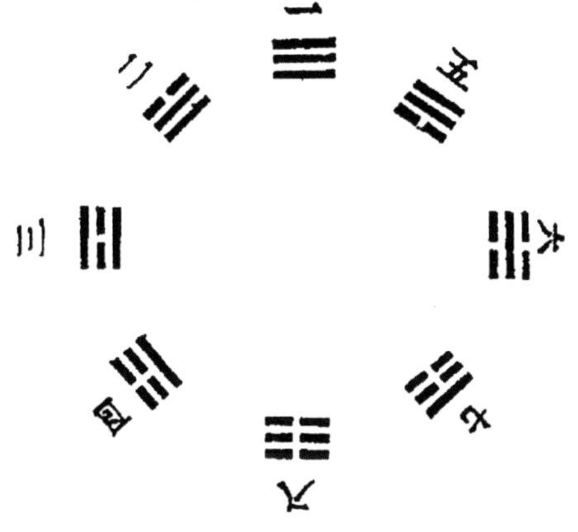

图2－1　卦数图

所谓自然，就是《周易》所主张的“乾始坤终，乾作坤成”①，根据《系辞》“易有太极，是生两仪。两仪生四象，四象生八卦”，推出乾一、兑二、离三、震四、巽五、坎六、艮七、坤八（如图2－2）。尚氏认为此八卦之数至东汉即失传，直至宋代的邵雍才揭示出此数，而有“伏羲八卦次序图”（如图2－3），但后人却拘于河图洛书之数，认为其“与法象不合”② 而予以否定。

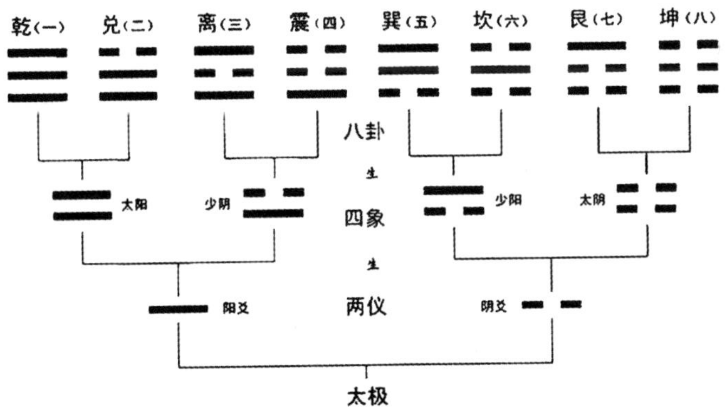

图2－2　“太极生两仪，两仪生四象，四象生八卦”图

① 尚秉和撰，陈金生点校：《焦氏易诂》卷十一，第348页。“乾始坤终，乾作坤成”即是《彖传》所言乾元之“万物资始”，坤元之“万物资生”，亦是《系辞》所谓“乾知大始，坤作成物”，以及《说卦》的“天地定位”。

② 尚秉和撰，陈金生点校：《焦氏易诂》卷十一，第348页。

从尚氏所列的“卦数图”（如图2－1）来看，八卦之次是基于宋人的“先天（伏羲）八卦方位图”（如图2－4）来排次的。但是朱汉上却是以九宫数为卦数，即坎一、坤二、震三、巽四、中央五、乾六、兑七、艮八、离九，八卦的方位呈后天方位排列开来（详见下文的图2－8“九宫数图”，第44页），尚先生不同意朱震的观点，他认为卦数就是八卦的次第，所以“数只有八，不及九”，故“朱汉上以九宫为卦数者，非也”。[①]

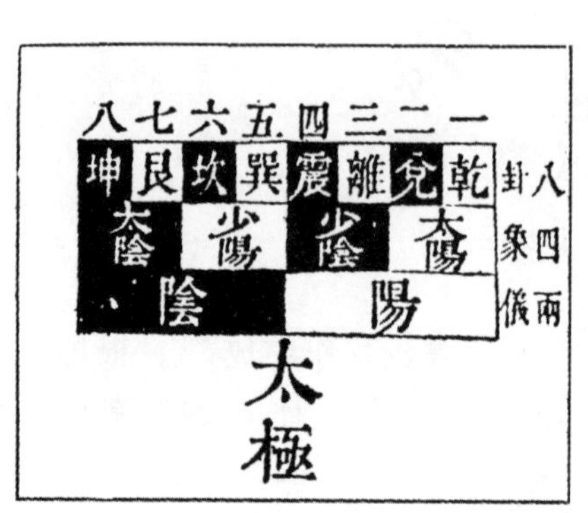

图2－3　伏羲八卦次序图

图2－4　先天（伏羲）八卦方位图

尚氏于《焦氏易诂》卷一对《易林》用八卦卦数做了总结，如《恒》䷟之《泰》䷊云“一身两头”，《泰》䷊上坤☷为身，下乾☰卦数一，故曰“一身”，尚氏认为此处《易林》用乾卦数一[②]。又如《比》䷇之《损》䷨云“二人共路”，《损》䷨下兑☱为二，二三四互震☳，震为人，故曰“二人”，此为《易林》用兑卦数二[③]之例。其他《易林》用卦数处，兹不赘述。

（二）爻数

爻数是指《周易》中一卦所居的位次，即爻位。按“爻数图”（如图2－5）所示，尚氏的爻数是按阴阳爻此消彼长的顺序循环往复依次展开的，它与孟喜“卦气说”中的“十二消息卦”（如图2－6）相一致。

尚氏认为《周易》中的一爻表征不同的含义，他说：“自初数之，或以一爻为一岁一年，《同人》䷌九三‘三岁不兴’，《既济》䷾九三‘三年

① 尚秉和撰，陈金生点校：《焦氏易诂》卷十一，第348页。
② “乾卦数一”例，详见尚秉和撰，陈金生点校《焦氏易诂》卷一，第18—19页。
③ “兑卦数二”例，详见尚秉和撰，陈金生点校《焦氏易诂》卷一，第19页。

克之’。或以一爻为一月，《临》䷒‘至于八月有凶’。或以一爻为一日，《复》䷗‘七日来复’。或以一爻为一人，《损》䷨六三‘三人行则得其友’，皆爻数也。”① 在尚先生看来，一卦六爻的阴阳消息，其中一爻可以表征一年、一月、一日或一人，其所举的《同人》九三、《既济》九三、《损》六三分别以第三爻表征三岁、三年、三人，而《复》卦辞的“七日”，则是由于自《姤》卦之阴爻消阳至《复》卦之一阳息阴，如果以一爻表征一日，则经历了七日。同样的道理，《临》卦辞中的“八月”，则是以一爻表征一月，月卦始于十月一子《复》，《临》为十二月丑，“至于八月”就是到六月未《遁》。因此，尚先生推断：“凡《易》言八月七日，皆言爻数。”②

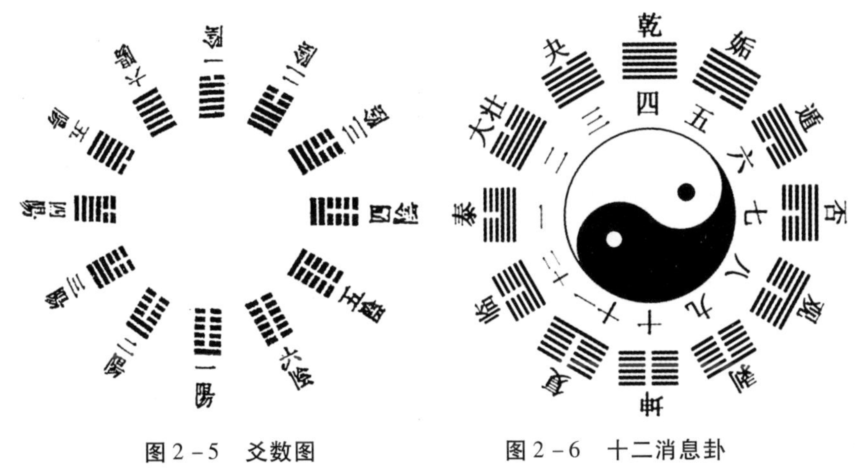

图 2－5　爻数图　　　　图 2－6　十二消息卦

尚先生亦举例说明了《易林》所用爻数之处，如《乾》䷀之《晋》䷢云“三癡（同‘痴’）俱走”，《晋》下坤为癡，三则用爻数，故曰“三癡”。又如《恒》䷟之《节》䷻云“一华千叶”，《节》䷻下兑为华，二、三、四爻互震☳，故曰“一华”，“一”用爻数。再如《恒》䷟之《小过》䷽云“一息十子”，《小过》䷽上震一，震为生、为息、为子，兑数十，故曰“一息十子”，仍取震之爻数一。③

（三）五行数与九宫数

尚氏的五行数（如图 2－7），朱震谓之洛书数，朱熹则称为河图数。

① 尚秉和撰，陈金生点校：《焦氏易诂》卷十一，第 350 页。

② 尚秉和：《周易尚氏学》卷六，《临》卦辞注，第 105 页。

③ 尚秉和撰，陈金生点校：《焦氏易诂》卷十一，第 350 页。

而尚氏的九宫数（如图2－8），刘牧、朱震等谓之河图数，朱子则谓之洛书数。所以在讨论尚氏的五行数与九宫数之前，我们有必要梳理一下河图与洛书的原委与内容。

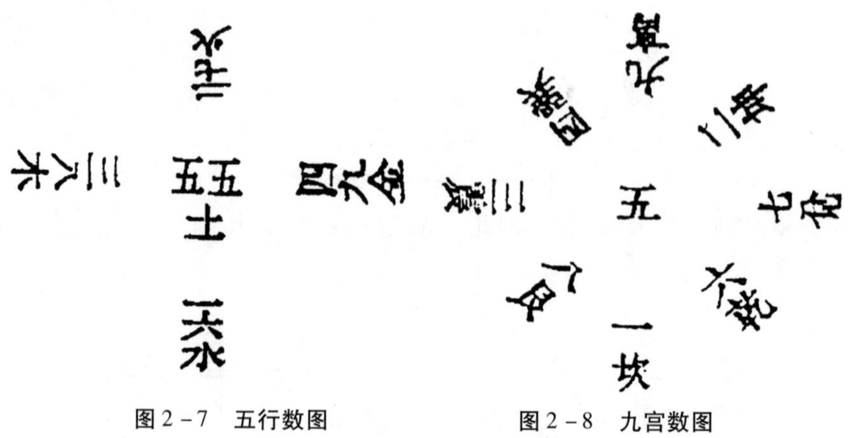

图2－7 五行数图　　图2－8 九宫数图

河图数即指河图所示之数，洛书数则是洛书所示之数。“河图”“洛书”之名，源出于《系辞》“河出图，洛出书，圣人则之”一语。在此之前，《尚书·顾命篇》“大玉、夷玉、天球、河图在东序”[1] 及《论语·子罕篇》“凤鸟不至，河不出图”[2] 等典籍也有“河图”的说法。而河图、洛书到底是什么情形，在先秦典籍至两汉魏晋及唐各家《易》注中，都没有具体说明。直到宋太平兴国年间，才有道士陈抟传“先天图”“河图”“洛书”等的说法，而陈抟所传得于何人却不得而知。又据朱震在《汉上易传》中描述，陈抟传河图、洛书于种放后，经由李溉、许坚、范谔昌传至刘牧[3]，在刘牧所作的《易数钩隐图》中，河图、洛书才显于世，为人所知。之后朱熹撰《周易本义》，将河图、洛书等九图列于卷首，则进一步肯定了河图、洛书的存在。这里需要指出的是，列于《周易本义》卷首的河图、洛书与刘牧当时所传者正好相反，也就是说，《周易本义》所列的河图是刘牧的洛书，而《周易本义》所列的洛书却是刘牧的河图。朱震所谓的河图数、洛书数本于刘牧。但在传统意义上的河图与洛书，我们还是以列于朱熹《周易本义》卷首的为准，即以十为河图，九为洛书（简称“图十书九”），如下图2－9和图2－10：

---

① （清）孙星衍撰，陈抗、盛冬铃点校：《尚书今古文注疏》，中华书局2004年版，第492页。

② 杨伯峻译注：《论语译注》，中华书局1980年版，第89页。

③ 参见（宋）朱震《汉上易传·汉上易传表》，九州出版社2012年版。

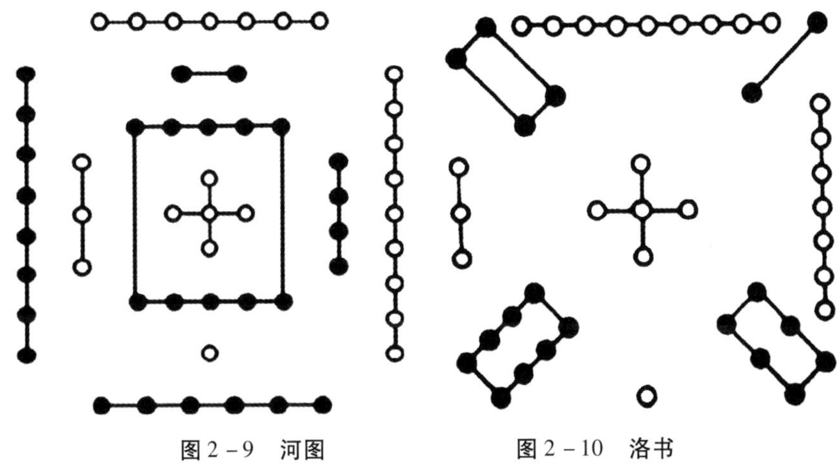

图 2－9 河图　　图 2－10 洛书

尚先生在注解《系辞》“河出图，洛出书，圣人则之”时说明了他取五行数和九宫数，而不取河图数和洛书数的原因。[①] 首先，尚先生指出孔安国对河图、洛书理解的不确之处。孔安国认为河图即八卦，但根据《五行志》中刘歆的理解“以为虙羲氏继天而王，受《河图》，则而画之”，以及《礼记·礼运》疏引《中候·握河纪》云“伏羲氏有天下，龙马负图出于河，遂法之，画八卦”，可以推知伏羲根据河图而画八卦，既然是“则之”“法之”，那么就说明河图和八卦是两物，也就是说河图不是八卦。由此尚先生表示“孔说非也”。至于洛书，孔安国认为是九畴，即《五行志》中刘歆以为的赐禹治水的“《洪范》是也”。尚先生根据《礼纬·含文嘉》所云“伏羲德合上下，天应以鸟兽文章，地应以河图洛书，乃以作《易》”，以及《河图挺辅佐》中所记“黄帝问道于天老，天老曰河出龙图，洛出龟书”等语，指出洛书也应该出于伏羲时代，由此推断孔安国、刘歆以及之后的学者认定洛书出于禹时则是错误的。其次，尚先生认为宋人以五行数、九宫数充当河图、洛书，并无实据。因为从五行数来看，《太玄》《月令》《墨子》《大戴礼记》《黄帝·素问》等各家“只言其数，不言其名”，也就是说，各家仅仅提出五行数的其方、其时、其数，并没有进一步确切指出五行数就是河图。同样，从九宫数来看，《大戴礼记》《易纬·乾凿度》及其郑注，还有北周甄鸾注《数术记遗》等所提到的戴九履一之数，也是“皆名曰九宫，不谓洛书”。此外《论衡·纪妖

① 以下的原因说明及相关引文参见尚秉和《周易尚氏学》卷十八，中华书局 1980 年版。

篇》的"《河图》《洛书》言兴衰存亡"，虽然提到了"洛书"之名，但也没有将洛书和九宫数联系起来。

基于上面的原因，尚秉和先生不取河图数、洛书数，而言五行数、九宫数。"五行"之名本于天地之数五位相得相合于水、火、木、金、土，"九宫"之名则源于《大戴礼记》的明堂九室，《易纬·乾凿度》的太一下行九宫。

尚先生举例说明了《焦氏易林》用五行数和九宫数之处。关于五行数之用，需与八卦的五行结合起来，如《易林》中的《大壮》䷡之《节》䷻云"三步一止"，《节》䷻二三四爻互震☳、三四五爻互艮☶，上坎☵，震属木、数三、为步，艮为止，坎属水、数一，故"三步一止"。此例中震木数三，坎水数一，均用五行数。[①] 关于九宫数之用，皆以后天（文王）八卦相配之，如《易林》中的《蛊》䷑之《师》䷆云"二人共路"，《师》䷆上坤☷，后天坤位值二，《师》二三四爻互震☳，震为人，故曰"二人"。又《大壮》䷡之《否》䷋云"三痴六狂"，《否》䷋下坤☷为痴，三用爻数，《否》䷋上乾☰，后天乾位值六，故曰"六狂"。坤二与乾六，皆用九宫数。[②]

虽然，尚秉和认为五行数、九宫数与河图、洛书在名称上没有可靠的典籍证据将他们相互对应起来，但是如果我们把五行数和九宫数图中的数字用黑白圆点替代，其中黑圆点代表偶数和阴，白圆点代表奇数和阳，就可以得到《周易本义》中所载的分别由五十五个和四十五个黑白圆圈组成的河图、洛书［参见"五行数图"（如图2－7，第44页）与河图（如图2－9，第45页）、"九宫数图"（如图2－8，第44页）与洛书（如图2－10，第45页）的对比］。考河图黑白圆圈的数目与分布，其数正与《系辞》"凡天地之数五十有五"相同，其分布正如郑玄、虞翻所注解的一六合水于北，二七合火于南，三八合木于东，四九合金于西，五十合土于中。而洛书四十五个黑白圆圈的分布则表现出横、竖、斜之数相加皆为十五的特点。《大戴礼记·盛德》篇中曰"明堂者，古有之也。凡九室……二九四七五三六一八"[③]，又《易纬·乾凿度》曰"易一阴一阳，合而为十五之谓道。阳变七之九，阴

---

① 《焦氏易林》用五行数之例，可详见尚秉和撰，陈金生点校《焦氏易诂》卷十一，第351页，需要说明的是，尚氏举例为"《晋》之《节》"，但据他后所引"四壁无户，三步一止"可知引文为《大壮》之《节》的文辞，故改之。

② 《焦氏易林》用九宫数之例，可详见尚秉和撰，陈金生点校《焦氏易诂》卷十一，第353—354页。

③ （清）孔广森撰，王丰先点校：《大戴礼记补注》卷八，中华书局2013年版，第159—160页。

变八之六，亦合于十五”“故太一取其数，以行九宫，四正四纬，皆合于十五”[①]，均与洛书之“数”的分布相同。可见，陈抟所传河图、洛书并非宋人的凭空臆造，而是根据前人的《易》注（五行数、九宫数）引申发展而来，虽然五行数与河图、九宫数与洛书，在名称对应上确如尚先生所言没有找到真凭实据，但他们在本质上是相同的。

（四）十日数

即纳甲数，也就是将甲、乙、丙、丁、戊、己、庚、辛、壬、癸十天干分别纳入八卦之中。如“十日数图”（如图 2－11）所示：乾纳甲壬，甲、壬分别为第一和第九个天干，故乾配一、九。以此类推，坤纳乙癸，配二、十。震纳庚，配七。巽纳辛，配八。坎纳戊，配五。离纳己，配六。艮纳丙，配三。兑纳丁，配四。

图 2－11　十日数图

尚先生亦指出了《易林》用十日数。如《解》䷧之《谦》䷎云“三火起明”，《谦》䷎下艮☶纳丙，配三，故三用艮的十日数。[②]

（五）大衍数

大衍数，即策数，具体来说，就是《系辞》介绍大衍筮法时提道“《乾》之策二百一十有六，《坤》之策百四十有四，凡三百有六十，当期之日。二篇之策，万有一千五百二十，当万物之数也”，其中的《乾》之

① 林忠军：《〈易纬〉导读》，齐鲁书社 2002 年版，第 94 页。

② 详见尚秉和撰，陈金生点校《焦氏易诂》卷十一，第 352 页。

策、《坤》之策，以及二篇之策都是策数。尚先生根据朱震的《汉上易传》，对《乾》《坤》一爻之策数，《乾》《坤》一卦之策数，《乾》《坤》策数，《周易》上下经六十四卦，即二篇之策的策数分别做了说明。

对于《乾》一爻、《坤》一爻之策，尚氏曰："太极不用，所用者四象，故以四因九六。九者阳数，六者阴数也。阳用极数，故九。阴用中数，故六。九而四之，得三十六，为《乾》一爻之策。六而四之，得二十四，为《坤》一爻之策。"①《乾》卦由六个阳爻组成，《乾》一爻的策数就是由阳之极数九与四象之四相乘而来，即三十六；《坤》卦由六个阴爻组成，《坤》一爻的策数则是由阴之中数六与四象之四相乘而来，即二十四。

对于《乾》一卦、《坤》一卦之策，尚氏曰："一卦有六爻。《乾》一爻之策三十有六，以三十六而六之，则二百一十有六，为《乾》一卦之策。"又曰："《坤》一爻之策二十有四，以二十四而六之，则百四十有四，为《坤》一卦之策也。"② 知道了《乾》一爻、《坤》一爻的策数分别为三十六和二十四，一卦六爻，所以《乾》一卦的策数就为一爻策数三十六乘以六，为二百一十六，《坤》一卦的策数就是一爻策数二十四乘以六，为一百四十四。

对于《乾》《坤》之策，尚氏曰："二百一十有六，合百四十有四，则三百六十也。"又曰："按九六策数六因之，共得三百六十，当期之日。若二十八，三十二，七八之数，各以六因之，亦共得三百六十，当期之日也。"③《乾》《坤》之策，如果取九六策数，《乾》之策为"$9\times4\times6=216$"，《坤》之策为"$6\times4\times6=144$"，《乾》《坤》之策为"$216+144=360$"；如果取七八策数，《乾》之策为"$7\times4\times6=168$"，《坤》之策为"$8\times4\times6=192$"，《乾》《坤》之策为"$168+192=360$"。可见，无论策数取九六，还是七八，《乾》《坤》之策均为三百六十，与一年三百六十天的天数相当。

对于二篇之策，尚氏曰："三十二阳卦之策六千九百一十二。三十二阴卦之策四千六百八。合而为万有一千五百二十。所谓二篇之策也。"④《周易》六十四卦，其中三十二卦为阳卦，三十二卦为阴卦，阳卦的策数为"$216\times32=6912$"，阴卦的策数为"$144\times32=4608$"，二篇之策为

① 尚秉和撰，陈金生点校：《焦氏易诂》卷十一，第355页。
② 尚秉和撰，陈金生点校：《焦氏易诂》卷十一，第355—356页。
③ 尚秉和撰，陈金生点校：《焦氏易诂》卷十一，第356—357页。
④ 尚秉和撰，陈金生点校：《焦氏易诂》卷十一，第358页。

“6912 + 4608 = 11520”。尚先生又加按语曰：“全《易》三百八十四爻，阴阳爻各一百九十二，以九六策数因之，仍合为万有一千五百二十。”① 也就是说，《周易》六十四卦，每卦六爻，共有三百八十四爻，阴阳爻各为192爻，如果取九六策数，阳爻策数为“192 × 9 × 4 = 6912”，阴爻策数为“192 × 6 × 4 = 4608”，二篇之策为“6912 + 4608 = 11520”；如果取七八策数，阳爻策数为“192 × 7 × 4 = 5376”，阴爻策数为“192 × 8 × 4 = 6144”，二篇之策为“5376 + 6144 = 11520”。也就是说，无论从阳卦和阴卦的角度，还是阳爻和阴爻的角度来计算二篇之策，均为一万一千五百二十。

尚氏指出《易林》用大衍数“惟只乾坤震三卦言之，他卦则不见也”②。如《易林》中的《萃》䷬之《夬》䷪云“千欢万悦”，用乾策也。《噬嗑》䷔之《损》䷨云“远望千里”，用坤策也。《萃》䷬之《大畜》䷙云“大树百根”，用震策也。③

（六）十二辰数

朱震云：“十二辰即月数，月数即消息数，或用之为日数，则京房之积算也。”④ 尚氏根据朱震的定义，作“十二辰数图”，如图2－12所示。

图2－12　十二辰数图

① 尚秉和撰，陈金生点校：《焦氏易诂》卷十一，第358页。

② 尚秉和撰，陈金生点校：《焦氏易诂》卷十一，第359页。

③ 尚先生所举《易林》用大衍数的三个例子，详见尚秉和撰，陈金生点校《焦氏易诂》卷十一，第358—359页。

④（宋）朱震：《汉上易传·汉上易传卦图》，第377页。

尚氏十二辰数，在《易林》中与先天八卦（图2－4，第42页）、后天八卦（如图2－13）相配而用。如《大壮》䷡之《离》䷝云“丑寅不徙，辰巳有咎”，《离》䷝伏《坎》䷜，《坎》䷜三四五爻互艮☶、二三四互震☳，先天震、后天艮皆居丑寅；《离》䷝三四五爻互兑☱、二三四爻互巽☴，先天兑、后天巽皆居辰巳，故此处的辰巳、丑寅皆用十二辰数。又如《革》䷰之《贲》䷕云“亥午相错”，《贲》上艮☶下离☲，先天艮居亥，后天离居午，故曰“亥午”，此例仍用十二辰数。

图2－13 后天（文王）八卦方位图

三 尚氏“易数说”再探讨

尚秉和先生基于《周易》揲蓍之法下象与数的关系，继阐明“象者，易辞之所本”的“易象说”之后，又提出了“数者，易道所由成也”的观点，并围绕此观点，对《周易》传文中“大衍之数五十”，“参伍以变，错综其数”，“参天两地而倚数”等存在争议的数的理解，结合郑玄、马融等人的研究成果，从筮数的本原出发进行了新的诠释，为我们进一步探讨《周易》中的数提供了有意义的指导和参考。与此同时，他对《易林》中所用数的总结，有很多真知灼见，如他对卦数即“八卦之次第”的论断，如他对五行数、九宫数与河图、洛书的分析，等等，都对于我们更加全面准确地认识《周易》中的数，起到了积极的作用。这些应当说都是尚先生“易数说”对于易学发展所作出的贡献。然而，从尚先生对于《易林》所用数的总结和举例说明，我们也发现存在一些需要再探讨的地方。

尚氏所谓的《易》或《易林》用卦数、爻数、五行数、十日数、九宫数、策数以及十二辰数，无非是针对《易林》原文所做的一种数意义上的逆推，这种逆推在某些时候为经文提供了一种能够自圆其说的注解，但在某些时候，却又使他的注文显得有些生搬硬套和牵强附会。

如《易》用爻数，他所举的《临》䷒“至于八月有凶”以一爻为一月，《复》䷗“七日来复”以一爻为一日，总体来说还能自圆其说。而《同人》䷌九三“三岁不兴”、《既济》䷾九三“三年克之”以一爻为一岁一年，以及《损》䷨六三“三人行则得其友”以一爻为一人，就未免有些牵强，因为《同人》《既济》《损》这三卦与他所绘的爻数图并不完全相符，而且他在《周易尚氏学》注《同人》九三爻时说“乾为岁，离卦数三，故曰三岁”①，是用《离》卦的卦数解“三岁”，并未涉及爻数，这也说明尚氏此处举《同人》九三例有附会之嫌。

又如《易林》用十日数，在《易林》中，《解》之《谦》与《大有》之《师》皆言“三火起明”，故尚先生注《解》之《谦》时曰“详《大有》之《师》”②。由此看他注解《大有》䷍之《师》䷆“三火起明”时曰：“伏离为火，数三故曰三火。”③ 意思是说，《师》下坎☵伏离☲，离为火，离的卦数又为三，故曰“三火”。如此一来，我们就发现尚先生注解同一句文辞“三火起明”，却使用了不同的易数，即一面取《谦》下艮的十日数三（详见尚先生在论述十日数所举的《易林》之例），另一面又取《师》下卦所伏离的卦数三。同一文辞由不同的取象而来，虽然符合尚先生提出的“《易林》繇辞无一字不从象生，不从数出”④，但多少也让人感到尚先生取象的牵强与不定，以及在注解《解》之《谦》时有处理不当之处。

再如《易林》用大衍数，尚氏所举《易林》之用《乾》策、用《坤》策、用《震》策之例似乎也并不能让人信服。尚先生注《萃》䷬之《夬》䷪“千欢万悦”时曰“兑为欢悦、为决，乾为千万”⑤，其中“乾为千万”与他所介绍的《乾》一爻、一卦之策数并不相符。尚先生在注《噬嗑》䷔之《损》䷨“远望千里”时云“坤为千里，艮为望”⑥，同样“坤为千里”与《坤》一爻、一卦之策数也不一致。尚先生注《萃》䷬之《大畜》䷙“大树百根”言“震为木，乾大，故曰大树。乾为百”⑦，且不说他在

① 尚秉和：《周易尚氏学》卷五，《大有》卦辞注，第86页。
② （汉）焦延寿著，尚秉和著，常秉义点校：《焦氏易林注》，第402页。
③ （汉）焦延寿著，尚秉和著，常秉义点校：《焦氏易林注》，第143页。
④ 尚秉和撰，陈金生点校：《焦氏易诂》黄寿祺序，第7页。
⑤ （汉）焦延寿著，尚秉和著，常秉义点校：《焦氏易林注》，第450页。
⑥ （汉）焦延寿著，尚秉和著，常秉义点校：《焦氏易林注》，第215页。
⑦ （汉）焦延寿著，尚秉和著，常秉义点校：《焦氏易林注》，第215页。

介绍大衍数时没有提到《震》的策数，在这里也没有涉及有关《震》的任何数，而尚先生却说此处“用震策”，不知其从何说起，又所依何来。

尚氏所举《易林》用其他易数之例，同样也有类似的问题，兹不赘述。分析其原因，乃是我们缺乏取数的根据所致。尚氏主张用上面所列的数来注解《周易》与《易林》，但却没有告诉我们何时以及何以取此数而不取彼数，而只是根据文字本身做一种应然的分析，《周易》或是《易林》的本然意义是否如尚氏所分析的那样，这恐怕有待于我们做进一步的探究与分析。

第三节 “法象自然”的先天八卦之学

先天八卦方位，与河图、洛书一样，都是宋以后才明确提出来的。据朱震《汉上易传》提出的宋代易学传授系统：“濮上陈抟以《先天图》传种放，放传穆修，修传李之才，之才传邵雍。”[①] 邵雍据《先天图》著《皇极经世》，开创了以先天八卦为主要内容的“先天之学”，对先天八卦的源起、运行规律以及与后天八卦的关系等问题做了全面的阐释。“先天（伏羲）八卦方位图”亦被朱熹收入《周易本义》。由于先天八卦在魏晋迄唐的易学著作中并没有明确言及，故后人对先天八卦看法不一，进而一度受到黄宗羲、毛奇龄等清儒“以邵氏所传，本于道士”[②]，“以儒家而用道家之说，玷污儒席”[③] 的肆力掊击。尚先生虽然反对宋人“空泛谬悠”的义理之学，但却对邵雍的“先天卦位说”却十分推崇。他通过多年对《焦氏易林》的研究，发现《易林》多处用先天卦象；又遍考历来经史子集及诸家《易》注，发现《左传》《易纬·乾凿度》等宋以前的典籍亦言先天卦象，不但如此，“九家”及荀爽的相关《易》注也用到先天八卦的思想，从而充分证明其提出的“邵子先天象及《经世》八象之有本”[④] 的论断。尚先生以邵雍的思想为指导，以搜研到的论及先天八卦的学说为证据，力排众议，对先天八卦予以充分的肯定，并提出自己的独到见解。

---

① （宋）朱震：《汉上易传·汉上易传表》，第1页。

② 尚秉和：《周易尚氏学》总论，第10页。

③ 尚秉和撰，陈金生点校：《焦氏易诂》卷一，第10页。

④ 尚秉和撰，陈金生点校：《焦氏易诂》卷一，第40页。

一　先天、后天八卦之理

“先天”、“后天”之说首先由邵雍提出。先天八卦，亦称“伏羲八卦”，即乾南坤北，离东坎西，震东北，巽西南，艮西北，兑东南。后天八卦，又称“文王八卦”，即离南坎北，震东兑西，艮东北，坤西南，乾西北，巽东南。(如图 2－4，第 42 页；图 2－13，第 50 页所示)

邵雍在其《观物外篇》写道：“乾坤纵而六子横，《易》之本也；震兑横而六卦纵，《易》之用也。”[①] 如图 2－4 和图 2－13 所示，“乾坤纵”指的就是先天卦，而“震兑横”则为后天卦。邵雍在这里提出先天八卦为《易》之本，后天八卦为《易》之用的论断。尚秉和先生继承了邵雍“先天为本、后天为用”的思想，进一步阐发先天八卦与后天八卦之理。他说：

> 八卦圆布四方，各有其位，而先后不同。盖《易》之道一动一静，互为其根。先天方位，乾南坤北，离东坎西，一阴一阳，相偶相对，乃天地自然之法象，静而无为。惟阴阳相对必相交，坤南交乾，则南方成离；乾北交坤，则北方成坎。先天方位，遂变为后天，由静而动矣，《周易》所用者是也。然《周易》虽用后天，后天实由先天禅代而来，不能相离。[②]

也就是说，在尚氏看来，八卦之位，有先后之分，乃在于易道的动静有常，互为其根。“一阴一阳之谓道”，先天八卦法象自然，乾南坤北定上下之位，离东坎西列左右之门，一阴一阳，相偶相对，体现了天道静而无为的本然状态；而后天八卦本天道以立人道，坤南交乾则南方成离，乾北交坤而北方成坎，阴阳相对而相交，反映了人道动而有为的运行法则。可见，先天八卦主静，后天八卦主动；先天八卦为体，后天八卦为用，后天八卦由先天八卦相交以后变换位置而来，故二者不能分离。

基于此，尚先生认为“先天”“后天”之名虽然没有明文可证，但邵子以先天属伏羲，后天属文王却是不恰当的，因为“以理揆之，有先天即有后天，非至文王始改八卦方位而有后天也，亦犹有八卦即有六十四卦，非至文王而始重为六十四卦。不信八卦有方位则可，信后天不信先天，是

① (宋) 邵雍著，郭彧整理：《邵雍集》，中华书局 2010 年版，第 126 页。
② 尚秉和：《周易尚氏学》总论，第 9 页。

犹知二五而不知一十也”①。按先天、后天反映的是易道的动静、体用之理，有先天即有后天，犹如有八卦即有六十四卦，并非是伏羲时有先天，至文王时才改先天八卦方位而成后天，从这个角度来讲，尚先生取“先天”“后天”之名，而不以“伏羲”“文王”称之，是有一定道理的。

二 先天八卦存在的佐证

由于后天八卦方位，《说卦》已有明确的论述：“万物出乎震，震，东方也。齐乎巽，巽，东南也。齐也者，言万物之絜齐也。离也者，明也。万物皆相见，南方之卦也。圣人南面而听天下，向明而听天下，向明而治，盖取诸此也。坤也者，地也，万物皆致养焉，故曰致役乎坤。兑，正秋也，万物之所说也，故曰说言乎兑。战乎乾。乾，西北之卦也，言阴阳相薄也。坎者，水也，正北方之卦也，劳坎也，万物之所归也，故曰劳乎坎。艮，东北之卦也，万物之所成终而所成始也，故曰成言乎艮。”而先天八卦方位却无明确记载，故后儒多信后天而不信先天，尚先生不但从先天、后天八之理的角度对先天八卦予以充分的肯定，而且他还遍考诸家典籍，发现众多言先天八卦之处。

（一）《周易》之言先天八卦

尚氏认为在《周易》经文中，《既济》䷾九五“东邻杀牛，不如西邻之禴祭”言先天位，因为《既济》䷾下离☲上坎☵，离先天位东，坎先天位西，故曰“东邻”“西邻”。在《周易》传文中，尚氏认为《说卦》除明言后天八卦方位外，亦兼释先天八卦方位。以《说卦》“天地定位，山泽通气，雷风相薄，水火不相射”为例，尚先生分析道：“‘天地定位’，若如后天一在西北，一在西南，位如何定。‘山泽通气’，一在正西，一在东北，气如何通。‘雷风相薄’，一在正东，一在东南，面不相对，如何相薄。”② 又在《系辞》开篇中曰“天尊地卑，乾坤定矣。卑高以陈，贵贱位矣”，尚先生也认为此处仍是言先天，因为如果以后天八卦方位，乾位西北，坤位西南，位仍不可定，所以乾坤既言尊卑上下，则当然居于南北。尚先生同时指出，《说卦》由“动万物者，莫疾乎雷；桡万物者，莫疾乎风”起，至“兑为泽”“为妾、为羊”止，以其行文皆以天地、雷风、水火、山泽相次对举来看，《说卦》的论说应暗指先天八卦方位，而与后天八卦方位不相涉。

---

① 尚秉和：《周易古筮考》卷九《占易杂述·八卦方位》，第274—275页。

② 尚秉和：《周易古筮考》卷九《占易杂述·八卦方位》，第271页。

(二)《左传》之言先天八卦

经尚氏研究,《左传》亦多处言先天八卦。如《左传·闵公二年》鲁桓公卜成季之将生,得《大有》䷍之《乾》䷀曰“同复于父,敬如君所”[①]。尚先生认为:“所者,位也。复者,复其位也。离变乾,乾为父,故‘同复于父’。乾为君,乾之所在南,离亦在南,故人之敬离位,如乾位也。”[②] 在此筮例中,《大有》之《乾》说明《大有》上离☲变成了乾☰,乾为父,所以“同复于父”;又乾先天之所在南,离后天之所亦在南,乾为君,所以人之敬离位同于乾位,故曰“敬如君所”。若以乾取后天西北位释之,离后天处正南,则人之敬离位,如何与乾之所相同,于义不通。正如尚先生所说“乾若不在南,但言敬如君可矣,胡言所乎?此先天乾南之确证”[③]。

又如《左传·成公十六年》晋鄢陵筮败楚卦遇《复》曰“南国蹙,射其元王,中厥目”[④]。尚先生曰:“乾为王为首,凡学《易》者皆知之。阳气自北射南,故离目受咎。乾亦在南,故乾首亦受咎而被射也。杜预但知离在南,故能释目象。不知乾南,故王象元象不能释也。”[⑤]《复》䷗一阳息阴,为十一月子,阳气起于子,故自北射南,离后天位南,为目,故曰“离目受咎”。乾先天亦位南,乾为王为元,故“乾首亦受咎而被射也”。杜预注此例时,由于只知后天离位南,而不知先天乾亦位南,所以只能“释目象”而“王象元象不能释也”。

《左传》其他言先天处,尚先生同意嘉庆举人万裕澐所云,《庄公二十二年》之“山岳则配天”是先天艮与后天乾同位西北,“风行而著于土”[⑥]是先天巽与后天坤同位西南;《宣公十二年》之“川壅为泽”[⑦] 是先天坎与后天兑同位西;《僖公十五年》之“震之离,亦离之震”[⑧] 是先天离与后天震同位东。由此可见,先天、后天,在《左传》中已有完备的阐发。

---

① 李学勤主编:《十三经注疏·春秋左传正义》第十一卷,第 310 页。详见附录第 3 例《左传·闵公二年》“鲁桓公卜筮成季之生”例。

② 尚秉和:《周易尚氏学》总论,第 10 页。

③ 尚秉和:《周易尚氏学》附录《左传国语易象释》,第 345 页。

④ 李学勤主编:《十三经注疏·春秋左传正义》第二十八卷,第 780 页。详见附录第 12 例《左传·成公十六年》“晋鄢陵筮败楚”例。

⑤ 尚秉和:《周易尚氏学》总论,第 10 页。

⑥ 李学勤主编:《十三经注疏·春秋左传正义》第九卷,第 272—273 页。详见附录第 1 例。

⑦ 李学勤主编:《十三经注疏·春秋左传正义》第二十二卷,第 641 页。详见附录第 10 例。

⑧ 李学勤主编:《十三经注疏·春秋左传正义》第十四卷,第 380 页。详见附录第 5 例。

（三）《焦氏易林》之言先天八卦

尚氏认为，西汉焦延寿，于先天方位无不知，《易林》皆用之。尚氏在《焦氏易诂》中对《易林》言乾南、坤北、离东、坎西、震东北、巽西南、艮西北，兑东南先天八卦方位之处做了集中总结，现只举两例示之。

《易林》言乾南[①]，如《屯》䷂之《否》䷋云“登几上舆，驾驷南游”，尚先生认为在此例中，《否》䷋中爻（即二三四爻）艮☶为几，下坤☷为舆，上乾☰为马，故曰“驾驷”。乾为行、先天位南，故曰“南游”。其他如《复》䷗之《大壮》䷡云“遂到南阳”，《升》䷭之《遁》䷠云“南行无遇”，《大有》䷍之《乾》䷀云“南山大行”，等等，皆以先天乾为南之证。

又《易林》言离东[②]，如《复》䷗之《未济》䷿云“东邻西国，福喜同乐”，《未济》䷿上离☲，离先天位东，故曰“东邻”，《未济》䷿下坎☵，坎先天位西，故曰“西国”。又《噬嗑》䷔之《巽》䷸云“东邻杀牛”，《遁》䷠之《井》䷯云“避患东邻”，《晋》䷢之《家人》䷤云“心意西东”，《讼》䷅之《未济》䷿云“避患西东”，《随》䷐之《睽》䷥云“东邻少女”等皆是以先天离为东之训。可见，《易林》言先天方位尤为详尽。

（四）《易纬·乾凿度》之言先天八卦

尚氏认为，《易纬·乾凿度》作为《左传》以外的最早释《易》之书，同样兼言先天与后天，为“《说卦》之亚”[③]。如《易纬·乾凿度》云：“易者，不易也，变易也。不易也者，其位也。天在上，地在下，君南面，臣北面，此其不易也。变易也者，其气也。天地不变，不能通气，五行迭终，四时更废，此其变易也。”又云：“八卦成列，天地之道立，雷风水火山泽之象定矣。其散布用事也，震生于东方，离长于南方，兑收于西方，坎藏于北方。”[④] 尚先生认为，此处《易纬·乾凿度》所言的易之“不易”，就是“天上地下，君南臣北”[⑤]，也就是先天卦位之乾南坤北。所云的易之“变易”，则是先天八卦的散布用事，经过阴阳通气、五行迭终、四时更废，而使震春木生于东方，离夏火长于南方，兑

① 《易林》言乾南之例，详见尚秉和撰，陈金生点校《焦氏易诂》卷一，第11—12页。

② 《易林》言离东之例，详见尚秉和撰，陈金生点校《焦氏易诂》卷一，第13页。

③ 尚秉和撰，陈金生点校：《焦氏易诂》卷一，第38页。

④ 尚秉和在《焦氏易诂》中所引《易纬·乾凿度》文，与《易纬·乾凿度》原文略有差异。林忠军：《〈易纬〉导读》，第77—79页。

⑤ 尚秉和撰，陈金生点校：《焦氏易诂》卷一，第38页。

秋金收于西方，坎冬水藏于北方，则后天八卦震东、离南、兑西、坎北以成。

可见，《易纬·乾凿度》与《说卦》一样，并不明言先天八卦方位，只以“天在上，地在下”，“天地定位”等语示之；而于后天八卦方位，则以“震生于东方”，“震，东方也”等语明确指出其方位，尚氏分析其原因乃在于先天“以当时人人皆知也”，而后天“恐人生疑，故明释其义”①。

（五）《九家易》、荀爽《易》注及郑玄之言先天八卦

尚氏考两汉诸家《易》注，发现“九家”、荀爽以及郑玄皆言先天。如《九家易》注《同人》曰“乾舍于离，同而为日”②，《同人》䷌下离☲上乾☰，离后天居南，乾先天亦居南，故曰“乾舍于离”；离为日，乾亦为日（见尚氏易象），故曰“同而为日”。

又如荀爽注《同人》亦曰“乾舍于离，相与同居”③，《同人》䷌上乾与下离“同居”，仍是以先天乾居南解经，“与左氏‘敬如君所’义同也”④。荀爽又在注《系辞》“阴阳之义配日月”时云“乾舍于离，配日而居，坤舍于坎，配月而居”⑤，不但以先天乾居南，而且亦以先天坤居北。又在注《家人》时云“离巽之中有乾坤”⑥，《家人》䷤下离上巽，因后天离与先天乾同位于南，先天巽与后天坤同位于西南，故云“离巽之中有乾坤”。此外，荀爽在注《乾·彖》“大明终始”时曰“乾起坎而终于离，坤起于离而终于坎。离坎者，乾坤之家而阴阳之府”⑦，此处荀爽称“离坎者”而非“坎离者”为“乾坤之家”，足见离与乾、坎与坤存在着某种特殊的对应关系，而这种关系从离为乾之“家”、坎为坤之“家”来看，似乎与其“乾舍于离”“坤舍于坎”有着共同的根源，那就是后天离之南位先天乾亦居于此，而后天坎之北位则先天坤居于此，故曰“离坎者，乾坤之家”。

再如，郑玄在注《礼记·月令》“季夏行春令”时曰“辰之气乘之

① 尚秉和撰，陈金生点校：《焦氏易诂》卷一，第40页。

② （清）李道平撰，潘雨廷点校：《周易集解纂疏》，《同人·彖》，《九家易》注，第180页。

③ （清）李道平撰，潘雨廷点校：《周易集解纂疏》，《同人·彖》荀爽注，第182页。

④ 尚秉和撰，陈金生点校：《焦氏易诂》卷一，第40页。

⑤ （清）李道平撰，潘雨廷点校：《周易集解纂疏》，第565页。

⑥ （清）李道平撰，潘雨廷点校：《周易集解纂疏》，《家人·彖》荀爽注，第350页。

⑦ （清）李道平撰，潘雨廷点校：《周易集解纂疏》，第36页。

也。未属巽，辰又在巽位”①，尚先生认为：“巽若不在西南，未能在巽位乎？是先天方位。”② 郑玄注“季夏行春令”时之所以说“辰之气乘之”，主要从后天八卦的角度，巽主辰巳（参见图 2 – 14“八卦卦气图”），又说“未属巽”，则是从先天八卦言之，未在先天巽所在的西南位，即后天坤所在的位置。由此，尚先生才推断，如果郑玄不知道巽先天位西南，他如何会言“未属巽”？因此，郑玄亦明先天八卦方位（如图 2 – 4，第 42 页）。

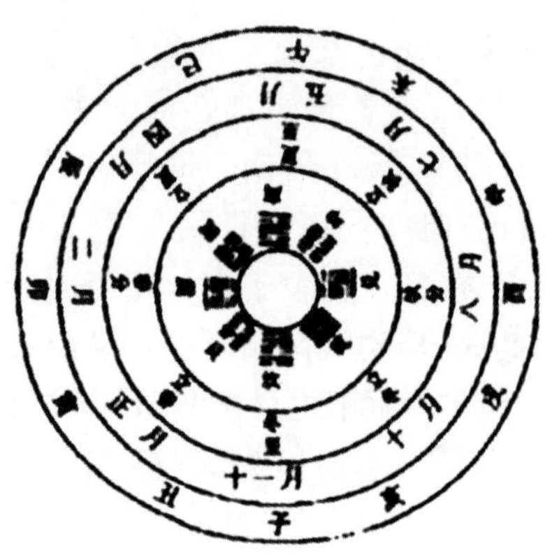

图 2 – 14　八卦卦气图

此外，通过上面的论述，足见先天八卦即乾南、坤北、离东、坎西至少在西汉之前有所传，同时也证明了邵雍的先天象有所本。据此，尚先生吸收了杭辛斋提出的“《大有》《同人》《比》《颐》《噬嗑》《节》《丰》等卦皆以先后天同位而命名”③ 的论断，在注解除《颐》卦之外的以上诸卦时皆以先后天同位来阐释卦名。如尚氏注《大有》䷍时曰“离乾皆居南，故曰大有，与《同人》义同也”④，注《比》䷇时曰“坎坤同舍于子，故曰比”⑤，注《噬嗑》䷔时曰“雷电合居于东，故曰合而章”⑥，注《节》䷻时曰“坎居西方，兑又居西，合为一处，故曰节”⑦，注

① 李学勤主编：《十三经注疏·礼记正义》第十六卷，第 514 页。
② 尚秉和：《周易尚氏学》卷三，《比》卦辞注，第 62 页。
③ 尚秉和撰，陈金生点校：《焦氏易诂》卷一，第 41 页。
④ 尚秉和：《周易尚氏学》卷五，《大有》卦辞注，第 88 页。
⑤ 尚秉和：《周易尚氏学》卷三，《比》卦辞注，第 62 页。
⑥ 尚秉和：《周易尚氏学》卷六，《噬嗑》卦辞注，第 111 页。
⑦ 尚秉和：《周易尚氏学》卷十六，《节》卦辞注，第 264 页。

《丰》䷶时曰“雷电皆至东，故丰”[①]，等等，我们参考“先天后天转换图”（如图 2－15），便可知尚先生所言由来，兹不赘述。

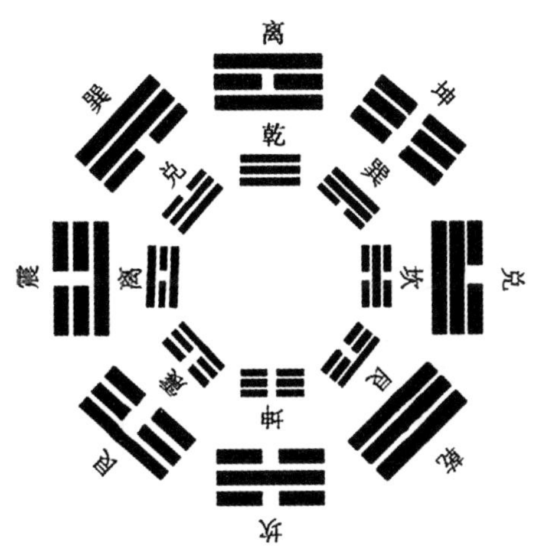

图 2－15　先天后天转换图

三　尚氏先天八卦之学再补证

综上，尚先生所举的言先天之处，可以说绝大多数都言之有理、论之有据，如《说卦》“天地定位”一节，如果不以先天释之，何以“定位”“通气”“相薄”？又如《左传·闵公二年》之“同复于父”，是以后天之离位为先天之乾位，故曰“复”。《九家易》及荀注云“乾舍于离”“相与同居”，是以先天乾居南，与《左传·闵公二年》筮例所得《大有》之《乾》“敬如君所”，可以说有异曲同工之妙。

沿尚氏思路，我们发现荀注中除尚氏所举之例外，仍可找到关于“先天说”的其他论述。如荀爽注《乾·彖》“大明终始”时曰“乾起坎而终于离，坤起于离而终于坎”，《鹖冠子·度万》中有一段说“湿燥”的话与之类似，其曰“天者，神也，地者，形也。地湿而火生焉，天燥而水生焉。……水火不生，则阴阳无以成气”[②]，案“天燥而水生焉”，正与荀注“乾起坎而终于离”对应，“天燥”故乾“终于离”，“水生焉”故“乾起坎”；“地湿而火生焉”，则与“坤起于离而终于坎”相对应，“地湿”故坤“终于坎”，“火生焉”故“坤起于离”。又帛书《衷》篇所谓“擅

① 尚秉和：《周易尚氏学》卷十五，《丰》卦辞注，第 247 页。

② （宋）陆佃解：《鹖冠子》，上海古籍出版社 1990 年版，第 18 页。

(动) 阳耂 (者) 亡, 故火不吉", "重阴耂 (者) 沈, 故水不吉"[①] 与《鹖冠子》"水火不生, 则阴阳无以成气"都说明了相似的观念。[②] 可见, 荀注、《鹖冠子》及帛书《衷》篇所云皆显示了乾坤与坎离之间存在着某种特定的关系, 这种特定的关系极有可能就是先天、后天的同位关系。

又如荀爽注《坤·文言》"天玄而地黄"时提道: "天者阳, 始于东北……地者阴, 始于西南"[③], 如果我们仅从卦象上诠释, "阳始于东北"应可以看作震卦☳之一阳始生, 相应的, "阴始于西南"则可以看作巽卦☴之一阴始生。震东北, 巽西南, 正与先天八卦表示的方位一致。而荀爽的此段论述, 在他之前典籍中亦存在许多与之类似的说法: 帛书《衷》篇中曰"天地定立, [山泽通气], 水火相射, 雷风相榑, 八卦相唐"[④], 天地、(山泽)、水火、雷风对举与先天八卦方位一致, 又曰"岁之义始于东北, 成于西南"[⑤]。《春秋繁露·天辨在人第四十六》说"阳者岁之主"[⑥], 可知, 帛书《衷》篇所言的应是阳"始于东北, 成于西南"。又《淮南子·诠言训》载: "阳气起于东北, 尽于西南; 阴气起于西南, 尽于东北。阴阳之始, 皆调适相似, 日长其类, 以侵相远, 或热焦沙, 或寒凝水。"[⑦] 帛书《衷》篇与《淮南子》中关于"阳(或阳气)始于东北"的看法与荀说应该是一脉贯通的。这就说明, 荀爽所言的"先天八卦说"是有其历史渊源的, 这也再次证明, 一直以来受到学者特别是清儒怀疑的"伏羲先天八卦方位"并非无源之水、无根之木, 在此我们一并提出作为尚先生先天之学的补证。

尚秉和先生以其严谨求实的态度, 遍考群集, 发现了《左传》《焦氏易林》《易纬·乾凿度》以及《九家易》、荀爽《易》注中关于"先天说"的蛛丝马迹, 明确地提出了"先天方位, 在两汉皆未失传"的论断, 为我们进一步探讨和研究"先天八卦方位"提供了极具价值的参考。尚秉和先生的"先天说", 正如潘雨廷在其《〈焦氏易诂〉提要》中所充分肯定的那样: "能明先天象数于焦氏, 收获不亦大乎。彼不信先天者, 读此可以解其敝; 是即尚氏之创见, 而有益于易道也。"[⑧]

---

① 廖明春:《马王堆帛书周易经传释文》, 载杨世文等编《易学集成》第3卷, 第3038页。
② 参见韩慧英《荀爽"乾坤坎离"说浅议》,《周易研究》2006年第3期。
③ (清) 李道平撰, 潘雨廷点校:《周易集解纂疏》, 第94页。
④ 廖明春:《马王堆帛书周易经传释文》, 载杨世文等编《易学集成》第3卷, 第3038页。
⑤ 廖明春:《马王堆帛书周易经传释文》, 载杨世文等编《易学集成》第3卷, 第3040页。
⑥ 苏舆撰, 钟哲点校:《春秋繁露义证》, 中华书局1992年版, 第336页。
⑦ 何宁:《淮南子集释》, 中华书局1998年版, 第1037页。
⑧ 潘雨廷:《读易提要》, 上海古籍出版社2003年版, 第520—521页。

第三章　阴阳相须的易理思想

前面一章，我们重点论述了尚秉和关于《周易》的象数思想，如前所述，数千年以来《周易》研究有象数派与义理派之分，之所以有这种流派的划分，实则是由《周易》形式和内容的特殊性所决定的。尚秉和关于《周易》的解读除了侧重于象数并多有见地之外，对于《周易》之易理也有一些独到的立论与言说，本章我们就重点来讨论一下尚先生的易理思想。

第一节　易理之“曲应无穷，别于义理”

尚秉和先生所理解易理不同于义理派之义理，按他在《周易尚氏学·说例》之原话：

> 易辞本为占辞，故其语在可解不可解之间。惟其在可解不可解之间，故能随所感而曲中肆应不穷。所谓“仁者见仁，智者见智”也，此易理也。易理与义理不同，例如程传说“黄裳元吉”云“五尊位，臣居之则羿莽，女居之则女娲武氏，故圣人著为大戒”，陈义可谓正大矣，而于易理则大背，以易辞并无著戒之意也。此编只明易理，至其用则任人感触之。[1]

又在《周易尚氏学·总论》说：“实所谓义理者，于易理无涉。”[2] 通过上面的两段话，我们可以对尚秉和所谓的易理有一个初步的理解。其一，易理存在于《周易》，植根于《周易》，对于易理的研究不能脱离《周易》本身。因易辞是一些介于可解与不可解之间的占辞，而这种可解与不可解的占

---

① 尚秉和：《周易尚氏学》说例，第2页。引文中的“陈义”疑为“程义”。

② 尚秉和：《周易尚氏学》总论，第11页。

辞就构成《周易》独特的结构。所以在尚先生看来，易理就根植于《周易》这种独特的结构，或是说是存在于“可解不可解之间”占辞之中的规律和内涵。其二，易理与义理不同或无涉，二者的区别就在于易理属于结构性的范畴存在，义理属于道德性存在。义理在根本上受限于道德，其自身必须与社会的道德追求相一致，所谓“义”者，“宜”也。义理一定是合乎正义的事情与道理，一定是合乎社会基础道德风向的主张与思想。正如程颐在注解《坤》卦六五爻时所举的后羿、王莽、女娲、武氏的例子，他们的行为与当时社会基础道德风向是悖逆的①，所以程颐透过对《坤》卦六五爻的解释来引以为戒。而易理在尚先生那里显然不受到道德的约束，其属于结构性的范畴存在，如前面所言，其根植于《周易》自身的结构。

值得注意的是，在中国古代经学的诸多典籍中，《周易》是极其特殊的一部典籍，正如尚秉和在《焦氏易诂》中所言：“《易》之为书也，自东汉迄今，几两千年，总九经之注，不如《易》一经之多。”② 而其中一个重要的原因就在于《周易》除了自身文字中所包含的微言大义外，其自身独特的结构也有着迷一般的魅力，如六十四卦的顺序，《周易》中各种各样的易象，以及阴阳相对所产生的种种变化，都使得《周易》在文字之外的内容更加引人入胜。而另一个原因，如尚秉和所言，《周易》还与占筮有着密切的关系，《周易》的占筮功能在增加其自身神秘性的同时又进一步凸显其独有的结构性特征，即所谓“能随所感而曲中肆应不穷”。尚秉和的易理之说，正是基于我们所提到的这些《周易》的特性而引发的，所以我们有必要对尚氏论易理之思做一番更深入的探究，从而更好地把握尚秉和的易学思想。

第二节　易理之“同性相敌，异性相感”

尚秉和在《周易尚氏学》中给予易理十分重要的地位，在他看来，“易理至明也，而说者多误”③，说何以误？尚氏认为原因有二：其一是象学失传，其二是易理之失传。由于易理的失传，就使诸多的注《易》、解《易》之人无法从易理的角度出发来诠释《周易》的经文和传文，从而使

---

① 后羿、王莽作为人臣，女娲、武氏作为人妇占据了不该占据的位置，与《坤》卦六五爻阴爻处阳位、君位的爻象相契合。

② 尚秉和撰，陈金生点校：《焦氏易诂》卷一，第1页。

③ 尚秉和：《周易尚氏学》自序，第1页。

《周易》中一些原本十分简单的道理变得生涩难懂。他在《周易尚氏学·自序》中这样说道：

> 太史公曰："易以道阴阳。"阴阳之理，同性相敌，异性相感。《艮》传云"上下敌应，不相与也"谓阳应阳阴应阴为敌也。《中孚》六三云"得敌"，《同人》九三曰"敌刚"，谓阴比阴阳比阳为敌也。阴遇阴，阳遇阳，既为敌而不相与，则不能为朋友为类明矣。《咸》传曰"二气感应以相与"，《恒》曰"刚柔皆应"，夫阴阳相与相应，则必相求而为朋友为类明矣。《复》曰"朋来无咎"，谓阳来也。阴以阳为朋也。《损》曰"一人行则得其友"，谓阳行至上而据二阴也。阳以阴为友也。《颐》六二曰"行失类也"，谓阴不遇阳也，至明白也。乃说者于坤上六，谓阴阳相战争，相伤而出血矣。于《文言》谓阴阳相忌相疑矣。以阳遇阳为朋，阴遇阴为友为类矣。同性相敌，异性相感之理一失。于是初四二五三上阳应阳阴应阴者谓之失应，人尚知之。至于阳比阳阴比阴，如《夬》《姤》之三四，如《颐》之六二，说者则茫然。于是全部《易》，如"征凶""往吝""往不胜""壮于趾""其行次且"及"慎所之"等辞，全不知其故矣。又如阳遇重阴，阴遇重阳而当位者，所谓"往吉""征吉""利涉""利往""上合志也"，此其义宋蔡渊曾创言之，而未大行，于是全部《易》爻象若是者，自汉迄清，说者亦莫明其故，而用爻变矣。又如阳爻，下乘重阴者亦多吉，与前临重阴同也。《蹇》九三曰"内喜之也"，说甚明也，乃亦失传。于是《颐》上九之"利涉"，《蒙》上九《渐》九三之"利御寇"，皆不知所谓矣。有此一因，于是《易》解之误者，十而四五。①

从这一段文字来看，尚秉和所谓易理就是"阴阳之理"，即"同性相敌，异性相感"的阴阳之理。与此同时，尚秉和提出，在《周易》经传文中屡次出现的"敌""类""朋"等概念，正是针对易理中的"同性相敌，异性相感"的阴阳关系而产生的。其中，阳与阳或阴与阴同性相遇为"敌"；反映在《周易》爻位关系上，"阳应阳阴应阴""阴比阴阳比阳"等情况皆为"敌"；体现在《周易》经传文上，除直接用"敌"外，其他"如'征凶''往吝''往不胜''壮于趾''其行次且'及'慎所之'等辞"皆是对阳与阳或阴与阴同性相遇为"敌"的一种表述。与"敌"相反，阴

---

① 尚秉和：《周易尚氏学》自序，第1—2页。

与阳异性相遇则为“类”、为“朋（友）”；反映在爻位关系上，阳比阴阴比阳、阳应阴阴应阳、“阳遇重阴，阴遇重阳而当位”等情况皆为“类”或“朋（友）”；体现在《周易》经传文上，除以“类”“朋”直接称引外，“所谓‘往吉’‘征吉’‘利涉’‘利往’‘上合志也’”等辞皆是对阴阳相遇为“类”、为“朋（友）”的表述。尚先生以为由于此阴阳之理失传，故注《易》、解《易》之人“以阳遇阳为朋，阴遇阴为友为类”而使“《易》解之误者，十而四五”，使本来简单明了的易理变得茫然而不知其故。下面，我们就结合“敌”“类”“朋”这三个概念，具体看一下尚秉和先生所言之易理的内容。

一 尚氏易中“敌”“类”“朋”阴阳关系的运用

“敌”“类”“朋”这三个概念在《周易》的经传文中皆多次出现，尚先生认为他们反映了“同性相敌，异性相感”的阴阳之理，故尚先生将他们纳入对《周易》经传文的重新注解中，以此来揭示和展现他所理解的易之理，即易理。

（一）“敌”

关于这个“敌”字，在《周易》中出现了三次，分别是《同人》䷌九三爻《象》曰：“‘伏戎于莽’，敌刚也。‘三岁不兴’，安行也。”《艮》䷳之《彖》曰：“艮，止也。时止则止，时行则行，动静不失其时，其道光明。艮其止，止其所也。上下敌应，不相与也。是以‘不获其身，行其庭，不见其人，无咎’也。”以及《中孚》䷼六三爻爻辞曰：“得敌，或鼓或罢，或泣或歌。”尚秉和认为这里所出现的三个“敌”字，并不是简单的巧合，而是蕴含了一种处于不同爻位的阴爻与阴爻、阳爻与阳爻的关系，尚秉和在《周易尚氏学》中大量使用了这个概念，我们具体通过下面的表格（表3－1）来看一下：

表3－1 卦爻辞与《周易尚氏学》所用“敌”对照表

卦爻辞	《周易尚氏学》所用之“敌”①
《屯》䷂六二“屯如邅如”	阴遇阴得敌，故屯邅不进。(43)
《屯》䷂六三《象》“君子舍之，往吝”	吝遴古通，《说文》“行难也”，三无应得敌故行难。(45)

① 《周易尚氏学》所用之“敌”，以及下文的“类”“朋”涉及的引文，因数量多，故不再一一出注，只在引文后用括号标注所在的页码。

续表

卦爻辞	《周易尚氏学》所用之“敌”
《需》䷄初九“需于郊，利用恒”	初临重阳，阳遇阳得敌，不能行，故“利用恒”。(51)
《需》䷄初九《象》“需于郊，不犯难行也”	阳遇阳得敌需而不进，故曰“不犯难行”。(51)
《讼》䷅“终凶”	二无应，遇敌，故“终凶”。(54)
《讼》䷅九二《象》“自下讼上”	上谓五，五刚，二与为敌，故曰“自下讼上”。(55)
《师》䷆六三“师或舆尸，凶”	三失位无应，以阴遇阴，得敌，故“凶”如是。(60)
《师》䷆六四“师左次”	古人尚右，左次则退也。四前临重阴，阴遇阴得敌，其行难矣。(60)
《比》䷇初六“有它，吉”	“有它”谓有应于他方也。《大过》䷛九四曰“有它吝”，谓应初也。《中孚》䷼初九曰“有它不燕”，谓应四也。此两卦皆有应，而皆不吉者，以得敌为害也。故不安、故吝。此曰“有它吉”者，以阳来反初，当位有应，故“吉”。(63)
《履》䷉初九“素履，往无咎”	四无应，二阳，阳遇阳得敌，宜有咎。然而无咎者，以能素位而行也。(72)
《履》䷉初九《象》“素履之往，独行愿也”	得敌无应，故曰“独行”。(72)
《同人》䷌九三“升其高陵，三岁不兴”	三阳遇阳，得敌，其行蹇，故升高不兴也。(86)
《同人》䷌九三《象》“伏戎于莽，敌刚也”	敌刚即阳遇阳。(86)
《豫》䷏初六“鸣豫，凶”	初六得敌，不能应四，故“凶”。(94)
《豫》䷏六二“介于石”	“介于石”即触于石，艮为石，二前遇之，故触于石。易之道，异性为类，同性相敌，二五无应，承乘皆阴，如触于石之不相入。(95)
《随》䷐九四“随有获，贞凶”	下乘重阴得民，故“有获”。不当位，前遇敌，故“贞凶”。(100)
《蛊》䷑六四“裕父之蛊，往见吝”	前遇敌，阴遇阴则窒，故往吝。(104)
《噬嗑》䷔《象》“噬嗑而亨”	四阳横亘于中，阳遇阳为仇为敌，不顺，啮去此物，则合而通，故曰“噬嗑而亨”。(111)
《无妄》䷘上九“行有眚，无攸利”	四五遇敌，故“行有眚”而无所利也。(131)
《大畜》䷙初九“有厉”	初有应，似利往，然二三皆阳，遇敌，故曰有厉。(132)

续表

卦爻辞	《周易尚氏学》所用之“敌”
《颐》䷚六二“征凶”	前得敌故“征凶”。(137)
《颐》䷚六三“无攸利”	按三有应，阴得阳应多吉，此独不吉者，以四五得敌，应上甚难，故曰“无攸利”。(137)
《大过》䷛九三“栋桡，凶”	上虽有应，然四五皆阳，得敌，九三不能应上。(141)
《咸》䷞九四《象》“贞吉悔亡，未感害也”	下《系》云“凡易之情，近而不相得则凶，或害之”，三近四，二近初。然三亦阳，为四敌。二亦阴，为初敌。故二三为初四害。知其害而不动，害斯免矣，故曰“未感害也”。(154—155)
《恒》䷟九四“田无禽”	下应初，三二遇敌，为阻，故“无禽”。(158)
《恒》䷟六五“夫子凶”	夫子谓九二，六五者九二之妇，本为正应，然二若应五而从妇，则三四遇敌，横犯灾难，故曰“夫子凶”。《大畜》䷙初九曰“不犯灾”，《需》䷄初九曰“不犯难行”，二卦初九，皆有正应，而皆二三得敌，故曰灾难，兹与之同。(159)
《遁》䷠九三“有疾厉”	巽为疾，三无应，往遇敌，故“有疾厉”。(161)
《大壮》䷡“利贞”	四不应初，二三遇敌，下阳全为四所格阻，故曰“利贞”，言利于贞定不动也。(163)
《大壮》䷡初九《象》“壮于趾，其孚穷也”	初得敌，无应，故“孚穷”。(164)
《大壮》䷡九二《象》“九二贞吉，以中也”	二承乘皆阳，得敌，似不吉，然而吉者，以位中也。(165)
《晋》䷢初六“晋如摧如”	初阴，二三亦阴，得敌，故进而见摧。(167)
《晋》䷢初六《象》“独行正也”	初阴遇阴得敌，故曰“独行”。(168)
《解》䷧“利西南，无所往”	五得敌，故不利往。(187)
《损》䷨六三《象》“一人行三则疑也”	三阳上行则成《否》䷋，《否》䷋上九为四五所阻格，所谓敌也。敌则相疑相忌，而不相友矣。(195)
《益》䷩上九“莫益之”	上与五为敌，故曰“莫益”。(200)
《夬》䷪初九“壮于前趾”	壮，伤也。阳遇阳得敌，故伤于前趾。(203)
《夬》䷪初九《象》“不胜而往”	前有重阳，所遇皆敌，不胜必矣。(203)
《夬》䷪九三“君子夬夬独行”	乾为君子，承乘皆阳遇敌，故“夬夬独行”。(204)
《夬》䷪九三《象》“君子夬夬，终无咎也”	夬夬独行状，三于四五虽遇敌，于上独有应，故曰“终无咎”。(204)

续表

卦爻辞	《周易尚氏学》所用之“敌”
《姤》䷫九三“臀无肤，其行次且”	乾为行，三得敌，故次且不前。(208)
《革》䷰九三“革言三就，有孚”	革言三就有孚者，言三虽得敌，不能应上，若上六即三，则甚顺利而有孚也。(226)
《震》䷲六五“震往来厉”	往得敌，来乘阳，故往来皆危厉也。(234)
《艮》䷳《象》“上下敌应，不相与也”	六爻无应予，故曰“敌应”。阴阳相遇为朋为类，若阳遇阳、阴遇阴，则皆为敌。(236)
《艮》䷳初六“利永贞”	初失位无应遇敌，故贵于无为也。(236)
《丰》䷶九三《象》“丰其沛，不可大事也”	三遇敌，不利往，所应为阴，阴小故“不可大事”。(249)
《旅》䷷初六“斯其所，取灾”	斯其所言离其所欲应四也，二得敌，故“取灾”。(252)
《旅》䷷初六《象》“旅琐琐，志穷灾也”	初不当位，二得敌，不能应四，故曰“志穷”。(252)
《巽》䷸九二《象》“纷若之吉，得中也”	二无应，失位，遇敌，然下孚于阴得中故吉。(256)
《节》䷻初九《象》“不出户庭，知通塞也”	初应在坎，坎为通，二遇敌，不能应四，故曰“塞”。(266)
《中孚》䷼六四《象》“绝类上也”	绝者决也，言四遇三敌，不能应初。(271)
《小过》䷽初六“飞鸟以凶”	艮为鸟，四虽有应，二得敌，应予阻格，又失位，故“凶”。(274)
《小过》䷽九三“弗过防之”	四遇敌故“弗过”。艮为守为坚，下有群阴承之，利于防守，故曰“防之”。(274)

(二)“类”

关于这个“类”字，《周易》中也多次出现，如《乾》䷀《文言》曰：“本乎天者亲上，本乎地者亲下，则各从其类也。”《坤》䷁《象》曰：“牝马地类，行地无疆。……西南得朋，乃与类行。”《坤》䷁《文言》曰：“犹未离其类也，故称‘血’焉。”《同人》䷌《象》曰：“同人，君子以类族辨物。”颐䷚六二《象》曰：“‘六二征凶’，行失类也。”《睽》䷥《彖》曰：“万物睽而其事类也，睽之时用大矣哉！”《中孚》䷼六四《象》曰：“‘马匹亡’，绝类上也。”《系辞》曰“方以类聚”。尚秉和认为这些“类”字也是有特殊含义的，他们共同表征一种基于爻位的阴阳爻的对应关系，我们也通过表格（表3－2）来看看《周易尚氏学》中所出现的“类”字。

表3－2　**卦爻辞与《周易尚氏学》所用“类”对照表**

卦爻辞	《周易尚氏学》所用之“类”
《乾》䷀《文言》“本乎天者亲上，本乎地者亲下，则各从其类也”	“本乎天者亲上”，谓阳性上升顺行，故《乾》二必上升《坤》五，以与阴类。“本乎地者亲下”，谓阴性下降逆行，故《坤》五必下降《乾》二，以与阳类。故曰“各从其类”。阴阳相遇方为类，与朋友同。若阴遇阴阳遇阳，则为敌矣。(25)
《坤》䷁《象》“牝马地类，行地无疆。……西南得朋，乃与类行”	阴阳合为类，乾为马，故马与地类，而牝马尤与地类。……消息卦自西而南阳日增，故曰“西南得朋”。阴以阳为类，故曰“乃与类行”。(32)
《坤》䷁《文言》“犹未离其类也，故称‘血’焉”	阴阳合为类，离则为独阴独阳，独阴独阳不能生，即不成为血。既曰血，即阴阳类也。(41)
《蒙》䷃六四“困蒙，吝”	四无应，承乘皆失类，故曰“困”。(49)
《比》䷇六三“比之匪人”	虞氏逸象乾为人，六三不当位无应，承乘皆阴，行失类，故曰“比之匪人”，言不得阳也。(64)
《小畜》䷈六四《象》“上合志也”	上谓五，五上皆阳，四承之，阴遇阳得类，故曰“合志”。(69)
《泰》䷊初九“拔茅茹，以其汇，征吉”	茹与茅为二物，“以其汇”者，言茅与茹同拔，连类以及也。四有应，故“征吉”。(76)
《同人》䷌《象》“同人，君子以类族辨物”	易以阴阳相遇为类……所以能聚者，以其类也。设失类而为纯阳或纯阴，则不能聚矣。类族方能合异为同。乾阳物，坤阴物，同一物也，而分阴阳。辨，别也，明也。《同人》五阳一阴，阴虽少，然五阳之所类也，即五阳之所同也。同则不分。然阴物阳物，判然不同，辨而明之，方知同之中有异。易之道，同性相违，异物相感，自“类”字失诂，义遂不明。(85)
《大有》䷍初九“无交害”	初无应，阳遇阳失类，故“无交”。(88)
《观》䷓初六“童观”	《释文》、马云童犹独也。……坤为寡，初坤体，上无应，阴遇阴失类，孤寡极矣，故曰“童观”。(108)
《颐》䷚六二《象》“六二征凶，行失类也”	二无应，前遇重阴，阴遇阴则窒，故曰“征凶”。阴阳相遇方为类，今六二不遇阳，故曰“失类”。(137)
《睽》䷥《象》“万物睽而其事类也，睽之时用大矣哉”	然只有物即有阴阳，有牝牡。阴阳牝牡，则必合而为类无疑也。故睽亦有时有用也。(180)

续表

卦爻辞	《周易尚氏学》所用之“类”
《中孚》䷼六四《象》“马匹亡，绝类上也”	阴阳相遇方为类，旧解皆以阴遇阴为类，故全《易》“类”字皆失诂。(271)
《系辞》“方以类聚”	言万物能聚于一方者，以各从其类也。阴阳遇方为类……类则聚，聚则合而吉矣。物者阴物阳物，纯阳或纯阴为群……纯阳纯阴则不交而阴阳分，分则类离，离则凶矣。(286—287)

（三）“朋”

“朋”字，在《周易》之中亦多处出现，如《坤》䷁曰：“西南得朋，东北丧朋，安贞吉。”《坤》䷁《象》曰：“西南得朋，乃与类行。东北丧朋，乃终有庆。”《泰》䷊九二曰：“包荒，用冯河，不遐遗。朋亡，得尚于中行。”《豫》䷏九四：“由豫，大有得，勿疑。朋盍簪。”《复》䷗曰：“亨。出入无疾，朋来无咎。”《咸》䷞九四曰：“憧憧往来，朋从尔思。”《蹇》䷦九五曰：“大蹇朋来。”《解》䷧九四曰：“解而拇，朋至斯孚。”《损》䷨六五、《益》䷩六二曰：“或益之十朋之龟。”《兑》䷹《象》曰：“丽泽，兑。君子以朋友讲习。”尚秉和认为这些《周易》中出现的“朋”字大部分（除《损》六五、《益》六二之“朋”外）在内涵上与“类”十分相近，同样是对爻位之间阴爻与阳爻关系的一种暗示。我们也用表格（表3-3）来记录一下“朋”字在《周易尚氏学》中出现的情况。

表3-3　**卦爻辞与《周易尚氏学》所用“朋”对照表**

卦爻辞	《周易尚氏学》所用之“朋”
《坤》䷁“西南得朋，东北丧朋”	兑之为朋，以阴遇阳，非以二阳。……皆以阴得阳为朋，而坤逆行，消息卦自西南而南阳日增，自东而北阳递减，增则得朋，减则丧朋。(31—32)
《坤》䷁《象》“西南得朋，乃与类行。东北丧朋，乃终有庆”	消息卦自西而南阳日增，故曰“西南得朋”。阴以阳为类，故曰“乃与类行”。消息卦自东而北阳递减，故曰“东北丧朋”。……《易》凡言“有庆”者，皆谓阴遇阳。(32)
《泰》䷊九二“朋亡，得尚于中行”	阴以阳为朋，亡，往也，去也。朋往者，言二必往五，得尚居中正之位也。(77)
《豫》䷏九四“朋盍簪”	阳以阴为朋，盍，合也。簪与笄同，所以括发。“朋盍簪”言群阴归四，有若簪之括发也。(96)

续表

卦爻辞	《周易尚氏学》所用之“朋”
《观》䷓六三“观我生”	易以阴阳相遇为朋友，故谓应与为我生。三应在上，故曰“观我生”。(109)
《复》䷗“朋来无咎”	阴以阳为朋，《剥》穷上反下故曰“朋来”，阳遇阴故“无咎”。(123)
《蹇》䷦九五“大蹇，朋来”	阴以阳为朋，阳往阴中，故曰“朋来”。(187)
《解》䷧九四“朋至斯孚”	阴以阳为朋，九四前遇重阴，下乘阴，阴孚于阳，故曰“朋至斯孚”。(190)
《损》䷨六三“一人行则得其友”	上乘重阴，阳以阴为友，故曰“一人行则得其友”，友谓四五。(195)
《损》䷨六五曰“或益之十朋之龟”	两贝为朋，朋值二百一十六。元龟十朋，艮为朋友，坤数十，故曰“十朋之龟”。(195)
《兑》䷹《象》“君子以朋友讲习”	阴阳相遇相悦为朋友，兑口故曰“讲习”。初至五正反兑相对，正朋友互相讲习之象，故君子法之。……盖取义于《损》六三“一人行则得其友”……以一阳上行，遇二阴为友，与《兑》之一阴下降，遇二阳为朋友同，皆取义于阴阳相通。(258)

通过上面所列的三个表格，我们不难看出，尚秉和在《周易尚氏学》中注解《周易》时，所使用的“敌”代表的是一种阳爻与阳爻、阴爻与阴爻同性相违的关系，而所使用的“类”与“朋”代表的则是一种阴爻与阳爻异性相应相与的关系。在尚秉和所理解的易理体系下，“朋”“类”“敌”这三个概念就像我们在研究《周易》时所用到的“承”“乘”“比”“应”“据”“中”等一样，可以视作解释《周易》六十四卦阴阳爻位间关系的一种体例，他们在《周易》中本然存在，故而称之为“易理”，即《周易》本身阴阳关系之理。

二 帛书《周易》中的“敌”“类”“朋”

尚先生认为《周易》中的“敌”“类”“朋”体现了“同性相敌，异性相感”的阴阳之理，其中阳遇阳或阴遇阴为“敌”，而阴遇阳或阳遇阴为“类”、为“朋”。同时，尚先生也指出，自汉代以来的诸多注《易》方家与书籍却不知“敌”“类”“朋”的真诂所在，致使《周易》中的许多文义皆失解，如他在《周易尚氏学》中注《益》䷩上九《象》“或击之，自外来也”时曰：“外谓五，五为上敌。下《系》云：‘凡《易》之情近而不相得则凶，或害之。’故上欲应三，五或击之。五在外，言击之者仍在外也。《同人》☰九三曰：‘敌刚。’《中孚》☰六三云：‘得敌。’《子夏传》：‘三与四为敌。’是阳遇阳，阴遇阴，愈近而愈不相得。旧解自虞翻以来，皆不知此为《周易》根本定例，故说‘或击之’，皆不知击上九者为何爻，而无不误矣。”① 也就是说，在尚先生看来，由于不知阳遇阳、阴遇阴为“敌”之《周易》根本定例，故《益》上九“或击之”之旧解自虞翻以来“无不误”。又尚氏注《颐》☶六二《象》“六二征凶，行失类也”时曰：“二无应，前遇重阴，阴遇阴则窒，故曰‘征凶’。阴阳相遇方为“类”，今六二不遇阳，故曰‘失类’。象义如此明白，乃二千年《易》家，皆以阴遇阴为类。于是《文言》之‘各从其类’，《坤·彖传》之‘乃与类行’，《系辞》之‘方以类聚’，及此皆失解，与朋友同。”② 同样，尚先生在这里指出，两千年《易》家，由于不知阴遇阳为“类”、为“朋”，却皆以阴遇阴为“类”，所以《文言》《坤·彖传》《系辞》中的“类”字皆失解。

那么，尚氏所谓的“敌”“类”“朋”果如尚氏所言存在于《周易》本身、乃《周易》之根本定例吗？或者说，在虞翻之前的《易》注中，就一定是以阴阳爻同性相遇为“敌”、异性相遇为“类”、为“朋”吗？尚氏认为《子夏传》解《中孚》六三“得敌”知之，那么《子夏传》之外的典籍又是如何呢？我们不妨以出土的帛书《周易》为例，看一下帛书《周易》中是否有尚氏所言易理的相关论述，进而证明尚秉和所揭示的阴阳之理确有所本呢？

首先，我们看一下帛书《周易》中是否有关于阴阳同性相遇为“敌”的论述。考帛书《周易》经传文，我们并未发现“敌”字，但是却有对《艮》☶卦义的阐发。由上面的表格，我们知道尚先生在注解《艮》☶《彖》辞时曾经明显地用到了“敌”的观念，他说：“六爻无应予，故曰‘敌应’。阴阳相遇为朋为类，若阳遇阳、阴遇阴，则皆为敌。”③ 尚先生以阳遇阳、阴遇阴为“敌”，故《艮》☶六爻处于相应爻位的爻，初爻与四爻、二爻与五爻、三爻与上爻皆为同一属性的爻，因此称为“敌应”。而帛书《二三子》篇解释《艮》卦辞曰：“卦曰：根亓（其）北，[不获亓（其）]身；行亓（其）廷，[不见亓（其）人，无咎。孔子]曰：根亓（其）北者，言□事也。不获亓（其）身者，精□□□也。敬宫任事，

① 尚秉和：《周易尚氏学》卷十二，第200页。

② 尚秉和：《周易尚氏学》卷八，《大过》卦九五爻辞注，第137页。

③ 尚秉和：《周易尚氏学》卷十四，第236页。

身□□者鲜矣。亓（其）占曰：能精能白，必为上客；能白能精，必为□□。以精白长□，难得也，故曰［行］亓（其）廷，不见亓（其）人，无咎。"[①] 这里帛书对《艮》卦辞的解释尽管有文字的缺失，但我们还是可以清楚地看到帛书围绕"精白"展开。按《史记·天官书》载"稍云精白者，其将悍，其士怯"[②]，《汉书·贾山传》"天下之士莫不精白以承休德"[③]，以及《盐铁论·讼贤》载"二公怀精白之心，行忠正之道"[④] 等关于"精白"的记载可知，"精"指精诚、精纯、专一，"白"谓洁白、明洁、无私。总的来说，"精白"指的是一种心灵修养所达到的精诚无私的状态。可见，帛书对《艮》卦辞的解释似乎很难看出与"敌"字有什么关系，而是通过卦辞的内容，来阐发有关如何做人的道理，实际上应属于义理的范畴。尚先生在《周易尚氏学·说例》中明言"易理与义理不同"，即他所言的"同性相敌"的阴阳之理，强调的是《周易》本身之理，与义理派之义理不同，显然也就与帛书不同。

其次，我们再看一下帛书《周易》中是否有阴阳异性相遇为"类"、为"朋"的相关论述。

先说"类"字。帛书《易传》中"类"字多次出现，有与今本《系辞》表达的内容基本相似者，如帛书《系辞》中的："方以类冣。物以群分"[⑤]，"以达神明之德，以类万物之请（情）"[⑥] 等；亦有今本《易传》未曾涉及，但却表达了"类"的深刻内涵者，如《衷》篇中的一段文字："为九之状，浮首兆下，蛇身偻曲，亓（其）为龙类也。夫蠪，下居而上达耂（者）□□□□□□□□□□□而成章。在下为橬，在上为炕。人之阴德不行耂（者），亓（其）阳必失类。"[⑦] 在这段话中，前面提到了"龙类"，后面又说"人之阴德不行耂，亓（其）阳必失类"，两次出现的"类"是否指的是同一个意思？后一个"类"中的"阴"与"阳"是否就是指阴阳爻位而言呢？在此，我们做一简要分析：前面一个"类"应作"类似"讲，指的是"九"在字的形状上"浮首兆下，蛇身偻曲"与中国传统概念之中"龙"的形象相类似。而后面的一个"类"字则是"同类"

① 廖明春：《马王堆帛书周易经传释文》，载杨世文等编《易学集成》第3卷，第3029页。
② （汉）司马迁撰，（宋）裴骃集解，（唐）司马贞索隐，（唐）张守节正义：《史记》卷二十七，中华书局2013年版，第1588页。
③ （汉）班固撰，（唐）颜师古注：《汉书》卷五十一，《贾邹枚路传》第二十一，第2335页。
④ （汉）桓宽：《盐铁论》，《诸子集成》，中华书局1954年版，第7册，第26页。
⑤ 廖明春：《马王堆帛书周易经传释文》，载杨世文等编《易学集成》第3卷，第3030页。
⑥ 廖明春：《马王堆帛书周易经传释文》，载杨世文等编《易学集成》第3卷，第3034页。
⑦ 廖明春：《马王堆帛书周易经传释文》，载杨世文等编《易学集成》第3卷，第3039页。

的含义，其所言的“阴”指的是人之内心渊蕴，“阳”则指的是人之行为表面。“德不行”对应的是“必失类”。帛书《易传》在这里论述了一个道德修养与生活实践相结合的思想命题，在其看来，一个人如果在没有其他人在场的情况下，内心无法保持自身德行的高度自律，无法做到“慎独”的境界，那么他在与别人的交往过程中，其自身的行为就会有“失类”的危险，而这个道理在《周易》中的具体展现，就是《乾》卦䷀的初爻“潜龙勿用”与上爻“亢龙有悔”所表达的意思。所以帛书《衷》篇在“人之阴德不行耂（者），亓（其）阳必失类”之后，紧接着就对《乾》卦初爻和上爻进行了评说，“易曰潜龙勿用，亓（其）义潜清勿使之胃（谓）也。子曰：废则不可入于谋，朕则不可与戒。忌耂（者）不可与亲，缴［耂］不可予事。易曰潜龙勿［用］，炕龙有悬（悔），言亓（其）过也。物之上擸而下绝耂（者），不久大立，必多亓（其）咎。易曰炕龙有悬（悔）。”[①] 帛书在这里提到的“不可入于谋”“不可与戒”“不可与亲”“不可予事”都可以看作“失类”的具体表现。由此可知，帛书《易传》对于《周易》经文的诠释兼取义理与象数两种方法，一方面启迪人们要遵守德行理念，不可因为环境的变化而放松自身的道德准绳；另一方面，在阐发义理时，又与《周易》的卦象相结合，如我们所言“九”取“龙”象，言“过”义取象于《乾》卦的初爻与上爻，这些都是象数思想的具体体现。通过对帛书《易传》的分析，我们并没有发现尚秉和所说之易理在《周易》自身本然存在的可靠证据，可见尚氏之说乃一家之言。

最后，谈一下“朋”字。“朋”字，在帛书《周易》中除作“朋”外，还以“倗”“傰”“堋”等形式出现。如今本《坤》䷁“西南得朋，东北丧朋”中的“朋”，帛本亦皆作“朋”；今本《豫》䷏九四爻之“朋盍簪”，帛本作“傰甲讒”；今本《复》䷗之“朋来无咎”，帛本作“堋來无咎”；今本《蹇》䷦九五爻之“大蹇朋来”，帛本作“大蹇倗來”等。清人李富孙在《易经异文释》中曾说：“汉隶于同音之字往往任意通用，此六书假借非必尽合古文。洪氏适曰：‘汉人简质，字相近者辄用之。’”[②] 按李氏与洪氏之说，“朋”与“傰”“堋”同音字相近，故可互通。而“倗”字，经今人何琳仪先生在《帛书〈周易〉校记》中考证：“‘倗’，疑‘伽’之笔误。”[③] 又帛书《二三子》引用《蹇》卦九五爻辞时曰“大

---

① 廖明春：《马王堆帛书周易经传释文》，载杨世文等编《易学集成》第3卷，第3039页。

② （清）李富孙：《易经异文释》卷一，《皇清经解续编》卷五百三十九，《续修四库全书》，上海古籍出版社2002年影印本，经部易类，第27册，第669页。

③ 何琳仪：《帛书〈周易〉校记》，《周易研究》2007年第1期。

蹇，傰來"[①]，可见"倗"即使不是"倗"的笔误，它在帛书中也与"傰"互通，故与"堋""朋"等互为通假。

对于《易经》中有"朋"字的卦爻辞，帛书《易传》对《川》卦（即今本的《坤》卦）之"东北丧崩，西南得崩"[②]（"崩"与"朋"形近互通）、《蹇》卦（即今本的《蹇》卦）九五爻之"大蹇，傰來"均有所阐发。帛书《二三子》曰："卦曰：大蹇，傰來。孔子［曰：此言］□□也。飭行以后民者，胃（谓）大蹇；远人能至，胃（谓）［傰來］"。[③] 而尚秉和解释"大蹇，朋来"时曰："当位居尊，故曰'大蹇'。阴以阳为朋，阳往阴中，故曰'朋来'。虞翻以下卦伏兑为朋，岂知《象传》曰'中节'，即谓五居坤中，如合符节，释朋义也。"[④] 尚氏以《蹇》䷦九五阳爻居于上卦两阴爻之中及"阴以阳为朋"来释"朋来"，显然与帛书"远人能至，胃（谓）［傰來］"的诠释思路和角度不同。对于《川》卦，帛书多次论及"东北丧崩，西南得崩"之义，《衷》篇中曰："东北丧崩，西南得崩，求贤也。"[⑤] 又曰"岁之义始于东北，成于西南。君子见始弗逆，顺而保穀。易曰：东北丧崩，西南得崩，吉。子曰：非吉石也，亓（其）□□□□与贤之胃（谓）也"[⑥]。又《二三子》篇中曰："岁□□□□□□□西南温□□，始于□□□□□□□□□□□之□□□□□□□□□□□□□□□□□□□□□德与天道始，必顺五行，亓（其）孙贵而宗不傰。"[⑦] 从《衷》篇与《二三子》篇看，帛书对于"东北丧崩，西南得崩"的诠释是从两个层面展开的。一个层面是直接以"求贤""与贤之胃也"释"东北丧崩，西南得崩"，这种诠释风格与释《蹇》卦九五爻"远人能至，胃（谓）［傰來］"一脉相承。另一个层面是从"岁之义始于东北，成于西南"，"岁□□□□□□□西南温□□"等"卦气"[⑧] 思想来释"东北丧崩，西南得崩"之义。与此同时，帛书又将这两个层面有机地结合起来，《衷》篇中所谓"岁之义始于东北，成于西南"，讲的是天道的运转流行，而紧接其后的"君子见始弗逆，顺而保穀"则是因天道而明人事，从这个角度而言，"本天道以立人道，法天道以开人文"的两汉哲学路数大概由此开启。我们再看看尚先生

① 廖明春：《马王堆帛书周易经传释文》，载杨世文等编《易学集成》第3卷，第3029页。
② 廖明春：《马王堆帛书周易经传释文》，载杨世文等编《易学集成》第3卷，第3039页。
③ 廖明春：《马王堆帛书周易经传释文》，载杨世文等编《易学集成》第3卷，第3029页。
④ 尚秉和：《周易尚氏学》卷十一，第186—187页。
⑤ 廖明春：《马王堆帛书周易经传释文》，载杨世文等编《易学集成》第3卷，第3039页。
⑥ 廖明春：《马王堆帛书周易经传释文》，载杨世文等编《易学集成》第3卷，第3040页。
⑦ 廖明春：《马王堆帛书周易经传释文》，载杨世文等编《易学集成》第3卷，第3027页。
⑧ 关于"卦气"的思想可参见刘大钧《"卦气"溯源》，《中国社会科学》2000年第5期。

对于“西南得朋，东北丧朋”的理解，他说：“以阴得阳为朋，而坤逆行，消息卦自西南而南阳日增，自东而北阳递减，增则得朋，减则丧朋。”① 尚先生仍以“同性相敌，异性相感”的阴阳之理出发，配以消息卦的阴阳变化来阐述《坤》卦之“朋”的“得”与“丧”，应当说对于《坤》卦的解释，尚氏与帛书有一些相通的地方，即都用到了“卦气说”中阴阳消息的思想。但总的来说，尚氏对“朋”的解释还是侧重于阴阳爻位的关系，而帛书更多的是要阐发《周易》卦爻辞中所蕴含的人文之理。

通过与帛书的比较，我们发现，“同性相敌，异性相感”的阴阳之理虽然与帛书《衷》篇之“是故天之义刚建䡴（动）发而不息，亓（其）吉保功也。无柔梂（救）之，不死必亡。䡴（动）阳者（者）亡，故火不吉也。□之义，柔弱沈䏌（静）不䡴（动），亓（其）吉［保安也，无］刚文之，则穷贱遗亡，重阴者（者）沈，故水不吉也”② 的思想相通，但尚氏所谓的反映阴阳关系的“敌”“类”“朋”并没有在帛书《周易》中展现出“《周易》根本定例”“《易》义之根本”的特征。究其原因，乃在于尚先生的易理虽然讲求阴阳之理，但落实到经文的注解，却成为一种反映《周易》六十四卦阴阳爻位关系的体例，他对“敌”“类”“朋”等概念的阐释与运用，与“承”“乘”“比”“应”“据”“中”一样无非是对爻位关系的一种描述。所以尚先生的易理尽管强调《周易》本身之理，但实际上却是对《周易》象数思想的延伸。而帛书《易传》对于经文的阐释更注重人文思想的挖掘，即对义理的阐发，故而展现出与尚氏易学不同的诠释风格与路数。这也就从一个侧面回答了本节开始提出的问题，尚先生所揭示的自虞翻以来久已失传的易理至少在帛书《周易》中没有找到确证。

第三节　易理之“成于专注，偏于狭隘”

如前所述，尚秉和先生在《周易尚氏学》之中认为易理并非等同于义理，“易辞本为占辞，故其语在可解不可解之间。惟其在可解不可解之间，故能随所感而曲中肆应不穷。所谓‘仁者见仁，智者见智’也，此易理也。易理与义理不同，例如程传说‘黄裳元吉’云‘五尊位，臣居之则羿

---

① 尚秉和：《周易尚氏学》卷二，《坤》卦卦辞注，第31—32页。

② 廖明春：《马王堆帛书周易经传释文》，载杨世义等编《易学集成》第3卷，第3038页。

莽，女居之则女娲武氏，故圣人著为大戒'，陈（程）义可谓正大矣，而于易理则大背，以易辞并无著戒之意也。此编只明易理，至其用则任人感触之"。但是我们应当看到，《周易》作为一部数千年传者不绝，始终立于中国学术正统之根本的典籍，其内涵必然是十分丰富的，特别是孔子研习、注释《周易》，在其中加入了大量的人文思想与哲理思辨，使其成为"六经之首""大道之源"，这一点毋庸置疑，也永不磨灭。因此我们对《周易》进行研究，就不能忽视这些《周易》中所蕴含的古代先贤对于宇宙自然、社会人生的理解与思考，以及这些思考对于我们现实生活的指导意义。尚秉和在这里提出了易理的概念，但我们不可否认的是彰显古代先贤思想精华的义理确然存在于《周易》之中。那么《周易》所蕴含的义理与尚氏所揭示的易理究竟是一种什么样的关系呢？按尚先生所举"陈（程）义可谓正大矣，而于易理则大背"的例子，可知在尚先生看来，易理是存在于"可解不可解之间"占辞中的规律和内涵，乃《周易》之"本"，而义理则是根据易理而任人感触之"用"。可见，在尚先生所构建的"以象解《易》"的易学体系中，由于其理论出发点在于"还易辞之本来"，所以着重对易理进行揭示与阐发，而对义理却未能做出翔实的解说。黄黎星先生在其论文《以象解筮的探索——论尚秉和先生对〈左传〉〈国语〉筮例的阐解》中对此有着精彩的点评，他说：

> 在《左传国语易象释》中，尚先生对《左传·昭公十二年》所记载的"南蒯将叛之筮"未作评说，而这则筮例，却恰恰是义理解说色彩较浓的——杜预就曾举此为例说明《左传》筮例的道德义理色彩。清代学者皮锡瑞指出："伏羲画卦，虽有占而无文，而亦寓有义理在内。……左氏虽杂采占书……而亦未尝不具义理；若无义理，但有占法，何能使人信用？观夏、殷之《易》如是，可知伏羲、文王之《易》亦如是矣。"这种注重《易》与筮的义理内涵的认识，应该说是较为客观、可取的。尚先生对于《左传》《国语》筮例的解说，一以贯之地以《易》象为根据，基本不涉及义理方面，这固然是由其特定研究目标所决定的，但是，我们今天若要全面深入地阐解《左传》《国语》的筮例，则应该注意避免完全脱离义理阐释的偏颇。[①]

① 黄黎星：《以象解筮的探索——论尚秉和先生对〈左传〉〈国语〉筮例的阐解》，《周易研究》2002年第5期。

这段评价虽然是针对尚先生"以象解筮"的思想引发的，但同样有助于我们正确理解和评价尚先生的易理思想。通过前面对尚秉和先生整体易学思想的研究，我们发现尚氏尤为注重《周易》之中的象数思想，其所有的易学理念几乎都是建立在象数思想的基础之上，而其易理的范畴在根本上并没有摆脱象数的内涵，其易理思想的核心是阴阳爻位的对比，究其内容仍属于象数之说，并且在规则性与范畴的定义方面都不是非常地严密。当然，尚秉和先生提出易理的概念本身就是一种创新，可以称之为"一家之言"。但对"一家之言"我们还要做两方面的分析，一方面要展现其独有的特色，另一方就应当结合一些新的出土材料纠正其思想中的"偏颇"。

第四章　破旧立异的易学史思想

易学史研究，也是易学研究的重要内容。所谓的易学史研究，主要是以历史发展为线索，通过对各个时期易学思想与易学文献的分析与把握，从而揭示出易学在某个特定的历史时期所表现出来的特点以及对整个易学史乃至文化史产生的影响。对于易学史的研究，历代学者从来就没有间断过，如汉代史学家班固在《汉书·儒林传》中对西汉易学传承的叙说，唐孔颖达在《周易正义》卷首对《周易》名称的由来、重卦作者等问题的探讨，南宋朱震在《汉上易传》中对宋初易学传授系统的总结，等等，他们的研究都在不同程度上启发了后世易学的研究，推动了易学的发展。

尚先生对于易学史的研究主要表现在两个方面。一是仿照唐孔颖达《周易正义》卷首的体例，在《周易尚氏学·总论》中对“周”“易”二字本诂、《周易》大义之认识、古《易》之类别、《周易》谁作、重卦之人、《十翼》谁作、《十翼》篇名、《彖》《象》连经始于何人、传《易》之人、消息卦之古、先后天之方位、易理易象失传后之易派十二个关于《周易》的基本问题和基本思想做了集中论述。另一方面是尚先生在研究《焦氏易林》的基础上，重新审视西汉易学中焦氏易的地位和作用，系统地阐述了其关于两汉易学的“传承观”，提出西汉易学至东汉已失传的重要观点。

尚先生在第一方面的研究正如于省吾先生在《周易尚氏学·序言》中评论的那样：“先生对于画卦者以及卦爻辞、《易传》的作者，多因袭旧说。……先生对于近几年来学者们的若干新说，一概置之不理。纵然他们对于旧解有着一笔抹杀的过分主张，未可尽信，可是，伏羲氏既画卦又重卦，以及文王作卦爻辞，孔子作《十翼》等传统说法，毕竟是靠不住的。”① 于先生的评论还是比较客观的，他所提到的“近几年”的“若干新说”，应当就是指五四新文化运动以后兴起的以顾颉刚和钱玄同为代表

① 尚秉和：《周易尚氏学》于省吾的序，第4—5页。

的“古史辨派”的相关思想。“古史辨派”，又称为“疑古派”，他们以疑古辨伪为特征，主张用历史演进的观念和大胆疑古的精神，并吸收西方近代社会学、考古学等方法，来研究中国古代的史学和经学典籍。他们的学说都依次收录在《古史辨》七册论文集中，其中在《周易》方面，他们对《周易》经传的成书年代和作者、《周易》经传的性质及关系、《周易》一书的结构等问题都提出了许多新的观点和主张，虽然他们的考证难免有疑古过勇之讥，但却对传统易学造成了极大的冲击，他们中的许多研究成果①至今仍具有很高的参考价值与学术价值，而尚先生在他的研究中却没有将“古史辨派”的这些思想纳入其中，或是吸取“古史辨派”思想中的有益内容，因而也就使他在这方面的研究稍显黯淡，故本章不予重点介绍。本章着重对尚先生基于《焦氏易林》思想上提出的两汉易学“传承观”做一番讨论和探究。

第一节　焦氏易与独为完书的《焦氏易林》

尚先生关于两汉易学的传承思想都是在对《焦氏易林》研究的基础上阐述和引发的。传统的观点认为，今存《焦氏易林》乃西汉昭、宣之世的焦延寿所著。由于西汉易著大多亡佚，所以我们今天所能见到的西汉易学文献，只有《焦氏易林》《京氏易传》三卷以及几篇《易纬》。《易纬》的真实性在历史上多有争议。《京氏易传》残缺不全之余又被人视为占卜之书，如《四库全书》就将其编入子部术数类。《焦氏易林》同样在经学史上没有什么地位可言，原因有多种：一是《焦氏易林》与《京氏易传》一样被视为占筮之书而不为人所重视；二是《焦氏易林》的作者和成书年代在学界一直悬而未决、没有定论；再有就是《焦氏易林》本身文字奥古，难以通其义。尚先生有见于此，对焦氏易的渊源以及《焦氏易林》的真伪分别做了考辨，在理论上证实了以《焦氏易林》为代表的焦氏易在西汉易学史上的重要地位和作用。

---

①　顾颉刚的《〈周易〉卦爻辞中的故事》《论〈易经〉的比较研究及〈彖传〉与〈象传〉的关系书》及《论〈易·系辞传〉中观象制器的故事》，钱穆的《论〈十翼〉非孔子作》，李镜池的《易传探源》及《周易筮辞考》，余永梁的《易卦爻辞的时代及其作者》，容肇祖的《占卜的源流》等都是当时在《周易》研究方面具有相当影响的作品。详见顾颉刚编著《古史辨》，海南出版社2005年版，第3册。

一 焦氏易的渊源

《汉书·儒林传》记载了春秋末至西汉时期易学的师承传授情况：

自鲁商瞿子木受《易》孔子，以授鲁桥庇子庸。子庸授江东馯臂子弓。子弓授燕周丑子家。子家授东武孙虞子乘。子乘授齐田何子装。……汉兴，田何以齐田徙杜陵，号杜田生，授东武王同子中、雒阳周王孙、丁宽、齐服生，皆著《易传》数篇。同授淄川杨何，字叔元，元光中征为太中大夫。……要言《易》者本之田何。

丁宽字子襄，梁人也。……学成，何谢宽。宽东归，何谓门人曰："《易》以东矣。"宽至雒阳，复从周王孙受古义，号《周氏传》。景帝时，宽为梁孝王将军距吴楚，号丁将军，作《易说》三万言，训故举大谊而已，今《小章句》是也。宽授同郡砀田王孙。王孙授施雠、孟喜、梁丘贺。繇是《易》有施、孟、梁丘之学。

施雠字长卿，沛人也。……谦让，常称学废，不教授。及梁丘贺为少府，事多，乃遣子临分将门人张禹等从雠问。雠自匿不肯见，贺固请，不得已乃授临等。于是贺荐雠："结发事师数十年，贺不能及。"诏拜雠为博士。

孟喜字长卿，东海兰陵人也。……喜好自称誉，得《易》家候阴阳灾变书，诈言师田生且死时枕喜膝，独传喜，诸儒以此耀之。同门梁丘贺疏通证明之，曰："田生绝于施雠手中，时喜归东海，安得此事?"……博士缺，众人荐喜。上闻喜改师法，遂不用喜。喜授同郡白光少子、沛翟牧子兄，皆为博士。繇是有翟、孟、白之学。

梁丘贺字长翁，琅邪诸人也。以能心计，为武骑。从太中大夫京房受《易》。房者，淄川杨何弟子也。房出为齐郡太守，贺更事田王孙。……贺以筮有应，繇是近幸，为太中大夫，给事中，至少府。为人小心周密，上信重之。年老终官。

京房受《易》梁人焦延寿。延寿云尝从孟喜问《易》。会喜死，房以为延寿《易》即孟氏学，翟牧、白生不肯，皆曰非也。至成帝时，刘向校书，考《易》说，以为诸《易》家说皆祖田何、杨叔[元]、丁将军，大谊略同，唯京氏为异，党焦延寿独得隐士之说，托之孟氏，不相与同。房以明灾异得幸，为石显所谮诛，自有传。房授东海殷嘉、河东姚平、河南乘弘，皆为郎、博士。繇是《易》有京氏之学。

> 费直字长翁，东莱人也。治《易》为郎，至单父令。长于卦筮，亡章句，徒以《彖》《象》《系辞》十篇文言解说上下经。
>
> 高相，沛人也。治《易》与费公同时，其学亦亡章句，专说阴阳灾异，自言出于丁将军。……繇是《易》有高氏学。高、费皆未尝立于学官。①

由《汉书·儒林传》的记载我们可以得到图4-1：

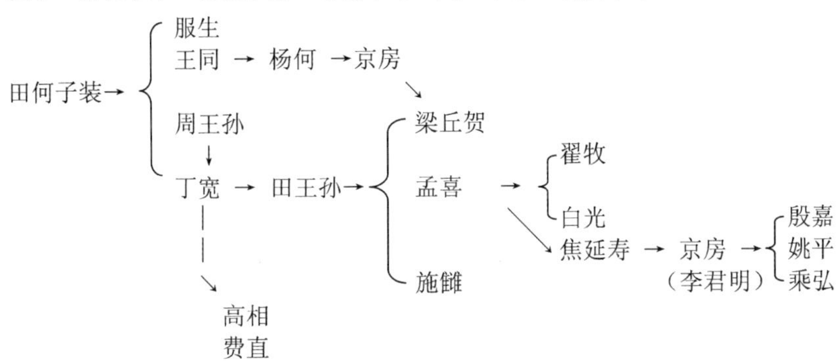

图4-1　西汉易学传承图

如图4-1所示，《汉书·儒林传》所记的西汉主要易学大家分为官方与民间两派。官方有施、孟、梁丘、京氏四家，治今文经；民间有费、高两家而治古文经。值得注意的是，京氏之学较之其他三家官学有着特殊的身份，之所以特殊，就在于京房所以为的其师“延寿《易》即孟氏学”，并没有得到孟喜正传弟子的认可，“翟牧、白生不肯，皆曰非也”。而至刘向校书，京氏“《易》说”以“党焦延寿独得隐士之说，托之孟氏”而“为异”。这样一来，传《易》于京房的焦延寿之学似乎是得于“隐士之说”，而非孔子。事实果真如此吗？尚先生从孔子传《易》的具体内容入手，对焦氏易的来龙去脉重新做了梳理。他说：

> 西汉易学，得孔子嫡传者三家，施、孟、梁丘是也。三家之学，同祖丁将军宽。宽既从田何受《易》毕，复归洛阳，从周王孙受古

① （汉）班固撰，（唐）颜师古注：《汉书》卷八十八，《儒林传》第五十八，第3597—3602页。

> 义。古义者，非孔氏十翼，盖即许慎所谓秘书，汲冢古《易》但有阴阳秘书者是也，即阴阳灾变之学也。后高相专以阴阳灾变说《易》，自言出于丁将军，是其证。三家之学皆同，独孟喜能候阴阳灾变。①

在这里，尚先生通过仔细研析史书记载，发现了一个关于易学传授内容的重要问题，即在西汉易学的传授内容中含有《易》之“古义”的内容。一直以来，人们只知两汉经学有今文经与古文经之分，只知田何所传的是今文易学、费直所传乃古文易学，殊不知抛开今文易学与古文易学的纷争，早在汉初他们却共同传承着《易》之“古义”的思想。② 此《易》之“古义”的具体内容正如尚先生所分析的那样“即阴阳灾变之学也”。沿此思路，尚先生指出丁宽之说传至施、孟、梁丘三家，“独孟喜能候阴阳灾变”，即只有孟喜传“古义”。但据《汉书》所载，田王孙死时独传“《易》家候阴阳灾变书”于孟喜之事，经同门梁丘贺的疏通证明，乃孟喜之“诈言”。孟喜也因“改师法”而未立为博士。由此，“独孟喜能候阴阳灾变”的论断就显得不可靠了。尚先生分析道：

> 田生将死时枕喜膝受之，而施雠、梁丘贺皆不能。时贺已为少府侍中，贵幸，而喜独能毕传师业，名最高，故贺甚嫉之。既疏证喜言之诈，复谮之于帝，使有改师法之嫌。岂知贺谓喜言为诈，贺所谓田生绝于施雠手中者，其言尤诈乎？设田生果绝于施雠手中，喜安肯刺谬如此？盖西汉经师，以有利禄故，每争名，相倾轧以求胜，不独易家也。③

尚先生以为孟喜的“诈言”“改师法”可能是施雠、梁丘贺等西汉经师为争名禄而互相倾轧以求胜的结果。虽然此为尚先生的推断之辞，但“贺谓喜言为诈，贺所谓田生绝于施雠手中者，其言尤诈乎”却是我们无法回避的问题。倘若孟喜“诈言”，那么施雠、梁丘贺同样摆脱不了诬陷的嫌疑。此外，《汉书》言梁丘贺“能心计”，孟喜“好自称誉”，施雠虽为人“谦让”，但身为梁丘贺之子梁丘临的老师，且受梁丘贺推荐而立为博士，与梁丘贺已是荣辱一体，面对“上信重之”的梁丘贺的疏通求证，自然不便

---

① 尚秉和撰，陈金生点校：《焦氏易诂》卷一，第4—5页。

② 因官方丁宽“从周王孙受古义”，即阴阳灾变之学，而民间高相亦“专说阴阳灾异，自言出于丁将军”，故官方丁宽与民间高相皆传《周易》之“古义”。

③ 尚秉和撰，陈金生点校：《焦氏易诂》卷一，第5页。

违逆。《汉书》的这些描述，我们似乎也多少可以看出尚先生所言不虚。尚先生进一步指出：

> 三家之《易》，独孟喜兼明阴阳，不坠师法，而焦延寿则问《易》于孟喜者也，故延寿亦兼明阴阳灾变。其白生、翟牧不肯焦、京为孟学者，仍经师嫉妒之私。史谓延寿得隐士之说者，仍施、梁二家解嘲之语。[①]

案《汉书·京房传》："京房字君明，东郡顿丘人也。治《易》，事梁人焦延寿。延寿字赣。……赣常曰：'得我道以亡身者，必京生也。'其说长于灾变，分六十四卦，更直日用事，以风雨寒温为候：各有占验。房用之尤精。"[②] 焦延寿之说"长于灾变""以风雨寒温为候"以及"房用之尤精"，显然与孟喜自言之"得《易》家候阴阳灾变书"是一脉相承的。而无独有偶，在孟喜以"得《易》家候阴阳灾变书"而被施、梁证为"诈言"后，焦、京又以传孟氏阴阳灾变之学而为白光、翟牧所不容，进而焦、京之学被归为"得隐士之说"的异类。由此尚先生推断"白生、翟牧不肯焦、京为孟学者，仍经师嫉妒之私。史谓延寿得隐士之说者，仍施、梁二家解嘲之语"，是有一定道理的。

可见，传《易》于京房的焦延寿之学并非"独得隐士之说，讬之孟氏"，而确实是传孟氏学，再具体一些就是传孟氏的阴阳灾变之学，即《周易》之"古义"的内容。按《汉书》所载的传承关系逆推，孟氏阴阳灾变之学乃丁宽所授，丁宽之"古义"学于周王孙，而周王孙乃田何的学生，田何又是孔子的六传弟子，焦氏之学归根到底仍得传于孔子。正如尚先生所说"阴阳灾变之学，皆出自孔门，为传《易》者所必学，其渊源可谓明悉矣。徒以施、梁二家未得其全，遂谓孟喜阴阳之学非出自丁、田，更疑延寿易学非出自孟氏。岂知皆施、梁二家徒党之诬词哉！总之，阴阳灾变之学，由丁宽证之，其源皆出于孔氏"[③]。

通过对孔子阴阳灾变之《易》之"古义"的揭示，尚先生很好地解决了焦氏易的源头问题和其在西汉易学中所占的地位问题，也就是说，出自孔门的《易》之"古义"传至施、孟、梁丘三家，唯孟喜能兼明，三家之

---

① 尚秉和撰，陈金生点校：《焦氏易诂》卷一，第5—6页。

② （汉）班固撰，（唐）颜师古注：《汉书》卷七十五，《眭两夏侯京翼李传》第四十五，第3160页。

③ 尚秉和撰，陈金生点校：《焦氏易诂》卷一，第6页。

后，唯焦、京能传孟氏阴阳灾变之学，焦氏易前承孟喜后启京房，在西汉易学中占有极其重要的地位。这就为尚先生以焦氏易审视西汉易学，评判东汉易学扫除了最大的障碍。

二 《易林》确为焦氏书

案《隋书·经籍志》载有焦氏撰"《易林》十六卷，《易林变占》十六卷"①，可知焦延寿曾作《易林》与《易林变占》两部易著，研究焦氏易当以这两部作品为主。由于《易林变占》亡佚，故今存《焦氏易林》弥足珍贵，它成为仅有的研究焦氏易的第一手资料。但是，由于《汉书·艺文志》所载"《易》十三家""蓍龟十五家"以及"杂占十八家"②，皆未及焦氏《易林》，故《易林》是否为焦氏之作受到后儒的怀疑。如清儒顾炎武等以焦延寿为西汉昭、宣二帝时人，而其书多引昭、宣以后之事，故怀疑《易林》为东汉以后人作而托名焦延寿。又如清人沈炳巽、翟云升、牟庭等经多方考证主张《易林》为崔篆的作品，除此之外，也有认为《易林》为许峻撰的，这无疑又是尚先生研究焦氏易以及西汉易所遇到的另一个亟须解决的问题。尚先生通过对顾炎武、翟云升、牟庭等人所持论据的考辨分析，有力地证明了《易林》确为西汉焦延寿所作的事实。

以顾炎武为代表的清儒提出《易林》为东汉以后人撰而嫁名焦延寿的主张，顾氏在《日知录》卷十八中摘录了四五条可疑处：

> 其时《左氏》未立学官，今《易林》引《左氏》语甚多，又往往用《汉书》中事，如曰"彭离济东，迁之上庸"，事在武帝元鼎元年；曰"长城既立，四夷宾服，交和结好，昭君是福"，事在元帝竟宁元年；曰"火入井口，阳芒生角，犯历天门，窥见太微，登上玉床"，似用《李寻传》语；曰"新作初陵，逾陷难登"，似用成帝起昌陵事。又曰"刘季发怒，命灭子婴"，又曰"大蛇当路，使季畏惧"，则又非汉人所宜言也。③

① （唐）魏征、令狐德棻撰：《隋书》卷三十四，志第二十九，中华书局 1973 年版，第 1033 页。

② （汉）班固撰，（唐）颜师古注：《汉书》卷三十，《艺文志》第十，"《易》十三家"详见第 1703—1704 页，"蓍龟十五家"详见第 1770—1771 页，"杂占十八家"第 1772—1773 页。

③ （清）顾炎武著，（清）黄汝成集释，栾保群、吕宗力校点：《日知录集释》，上海古籍出版社 2006 年版，第 1077—1078 页。

早在尚氏之前，《四库全书·易林提要》就曾经对顾氏的部分论据进行了评析：

> 炎武所指“彭离济东，迁之上庸”者，语虽出《汉书》，而事在武帝元鼎元年，不必《汉书》始载。又《左传》虽西汉未立学官，而张苍等已久相述说。延寿引用传语，亦不足致疑。惟“长城既立，四夷宾服，交和结好，昭君是福”四句，则事在元帝竟宁元年，名字炳然，显为延寿以后语。……昭君之类，或方技家辗转附益，窜乱原文，亦未可定耳。①

在此基础上，尚先生首先对《四库全书·易林提要》未驳的顾氏论据做了补证。顾氏以“火入井口，阳芒生角，犯历天门，窥见太微，登上玉床”似用《汉书·李寻传》语，尚氏则批驳道：“又谓《易林》用《汉书·李寻传》若天门太微等语，创自李寻者，尤为诬枉。”② 案《汉书·李寻传》载“寻独好《洪范》灾异，又学天文月令阴阳”③，说明李寻善于推阴阳而言灾异，即用当时的天文知识指陈朝政的弊端，自然会使用像“天门”“太微”等天文学的名词术语，同时，焦氏易亦传阴阳灾变之学，所撰《易林》亦会涉及天文历法的相关知识，所以正如尚先生驳斥的那样，不能因为《李寻传》有“天门”“太微”之语，就断定由李寻所创见。我们只能说无论是李寻言事还是焦氏治《易》，都共同汲取了当时天文历法方面的学术成果。顾氏谓《易林》有“新作初陵”语而怀疑用成帝起昌陵事，尚氏曰：“夫一帝即位，即为起陵，何帝不然，胡独成帝？”④ 又顾氏以《易林》称汉高祖刘邦为“季”，非汉人所宜言，尚氏曰“《史记》之一则曰季，再则曰季”⑤，也就说由司马迁所著的约成书于西汉武帝征和元年（前92）的《史记》也一再用“季”⑥，言外之意，汉代称刘邦为“季”，没有什么不合宜的。

其次，尚先生对《四库全书·易林提要》未尽之意也做了申明，《四

---

① 《易林提要》，载（清）永瑢、（清）纪昀等《钦定四库全书》，子部术数类，第808册，第270页。

② 尚秉和撰，陈金生点校：《焦氏易诂》卷二，第63页。

③ （汉）班固撰，（唐）颜师古注：《汉书》卷七十五，《眭两夏侯京翼李传》第四十五，第3179页。

④ 尚秉和撰，陈金生点校：《焦氏易诂》卷二，第66页。

⑤ 尚秉和撰，陈金生点校：《焦氏易诂》卷二，第62页。

⑥ 详见（汉）司马迁《史记》卷八，《高祖本纪》第八，中华书局2006年版，第71页。

库提要》以“昭君是福”四句显为延寿以后语而未可定，尚氏云：“《易林》《萃》䷬之《益》䷩有‘昭君是福’之语。昭君出塞，延寿不及见其事，岂知昭君谓《益》䷩有大离象，而不必实有其事、有其人。《震》䷲之《节》䷻云：‘乾侯野井，昭君丧居。’岂王昭君死于乾侯乎？《萃》䷬之《临》䷒曰：‘昭君守国，诸夏蒙德。’岂王昭君又为中国天子乎？此若为昭君，将《易林》言孔明，可谓为诸葛亮矣；言则天，可谓为武后矣；言宣和政和，可谓为宋徽宗矣；屡言先天象，可谓为邵子之门人所为矣，岂有穷乎！”① 尚先生举《易林》中《震》之《节》，《萃》之《临》等言“昭君”之例多与西汉元帝时和亲宫女王昭君之事不符来说明此“昭君”非彼王昭君，的确有一定的道理，但他从卦象的角度提出“不必实有其事、有其人”却稍显不妥。

今人林忠军先生明确提出：“《易林》中的‘昭君’，非指汉王嫱昭君，而是春秋时鲁国君主鲁昭公。”② 林先生分析道：

> 考焦氏《易林》，《节》䷻之《噬嗑》䷔、《震》䷲之《节》䷻云：“乾侯野井，昭公失居。”《鼎》䷱之《噬嗑》䷔云：“乾侯野井，昭君丧居。”③ 此两段林词之意完全一致。不同的是，前者言昭公，后者言昭君，二者当为一人。此昭君为昭公之明证。而《易林》言“昭公”或“昭君”之事，多与王昭君之事不符（尚氏已言），却与鲁昭公之事相合。如《遁》䷠之《蛊》䷑云：“昭公失常，季氏悖狂，逊齐处郓，丧其宠身。”此言鲁昭公为季氏所逼，退避齐国处于郓城。《春秋》云：“公至自齐，居于郓。”《左传》云：“三月，公自齐，处于郓，言鲁地也。”（昭公二十六年）……《鼎》䷱之《噬嗑》䷔云：“东行西步，失其次舍，乾侯野井，昭君丧居。”此言鲁昭公失国后，曾居乾侯、野井。《左传》云：“鸜鹆跦跦，公在乾侯，征褰与襦，鸜鹆之巢，远哉遥遥。稠父丧劳，宋父以骄。”（昭公二十五年）“公如晋，将如乾侯。”（昭公二十九年）……又《春秋》云：“齐侯唁公于野井。”《左传》云：“齐侯将唁公于平阴，公先至于野井。”（昭公二十五年）此为《易林》

① 尚秉和撰，陈金生点校：《焦氏易诂》卷二，第62页。

② 林忠军：《象数易学发展史》第一卷，齐鲁书社1994年版，第70页。

③ 按（汉）焦延寿著，尚秉和著，常秉义点校：《焦氏易林注》，《节》䷻之《噬嗑》䷔云：“乾侯野井，昭公失居。”（第586页）而《震》䷲之《节》䷻、《鼎》䷱之《噬嗑》䷔云：“乾侯野井，昭君丧居。”（第511页、第496页）

> “昭君”即鲁昭公之证。……至于《萃》䷬之《益》䷩“长城既立，四夷宾服，交和结好，昭君是福”之辞，似言鲁昭公死后，由于长城修建，各国关系日趋缓和，鲁国在孔子治理下，与齐国联盟，收复了郓、讙、龟阴等地。故鲁昭公虽死他国，也是他的福分。如杜预注《左传》“昭公出故，季平子祷于炀公，九月立炀宫”云：“昭公死于外，自以为获福，故立其宫。”因此，《易林》为焦氏所作与昭君之事并不相悖。[①]

林先生的考证可谓精确独到，正可补尚先生之说，在此一并提出以备参考。

再次，尚先生针对翟云升、牟庭等人经过多方求证提出的“今《易林》为崔篆之《易林》”[②]的观点，也对他们所持之据分别予以驳斥。旧本《易林》首有“费直叙”，题《易林》为“建新天水焦延寿撰”八字。崔篆曾为建新大尹，翟、牟等认为天水为大尹之讹，焦为崔之讹，崔延寿即是崔篆，字亦延寿。尚氏驳斥道：“费叙庸劣，且言及王莽后事，为直所未知，其伪尤著。”[③]“费直叙”言及他之后的王莽后之事，“费直叙”虚妄不实之处可见一斑。牟庭等又以《鼎》䷱之《节》䷻有“按民呼池”[④]之言，便谓“呼池”为安民县，事在汉平帝元始二年（2年），为焦氏所不能及见，故疑为崔篆所作。尚先生曰：“岂知《同人》䷌之《豫》䷏亦有此词。各本安皆作按，呼作湖。‘按民湖池’者，以湖池多盗，遣使按治，故下云‘玉杯文案’。此必有故事，为后来所未知。若作安民，安民者，县名也。呼池者，苑名也。此四字如何相属？又与下‘玉杯文案’，义何涉乎？丁俭卿谓牟庭私改按为安，以就其说，语虽近苟，然安为按之讹字，无疑也。”[⑤]翟云升等又据《因话录》所记唐崔群尝以《焦氏易林》自筮，又据《后汉书·孔僖传》载崔篆之孙崔骃常“以《家林》筮之”[⑥]，崔群为崔骃之后裔，故也一定以《易林》筮，而其词在今《易林》中，以此定今《易林》为崔篆《易林》。尚氏

---

① 林忠军：《象数易学发展史》第一卷，第70—71页。

② 尚秉和撰，陈金生点校：《焦氏易诂》卷二，第63页。

③ 尚秉和撰，陈金生点校：《焦氏易诂》卷二，第63页。

④（汉）焦延寿著，尚秉和著，常秉义点校：《焦氏易林注》，第502页。

⑤ 尚秉和撰，陈金生点校：《焦氏易诂》卷二，第64页。

⑥（宋）范晔撰，（唐）李贤等注：《后汉书》卷七十九上，《儒林列传》第六十九上，中华书局1965年版，第2563页。

辩驳道："姑无论今传之《因话录》皆作焦，无作崔者，即使是崔《易林》词偶与焦林同，亦何足异？唐人诗甲诗入乙集，乙诗入甲集者多矣。……况汉人为《易林》者，前后相望，因袭雷同，理所必至乎。唐时《焦氏易林》《崔氏易林》并存，见于《唐志》。今亡者一，存者一。崔篆为西汉大儒，其书之亡诚为可惜，然必以相传甚久之《焦氏易林》属于崔氏，只见其误，未见其安也。"[①] 又刘毓崧《易林释文》后跋，按照汉代避讳皇帝名号的原则，发现《易林》全书十万言中，独不见汉昭帝刘弗陵之"弗"字，所以判定《易林》作于昭帝时，尚先生亦举此刘毓崧"真考索有得者"[②]，来补充证明《易林》为焦延寿所撰，而非翟、牟等认为的崔篆所作。

最后尚先生将他对顾炎武、翟云升、牟庭所疑之处的分析，归结为六点："一，所用春秋故事，有为《三传》《国语》《韩诗外传》《说苑》等书所无者，故虽唐人不能注，古书亡也。又所用之字，古义甚多。在在存西汉淳朴之气，文不加修饰，自然峭古，与魏晋之涂缋者异。二，显宗以《周易林》筮雨，遇《蹇》䷦，其词在今《易林》中，以问沛献王辅。[③] 当此时，诸王如东平王苍，尤深经学，乃不问苍而问辅，以辅善说京氏易，焦赣为京氏师，既善京易，必知焦易，故独问辅。三，凡京氏易说可考见者，如'朋来'为'崩来'，《无妄》为大旱卦，皆与焦氏易说同，师弟授受，踪迹分明。四，《易林》卦象，如离东坎西，坤水坤鱼，东汉人若知，则解经不误矣。惟其为西汉，故至东汉而失传，致经诂皆误。五，用韵之古，直同周秦。六，《隋志》即有焦赣《易林》，《唐志》《焦易林》与《崔易林》并存，其名实久定，不应忽误崔为焦。"[④] 由以上诸证，尚先生确定今存《易林》为西汉人焦延寿所作。

至此，尚先生在证明焦氏易源于孔子的基础上，又覃思精研，最终证实了《易林》确为西汉焦延寿所作。这样一来，《易林》的地位和作用就凸现出来。如前所述，焦氏易前承孟喜后启京房，在西汉易学中占有极其重要的地位，而《易林》作为现存焦氏仅有的易著，以及西汉较为完整的

---

① 尚秉和撰，陈金生点校：《焦氏易诂》卷二，第65—66页。

② 尚秉和撰，陈金生点校：《焦氏易诂》卷二，第66页。

③ 参见唐李善注《文选·任昉竟陵王行状》引《东观汉记》曰："沛献王辅，善京氏易。永平五年秋，京师少雨，上御云台，召尚席取卦具自卦，以《周易卦林》占之，其繇曰：'蚁封穴户，大雨将集。'明日大雨。上即以诏书问辅曰：'道岂有是耶？'辅上书曰：'案《易卦》震之蹇，蚁封穴户，大雨将集。蹇艮下坎上，艮为山，坎为水，山出云为雨，蚁穴居而知雨，将云雨，蚁封穴，故以蚁为兴文。'诏报曰：'善哉！王次序之。'"

④ 尚秉和撰，陈金生点校：《焦氏易诂》卷二，第68—70页。

易学典籍之一，无疑对于我们研究焦氏易以及西汉易，都具有不容忽视的参考价值和学术价值。

第二节　无人道及的西汉易学

尚先生通过对焦氏易的渊源以及《焦氏易林》作者的考辨，提出“居今日求西汉易诂只有《焦氏易林》”[①] 的观点，最终确定了《焦氏易林》在焦氏易以及西汉易学中的重要地位和作用。《焦氏易林》根据今本《序卦》六十四卦的排列次序及变卦的原理，将一卦变为六十四卦，称之某卦之某卦。这样《周易》六十四卦则变成四千零九十六卦，每一卦各系以一首类似于《周易》卦爻辞而又内容完全不同的四言韵语，其中韵语二至六句不等，以四句居多，用来判断吉凶祸福。尚先生通过对《易林》四千余繇辞的考究，得出“《易》卦辞亦占辞也，而《易》之卦辞无一不根于象。……《易林》繇辞无一字不根于象，则《易林》之辞必于《易》有关矣”[②] 的结论。尚氏以为《易》卦辞、《易林》繇辞皆是占辞，且皆无一字不根于象，故《易林》之辞必与《易》有关。按证之《周易》的《易林》易象、《易》说，虞翻等东汉诸儒多不知，尚先生由此推断“西汉易学至东汉已失传”[③]。那么尚先生的此一推断准确吗？

解决此问题有两个关键所在。第一就是西汉易学的真正面貌到底是什么样的？第二就是在尚先生视野下的《焦氏易林》是否就是西汉易学意义下的焦氏易？如前所述，西汉留存至今的传世文献极为有限，如《汉书·艺文志》中所列“凡《易》十三家，二百九十四篇”[④] 绝大部分亡佚，仅存《京氏易传》三卷和《焦氏易林》，而尚先生认为《京氏易传》残缺不全之余，仅存的三卷乃专门演“八宫世应”之说，是丁将军所学、孟喜兼明的阴阳灾变之学，即所谓《易》之“古义”的内容，由于只是“易学之一端”[⑤]，并非专门训释《周易》的著作，所以相对完整的《易林》，就成为尚先生探究西汉易学真诂的指明灯。帛书《周易》经传的出土，对于我们今天审视汉代的易学，无疑有着极为重要的意义。因为作为下藏于公

① 尚秉和撰，陈金生点校：《焦氏易诂》卷一，第 8 页。

② 尚秉和撰，陈金生点校：《焦氏易诂》卷一，第 9 页。

③ 尚秉和撰，陈金生点校：《焦氏易诂》卷一，第 7 页。

④ （汉）班固撰，（唐）颜师古注：《汉书》卷三十，《艺文志》第十，第 1704 页。

⑤ 尚秉和撰，陈金生点校：《焦氏易诂》卷一，第 8 页。

元前 168 年即西汉文帝时的易学典籍，我们虽然不能完全确定其具体的写作年代，但可以肯定的是它至少是西汉文帝时的作品，甚至是先秦的文献[①]，而无论帛书《周易》经传完成于先秦还是汉初，根据《汉书·儒林传》所述孔子的易学传承情况，西汉易学与先秦易学是一脉相承的，所以帛书《周易》经传必定会对西汉初易学传授的内容有所展现，这就为我们研究西汉易学开辟了新的思路，同时也为我们审视尚先生视野下的焦氏易和《焦氏易林》提供了评判的依据。下面我们就以帛书《周易》经传为契机，围绕两个关键分别探索。

一 西汉易学真诂初探

尚先生在阐释焦氏易的渊源时曾经提出了《易》之“古义”的内容。他认为：“自孔子传《易》，六传而至田何，七传而至丁将军，丁将军既从田何受《易》，复从周王孙受古义。”[②] 丁宽所受之“古义”即阴阳灾变之学。相对《易》之“古义”而言，《儒林传》所言丁宽“作《易说》三万言”“训故举大谊”“今《小章句》是也”当为《易》之“今义”的内容。对于此问题，刘大钧先生在其文《〈周易〉古义考》中进行了深入的探讨，他指出：“《周易》‘今义’凸显的是一种德性优先的人文关怀，而‘古义’突出的则是阴阳灾变思想。”[③] 显然，刘先生的观点与尚先生的论断是一致的。这样我们就对西汉初易学的传授内容有了一个总体的认识。即在汉初，易学的传承已有“古义”与“今义”之分。所谓“古义”就是如尚先生所考辨的那样“非孔氏十翼，盖即许慎所谓《秘书》，汲冢古易但有《阴阳秘书》是也，即阴阳灾变之学也”[④]，而“今义”则是“训故举大谊”的章句之学，如刘大钧先生探讨的那样旨在凸显一种德行优先的人文关怀。一直以来，人们以今文经、古文经来划分两汉易学的流派，认为田何所传的是今文易学，费直所传的乃是古文易学。实际上由《汉书》所载，田何所传的今文易学既有“训故举大谊”的“今义”，又有“阴阳灾变”之“古义”，而费直所传的古文易学中，“既有‘长于卦筮’的‘古义’，然而又‘亡章句，徒以《彖》《象》《系辞》十篇文言解说上下经’，故古文易其文字虽古，但用这些古文字解释的却是《彖》《象》

① 据廖明春整理《马王堆帛书周易经传释文》说明“马王堆帛书周易经传一九七三年出土于湖南长沙马王堆三号汉墓，是公元前一六八年抄写的先秦文献”，第 3013 页。

② 尚秉和撰，陈金生点校：《焦氏易诂》卷一，第 6 页。

③ 刘大钧：《〈周易〉古义考》，《中国社会科学》2002 年第 5 期。

④ 尚秉和撰，陈金生点校：《焦氏易诂》卷一，第 4—5 页。

《系辞》等孔子及孔门弟子撰述阐发的《易》之‘今义’”[①]。可见西汉易学真诂并不在于划分是今文易学还是古文易学，抑或是官方之学还是民间之学，而在于弄清出于孔门、代代相传的《易》之“古义”与“今义”的真正内涵所在。

刘先生的《〈周易〉古义考》一文为我们窥见《易》之“古义”与“今义”提供了线索。他通过对帛书《要》篇记录孔子与其弟子子赣论《易》的文字，分析得出帛书所载孔子读《易》重在“观亓（其）德义”而“后亓（其）祝卜矣”[②]，开启了一种将人文精神灌注于其中的《易》之“今义”路向；而《要》篇“故明君不时不宿，不日不月，不卜不筮，而知吉与凶，顺于天地之也，此胃（谓）易道。故易又（有）天道焉，而不可以日月生辰尽称也，故为之以阴阳；又（有）地道焉，不可以水火金土木尽称也，故律之柔刚；又（有）人道焉，不可以父子君臣夫妇先后尽称也，故为之以上下；又四时之变焉，不可以万勿尽称也，故为之以八卦。故易之为书也，一类不足以亟之，变以备亓（其）请者（者）也。故胃（谓）之易又君道焉，五官六府不足尽称之，五正之事不足以至之”[③]，其中的阴阳、五行、四时、五官、六府、五正等内容，刘先生又认为他们正是帛书《易传》本着孔子“德行焉求福”“仁义焉求吉”[④]的精神对《易》之“古义”删削与改造所遗留下来的“古义”的踪迹与信息。刘先生进一步根据帛书《易传》以及《淮南子》《春秋繁露》等古籍中的相关资料，证明西汉以孟、京为代表的“卦气说”当属《周易》“古义”，同时又据《淮南子》中的有关资料，对帛书《易传》中的五官、六府、五正诸说做出了详细考辨。由此可见，帛书《周易》经传对于我们审视西汉易学之“今义”与“古义”有着至关重要的作用。

案帛书《易传》中的五官、六府、五正等“古义”思想，显然与兴盛于东汉的象数之学并不相同。东汉象数易学主要运用卦变、互体、爻辰、升降等《易》说来解释《周易》经文与今本传文，与《易》之“古义”的“阴阳灾变之学”差别很大。虽然东汉人亦言“卦气”，但他们对“卦气”思想的阐发与运用，仍是依托于卦爻象、服务于经传文注释而展开的，与“古义”的“明阴阳、辨灾异”之旨相去已远。因此在这个层面上讲，西汉易学中的一些“古义”思想至东汉似乎失传了。尚先生在没有出

---

① 刘大钧：《〈周易〉古义考》，《中国社会科学》2002 年第 5 期。

② 廖明春：《马王堆帛书周易经传释文》，载杨世文等编《易学集成》第 3 卷，第 3044 页。

③ 廖明春：《马王堆帛书周易经传释文》，载杨世文等编《易学集成》第 3 卷，第 3044—3045 页。

④ 廖明春：《马王堆帛书周易经传释文》，载杨世文等编《易学集成》第 3 卷，第 3044 页。

土文献的情形之下，从最基本的史料典籍出发，揭示出《易》之“古义”的内涵，并推之焦氏易、孟氏易、丁宽易以及整个西汉易学，从而大胆地做出“西汉易学至东汉已失传”的判断，尽管此判断在一定层面上有些绝对和耸人听闻，但足见先生于易学之悟过于常人。

前面我们探讨了尚先生关于西汉易学与东汉易学之间关系的观点，尚先生之观点可谓真知灼见，建立在这个观点之上，尚先生在《焦氏易诂》中对《焦氏易林》做了大量的研究工作，下面我们再探究一下第二个关键，即尚先生视野下的《焦氏易林》是否就是西汉易学意义下的焦氏易？其是否还原了《焦氏易林》的真实面目，其中的诸多取象方法是否为焦氏所原有。

为了研究这个内容，我们就需要在西汉甚至西汉之前的易学典籍中寻找蛛丝马迹，那么最合适的莫过于出土的帛书《易传》，其一，我们已经探讨了帛书的形成年代，其确切无疑是属于西汉易学的范畴，甚至更早；其二，其尘封地下数千年，未加删改，保留其作品的原汁原味。基于以上原因，我们选择帛书《易传》与《焦氏易诂》做文字与内容上的对比，来回答我们的问题。

二 《焦氏易林》说《易》之处与帛书《易传》对比

尚先生在《焦氏易诂》卷三至卷十中总结了他所注解《焦氏易林》说《易》之处，可以说这些内容体现了尚先生对《易林》以及焦氏易的整体把握与思考。其中有十余条《易林》说《易》处，帛书《易传》也有相应的诠释。下面我们选取四条来看一下《焦氏易诂》与帛书《易传》的异同。

（一）《乾》☰九三：“君子终日乾乾，夕惕若厉，无咎”。《焦氏易诂》对此爻的解释是：

> 乾为君子、为日。三居卦终，故曰终日。虞翻谓“阳息至三，二变成离，离为日”。荀爽谓“日以喻君”。虞固穿凿，荀亦未得，皆由不知乾日象也。①

帛书《二三子》对《乾》九三爻所做的理解是：

① 尚秉和撰，陈金生点校：《焦氏易诂》卷三，第74页。

孔子曰：此言君子务时，时至而动，□□□□□□屈力以成功，亦日中而不止，时年至而不淹。君子之务时，犹驰驱也。故曰君子终日键键。时尽而止之以置身，置身而静（静），故曰夕沂若，厉无咎。①

《焦氏易诂》的论点在于乾有日之象，尚先生批判虞翻“穿凿”、荀爽“未得”皆因“不知乾日象”所致。帛书虽然言“日中而不止”，但更言“时年至而不淹。君子之务时，犹驰驱也”。可见，按帛书《易传》之意，孔子于此爻强调的是“君子务时”的重要性，阐发的是经文中的微言大义。如果一定从象数的角度理解，尚氏所言“乾日象”也勉强讲得通，但似乎有附会之嫌。且《焦氏易林》中《乾》䷀之《泰》䷊曰：“不风不雨，白日皎皎。宜出驱驰，通利大道。”② 在内容上，《焦氏易林》与帛书《易传》于《乾》䷀卦都提到了“驱驰”与“驰驱”，即策马疾行的意思。这说明《焦氏易林》本身确实与今日所见的《周易》经文有着密切的关联，但尚氏此处仅从象数的角度来诠释经文，与帛书《易传》之旨并不相符。

（二）《蒙》䷃：“匪我求童蒙，童蒙求我。初筮告，再三渎，渎则不告。利贞”。《焦氏易诂》对《蒙》卦辞的解释是：

《蒙》：“匪我求童蒙，童蒙求我。”虞仲翔以二五志应为说，当矣。若以焦氏用覆象之例推之，《彖》既曰“志应”，似二五互相求也。何则？艮为童蒙、为求。而二至上则正反两艮相对，正视之则下求上，反视之则上求下，来往相求，并无偏倚，故曰“志应”。志既相应，则二五互求。故曰：“非我求童蒙，即童蒙求我。”后人以二为阳，将匪字诂实，谓阳不求阴。岂知九二与六五皆不当位，九二升五，六五降二，乃当然之理，胡不求乎？将经文回环往复之意全失矣。至“再三渎”，解者皆以卦变为说，尤穿凿不当。兹《易林》《谦》䷎之《蒙》䷃云“盗明相让”，以二至上正反两震言相对，故相让责。又《泰》䷊之《蒙》䷃云“谗佞为政”，则以《蒙》下震言出，上震即如言相反，故曰“谗佞”。皆以二至上来往皆震言取义，故《彖》曰“再三渎”。又坎上下

① 廖明春：《马王堆帛书周易经传释文》，载杨世文等编《易学集成》第3卷，第3027页。
② （汉）焦延寿著，尚秉和著，常秉义点校：《焦氏易林注》，第11页。

> 皆兑口，亦“再三渎”也。《易·讼》卦曰“有言”者，亦以坎上下皆兑口也。①

帛书《缪和》通过孔子和他的学生吕昌的对话阐明了他们对《蒙》卦辞的理解：

> 吕昌问先生曰：夫古之君子，亓（其）思虑举错也，内得于心，外度于义。外内和同，上顺天道，下中地理，中适人心。神□□□□□□□□□□筐之，闻今周易曰：蒙，亨，非我求童蒙，童蒙求我；初筮吉，再参读，读则不吉，利贞。以昌之私，以为夫设身无方，思索不察，进很（退）无节，读焉则不吉矣，而能亨亓（其）利耂（者），古又（有）之乎？子曰：□□□□□也而又（有）不然耂（者）。夫内之不咎，外之不逆，筐筐然能立志于天下，若此耂（者），成人也。成人也耂（者），世无一夫，剀可强及舆才？故言曰：古之马及古之鹿，今之马今之鹿。夫任人□□□过亦君子［也。吕］昌曰：若子之言，则易蒙上矣。子曰：何必若此而不可察也。夫蒙耂（者）然少未又（有）知也。凡物之少，人所知好也。故曰蒙，亨。非我求童蒙，童蒙求我耂（者），又（有）知能耂（者），不求无能耂（者），无能耂（者）［求］又（有）能耂（者），［故曰非］我求童蒙，童蒙求我。初筮吉耂（者），闻亓（其）始而知亓（其）冬（终），见亓（其）本而知亓（其）［末，故］曰初筮吉。再参读，读则不吉耂（者），反复问之而读，读弗敬，故曰不吉。弗知而好学，身之赖也，故曰利［贞］。君子于仁义之道也，虽弗身能，剀能已才？日夜不休，冬身不卷，日日载载必成而后止，故易曰：蒙，亨；非我求童蒙，童蒙求我；初筮吉，再参读，读则不吉；利贞。此之胃（谓）也。②

关于《蒙》卦的卦辞，帛书《易传》与今本在文字上就存在差别，帛本作“初筮吉”“读则不吉”，而今本作“初筮告”“渎则不告”。据刘大钧先生考证，帛本作“吉”是抄写之误。原因有二：一是“按照一般求筮者的心态，如果‘初筮吉’的话，是绝无必要‘再’‘三’而筮，以至于‘渎’了”；二是古书常有“吉”“告”二字因为形近而抄写错误的情况，帛书

① 尚秉和撰，陈金生点校：《焦氏易诂》卷三，第77—78页。

② 廖明春：《马王堆帛书周易经传释文》，载杨世文等编《易学集成》第3卷，第3048页。

作“吉”就是这种情况。[1] 但考帛书《周易》无论经文还是传文，凡是涉及《蒙》卦卦辞的地方，皆作“吉”，像上所引《缪和》篇三次提到《蒙》卦卦辞皆作“吉”，说明帛书作“吉”恐怕不应当是抄写错误所致。此外，正如学者分析那样“帛书作‘吉’，符合《周易》最初为卜筮书，其卦爻辞为筮事、筮辞记录的传统观点”[2]。可见，无论是今本的“告”，还是帛本的“吉”都有一定的道理，在此，我们存而不论，供大家今后作进一步探讨。

抛开今帛本的“告”“吉”之辨，我们仅从内容来看，帛书《易传》对《蒙》卦卦辞的诠释展现了一种借求筮解占来阐发学习修身之理的解《易》向度。帛书《易传》认为，一个人在学习与修身的过程中，一方面要切实做到对文化知识和仁义之理“闻其始而知其终，见其本而知其末”的全局把握；另一方面也要避免“再三渎”情况的发生。所谓的“闻其始”“见其本”就是《文言传》所言的“知至至之，可与言几也”；所谓的“知其终”“知其末”则是《文言传》所云的“知终终之，可与存义也”。也就是说，做到了闻始知终、见本知末，就可与之“言几”“存义”，所以帛书《易传》说“初筮吉”，旨在说明学习和修身正如初次占问，如果能做到对所问事情闻始知终，见本知末，便能获得好的结果。确立了“言几”“存义”的学习修身正途，接下来就需要日夜不休、终身不倦地“确乎其不可拔”地践行，特别是要避免迟疑不定、进退不节、反复询问，即“渎”的情况出现，因为在帛书《易传》看来，学习修身的立意不坚、反复无常，就如同反复询问占筮结果的不敬行为，必定不会有好的结果。

我们再看《焦氏易诂》的解释，尚秉和先生主要从覆象的角度对《蒙》卦卦辞进行了注释。他以为，《蒙》䷃二爻至上爻正反两艮☶相对，无论正视之还是反视，都是上下来往相求之象，与《彖传》的“志应”相合。同时，《蒙》䷃二爻至上爻又可视为正反两震☳相对，与《易林》中《谦》䷎之《蒙》䷃“盗明相让”，《泰》䷊之《蒙》䷃“谗佞为政”，皆是以二爻至上爻为正反两震言取义之例。这里尚秉和所用的震、艮覆象，虽有附会之嫌，但其将二爻与上爻相对解释，亦有一定道理。我们看到，上引帛书《缪和》有曰：“若子之言，则易蒙上矣。”《蒙》上六爻辞：“击蒙，不利为寇，利御寇。”据今本《象传》“利用御寇，上下顺也”之言来看，《蒙》卦上六爻讲的是“上下相顺”，即团结周围的人，这与孔

---

① 参见刘大钧《今、帛、竹书〈周易〉综考》，上海古籍出版社2005年版。

② 刘震：《从〈蒙〉卦看〈周易〉的教育思想》，《周易研究》2016年第6期。

子在帛书《缪和》中强调只有以一颗包容之心，才能团结周围之人，才能称得上真正的君子，意思是相一致的。所以帛书此处的“蒙上”就是指《蒙》䷃卦上六爻。可见，尚秉和将《蒙》卦二爻与上爻相对应解释是有其合理性的。

但总的说来，尚氏据《焦氏易诂》所推卦象而对《蒙》卦卦辞的分析，与帛书《易传》中“君子于仁义之道”的“日夜不休，冬身不卷”的修持工夫之旨相去甚远。

（三）《睽》䷥上九：“睽孤。见豕负涂，载鬼一车，先张之弧，后说之弧。匪寇婚媾，往，遇雨则吉。”尚先生在《焦氏易诂》中对《睽》卦上九爻的解释是：

《睽》上离，离对坎，坎为豕、为涂、为鬼、为车、为弧、为寇、为雨。《易》见离而象尽用坎，水火相逮不分也。后儒惟来知德氏窥见此旨，曰：“此用错象坎。”（余皆以中爻坎为说）。不本《易林》，皆与《易林》暗合。故夫来氏真有心得者也。后儒因不明此旨，因而不解《易林》。《易林》说巽而词象用震，说兑而词象用艮。如此者十盖五六也。后儒不解《易》，故亦不解《易林》矣。

余因《易林》无一字不根于象，而悟《易》亦然也。盖古圣人之制《易》词，皆澄心凝虑，目视卦象而为之。忽于甲有触即生甲象，忽于乙又有触即生乙象，而上下文不必相属，吉与凶不必其齐一。如《睽》卦之词，至易见矣。方喜马复，忽又见恶人。方见舆牛，忽又见人之天且劓。方见豕，又见鬼。方虑张弧，又喜遗壶。方虑寇，又冀雨。迷离闪灼，其词若不从卦象生，不发狂乎？而执者解《困》之“有言不信”，必与上文“大人吉”相属。解《震》上六“震不于其躬于其邻”，必与下“婚媾有言”相属，胡能通乎？①

帛书《缪和》关于《睽》卦上九爻的阐释是：

越王勾践即已克吴，环周而欲均荆方城之外。荆王闻之，恐而欲予之。左史倚相曰：天下吴为强，以戉戋吴，亓（其）锐者（者）必尽，其余不足［用］也。是知晋之不能□□□□，齐之不能隃驺鲁而与我争于吴也，是恐而羊观我也。君曰：若何则可？左史倚相曰：请

① 尚秉和撰，陈金生点校：《焦氏易诂》卷五，第164—166页。

为长毂五百乘以往分于吴地。君曰：若。遂为长毂五［百］乘以往分［于吴地］。曰：吴人［有］□□而不服者，请为君服之。日旦，越王曰：天下吴为强，吾既戋吴，亓（其）余不足以辱大国之人，请辞。又曰：人力所不至，周车所不达，请为君服之。王胃（谓）大夫重［曰：荆］不很（退）兵，［可击否］？重曰：不可！天下吴为强，以我戋吴，吾锐耂（者）既尽，亓（其）余不足用也，而吴众又未可趋也，请与之分吴地。遂为之封于南巢至于北蕲南北七百里，命之曰倚［相之］封。易卦［亓（其）义曰：睽］柧，鬼豕负涂，载鬼一车，先张之柧，后说之壶。此之胃（谓）也。①

帛书《易传》中的《缪和》篇有多处以史解《易》的内容，由于其间没有“子曰”，因此我们也无法判断这些内容是否为孔子之言，或是其他讲《易》的经师之论，但这种以史解《易》的方法与《焦氏易林》自身的文辞却有相当的一致性。帛书中的故事在《韩非子·说林》中也有记载，讲的是国家战争之间的一种策略，一种对于事情更为深刻的认知与把握，帛书《易传》中的左史倚相就是这样一种人，他对于楚国与越国的形势有准确的判断，而《睽》卦上九爻辞的含义应当就是对楚国与越国两国形势的诠释与总结。

同时，我们也可以注意到帛书所引《睽》卦上九爻辞“鬼豕负涂，载鬼一车，先张之柧，后说之壶”是四个字一组，而且第一、第三、第四句音韵一致，这与《焦氏易林》四字韵语极为相似。如《乾》䷀之《讼》䷅曰：“龙马上山，绝无水泉。喉焦唇干，舌不能言。”② 同样是一、三、四句合韵。此外，在《焦氏易林》中所论《睽》卦之中，如“鬼”“车”“柧”等辞也皆有出现，如《睽》䷥之《颐》䷚曰：“鬼哭泣社，悲伤无后。”《睽》䷥之《大过》䷛曰：“猋风卒起，车驰揭揭。”《睽》䷥之《解》䷧曰：“孤竹之墟，失妇无夫。”③ 这些都说明帛书《易传》与《焦氏易林》本身可能存在着某种关联性和相似性。

尽管如此，我们看尚秉和的解释，明显只是从象数角度出发加以分析，如以《睽》卦䷥三至五而互坎☵，以坎“为豕、为涂、为鬼、为车、为弧、为寇、为雨”的众多取象来解释《睽》卦的上九爻辞。我们以为，

① 廖明春：《马王堆帛书周易经传释文》，载杨世文等编《易学集成》第3卷，第3053页。
② （汉）焦延寿著，尚秉和著，常秉义点校：《焦氏易林注》，第2页。
③ （汉）焦延寿著，尚秉和著，常秉义点校：《焦氏易林注》，第384、386页。

无论其说正确与否，尚氏之论并没有真正体现出《易林》为西汉易学真诂的特点，而只是附会易象，多为一家之言耳。

（四）《艮》䷳六五："艮其辅，言有序，悔亡。"《焦氏易诂》中对《艮》六五的解释是：

> 王弼作序，虞作孚。序、孚形近，故讹。然六五与六二皆阴，不相应与。《彖传》云："上下敌应。"敌应即不孚也。然《易林》《晋》䷢之《艮》䷳云："学灵三年，圣且聪明。"则以艮三至上正反两震言相对。下言如何出，上即如言而反，故曰"学灵"。学灵者，学言语，谓下震孚于上震也。又《中孚》䷼之《艮》䷳云："噂噂嗫嗫。"噂嗫者，对语貌。似皆于有孚义近。诚以艮三至五之震言，与初至三之覆震体同也，故曰"有孚"。然则作孚者，与《易林》合也。①

帛书《二三子》也有对《艮》六五有相关论述：

> ［卦曰：根亓（其）辅］，言有序。孔子曰：［此］言也吉凶之至也，必皆于言语。择善［而言亚（恶）］，择利而言害，塞人之美，阳人之亚（恶），可胃（谓）无德，亓（其）凶亦宜矣。君子虑之内，发之口，□□不言，不［言利］，不言害，塞人之亚（恶），阳［人之］美，可胃（谓）有序矣。②

首先，《焦氏易诂》提出了《艮》卦爻辞中的一个字面之争，即"有序"与"有孚"。尚秉和认为从《焦氏易林》出发，虞翻所言的"有孚"胜于王弼所言"有序"，故此处应当作"有孚"。然而今天通过帛书《易传》来看，虞翻与尚秉和所论之"有孚"显然是错误的，而王弼之"有序"则是经文之正解。同时，我们注意到，帛书《易传》中"有序"与"无德"相对，"序"也就意味着"德"。在孔子看来，采取一种什么样的态度或方式来评论他人的优点与缺点，不但可以反映一个人的德行有无和优劣，亦昭示着他的吉凶和祸福，即帛书《二三子》所言的"吉凶之至也，必皆于言语"。可见，帛书通过对《艮》卦六五爻辞

---

① 尚秉和撰，陈金生点校：《焦氏易诂》卷六，第200—201页。

② 廖明春：《马王堆帛书周易经传释文》，载杨世文等编《易学集成》第3卷，第3029—3030页。

的把握，反复强调的是与“言”相关的德行修养。与帛书明显不同，尚氏在《焦氏易诂》中对《艮》六五爻的诠释，仍以艮䷳三至上正反两震言相对来取义，似乎与他否定的东汉人以象说《易》的途径并没有本质的区别，相反，与夫子解《易》之微言大义却渐行渐远。

三　再论西汉易学与《焦氏易林》

通过前面四个卦爻辞的对比分析，我们不但对于《焦氏易诂》与帛书《易传》的内容有一个初步的认识，而且对于《焦氏易林》与《易经》的关系也有一个大体的了解，同时亦回答了先前提出的“尚先生视野下的《焦氏易林》是否就是西汉易学意义下的焦氏易”的问题。通过对比，我们可以得到三点结论。

第一，《焦氏易林》与《易经》有着密切的关系。一直以来，《焦氏易林》在历史上不为人所重视，其中一个重要的原因就在于其文字内容与《周易》的经文似乎都没有什么联系，而这正是尚秉和先生所批驳的，其在《焦氏易诂》中指出“岂知《易》卦辞亦占辞也，而《易》之卦辞无一不根于象。《易林》繇辞多至四千余，亦岂能离象造辞。知《易林》繇辞无一字不根于象，则《易林》之辞必于易有关矣。然自魏晋以迄明清，二千年来之《易》家，无有援以诂《易》者”①。我们今天借由帛书《易传》，始知其言不差，《焦氏易林》确实与今日所见之《周易》经文有着千丝万缕的联系，如我们前面所引，《乾》卦九三爻“君子终日乾乾”，而《焦氏易林》中《乾》之《泰》曰：“不风不雨，白日皎皎。宜出驱驰，通利大道。”借由帛书《易传》的解释，我们发现两者有一定的关联。再如我们前面所分析之《睽》卦，这些都表明《焦氏易林》与《周易》经文不仅在六十四卦的名称与顺序上相同，而且在内容上也有相当的一致性。这些也说明尚秉和在《焦氏易诂》中给予《焦氏易林》的评价是十分有意义的，特别是尚先生在没有见到我们今日所言帛书《易传》的情况下提出，更凸显出其作为一代易学大家之风范。

第二，尚先生视野下的《焦氏易林》是西汉易学今古义之外的另一端。按照前所述刘大钧先生的结论，西汉易学有“今义”和“古义”之分。其中刘先生考证的以阴阳、五行、四时、五官、六府、五正等为主要内容的《易》之“古义”，与尚先生提出的出于孔门经丁宽、孟喜、焦延寿、京房一脉相传的阴阳灾变之学不谋而合。针对仅留存下来的西汉易著

---

① 尚秉和撰，陈金生点校：《焦氏易诂》卷一，第9页。

《京氏易传》三卷和《焦氏易林》，由于尚先生明确表示，《京氏易传》"残缺之余，且专演八宫世应，乃易学之一端，与丁将军所学之古义，孟喜兼明之阴阳灾变同"①，所以在尚先生看来，《焦氏易林》必定是不同于《京氏易传》的西汉易学之另一端，或者更准确地说，《焦氏易林》属不同于"阴阳灾变学"的西汉易学的其他内容之列。这也就意味着，《焦氏易林》的思想归属可能有两种情况。一种是属于刘先生考证的《易》之"今义"，即旨在凸显德行优先人文关怀的，所谓"训故举大谊"的章句之学。另一种情况就是，西汉易学除有阴阳灾变之"古义"和"训故举大谊"的"今义"之外，亦还存在其他解《易》治《易》的思想学派和路数。结合刘先生的研究成果②，可参见下表4－1。

表4－1 **西汉易学思想归属情况统计表**

	思想特点	人物著作
今义	"训故举大谊"的章句之学； "观其德义"； 旨在凸显德行优先人文关怀	丁宽之"《易说》三万言"； "《易经》十二篇，施、孟、梁丘三家"； "《章句》施、孟、梁丘氏各二篇"； 帛书《易传》③
古义	阴阳灾变之学； "长于卦筮"； "亡章句，专说阴阳灾异"； 阴阳、五行、四时、五官、六府、五正、卦气	周王孙之"《易传》周氏二篇"； 杨何之"杨氏二篇"； "蔡公二篇"； 丁宽之"丁氏八篇"； "《古五子》十八篇"； "《淮南道训》两篇"； "《古杂》八十篇，《杂灾异》三十五篇，《神输》五篇，图一"； "《孟氏京房》十一篇，《灾异孟氏京房》六十六篇，五鹿充宗《略说》三篇，《京氏段嘉》十二篇"； 高相易； 汲冢书《易繇阴阳卦》二篇； 魏相表采之《易阴阳》； 焦延寿之"《易林变占》十六卷"
其他	重象	《说卦》对八经卦卦象的总结部分； 《左传》《国语》中记载的以象解占的筮例； 焦延寿之"《焦氏易林》十六卷"

① 尚秉和撰，陈金生点校：《焦氏易诂》卷一，第8页。

② 刘大钧：《〈周易〉古义考》，《中国社会科学》2002年第5期。

③ 按刘大钧先生的观点，帛书《易传》虽然重在"观其德义"的"今义"，但仍保留了一些"古义"的信息与踪迹，如帛书《要》篇关于五官、六府、五正等记载，都是"古义"的内容。

通过前面所举《焦氏易林》与帛书《易传》对四个卦爻辞的比较分析，我们可以清楚地看到，帛书《易传》对《乾》九三爻辞、《蒙》卦辞、《睽》上九爻辞、《艮》六五爻辞的解读遵循的是“观其德义”，着重阐发君子治学修身之理，旨在凸显德行优先的人文关怀的研《易》路径，总体上应该就是刘先生提出的《易》之“今义”的内容。而对于《焦氏易林》的思想归属，我们又需要从两个角度来说明。

从《焦氏易林》自身来看，《易林》根据《周易》的六十四卦，每一卦又各变为六十四卦，六十四卦变四千零九十六卦，并配以相应的四字韵语形式的文辞。如此一来，《易林》就把《易经》四百五十条卦爻辞（含用爻），扩充为四千零九十六条占卦变之辞，从而极大地丰富了《易经》的内容。从一卦变为六十四卦的形式来看，《易林》对于《周易》的解读应当不是“训故举大谊”式的路数。与此同时，《易林》的四字文辞又显露出以史解《易》的特色，如林忠军先生在考证《易林》作者时，就提出《易林》多次出现的“昭君（公）”是指春秋时鲁国君主鲁昭公，与“昭君（公）”相应的文辞即是对鲁昭公生平事件的记述，《焦氏易林》这种文辞特点与帛书《缪和》以《韩非子·说林》中的史实解释《睽》上九爻辞有异曲同工之处。不过，虽然同是用史，《易林》简练含蓄的特征，与帛书《缪和》具体写实，引人深思、劝人向善的风格则又有明显不同。所以，通过上面的分析，我可以初步判定《焦氏易林》应该不属于刘先生考证的“今义”的范围。

以尚秉和先生视野下的《焦氏易林》来看，尚先生认为《易经》卦辞与《易林》繇辞皆为占辞，由“《易》之卦辞无一不根于象”，推出“《易林》繇辞无一字不根于象”，所以他无论诠释《周易》经文还是《易林》文辞皆“以象为本”。上所列《焦氏易诂》中对《乾》九三爻辞、《蒙》卦辞、《睽》上九爻辞以及《艮》六五爻辞的训读，皆是尚先生援引《易林》中的取象来反证《周易》中蕴含着丰富的象数思维。客观地讲，从《说卦》对八经卦卦象的总结推衍，从《左传》《国语》中所记载的以象解占的筮例，我们都不能否认《易经》，乃至《易林》天然自带象数基因，所以从这个层面来讲，纵然尚先生提出的“《易林》繇辞无一字不根于象”过于绝对，一切皆从象数出发的解《易》原则难免附会，但尚先生对《焦氏易林》象数思维的揭示与阐发仍具有十分重要的意义。回过头来我们再看，尚秉和视野下的《焦氏易林》的思想归属问题，显然在尚先生理解下的“繇辞无一字不根于象”的《易林》，既不属于“今义”之凸显德行优先人文关怀的“训故举大谊”的章句之学，亦非“古义”之阴阳灾变的之学，我们暂且将它归属于与西汉易学“今义”“古义”并列的“其他”研《易》之学，且以象解《易》为主要特点。

第三，尚先生对《焦氏易林》的易象分析和思想定位有偏颇之处。尚先生在《焦氏易诂》中的一些分析及对《易》象的使用，似乎过于牵强。尚先生多次强调东汉易学没有传承西汉易学之真谛，岂不知其自身也犯了同样的错误。尚先生推崇《焦氏易林》，重视《易》象的运用，认为这才是西汉易学的核心所在，但通过研究帛书《易传》，我们发现，西汉易学的核心并不仅仅是《易》象，而且《焦氏易林》的思想特点也不只是活用《易》象，比如像我们前面提到的以史解《易》的方法，《焦氏易林》亦有所继承和运用。尚先生片面、过分地强调《易》之象，这不仅没有真正体现出西汉易学的完整风貌，也使得《焦氏易林》中许多关于《周易》治学修身思想的记载没有展现出其应有的价值。正是基于这样的现实，我们有必要在今后对于《焦氏易林》与帛书《易传》的关系给予更大的重视，而对于尚秉和的思想，我们也可以结合新的出土资料，予以批判的继承。

第五章　考佚玩占的筮法思想

众所周知，《周易》分经和传两部分。《周易》古经是一部占筮之书，这从史书及先儒的学说中都可以找到根据，《汉书·艺文志》载：“《易》道深矣，人更三圣，世历三古。及秦燔书，而《易》为筮卜之事，传者不绝。”①《儒林传》又曰：“及秦禁学，《易》为筮卜之书，独不禁，故传受者不绝也。”② 南宋杰出理学家朱熹也反复强调“《易》为卜筮而作”，“《易》乃是卜筮之书，古者则藏于太史、太卜，以占吉凶，亦未有许多说话”③。《汉书》和朱熹的论述都明确揭示出《周易》作为卜筮之书的原本性质。而《易传》则是通过对《周易》古经卦象及卦爻辞的诠释，引发出三才之道、道德修养等一系列以儒家思想为主的理论，成为一部脱胎于卜筮之书的哲学典籍，进而成为“大道之源”“六经之首”。因此从《周易》经传的形成过程看，《周易》古经是《易传》的思想来源，《易传》则是《周易》古经的思想升华。由经到传，体现了人们由最初被动地借助卜筮来预测人生的吉凶祸福，到主动地通过自身的德行修养来驾驭自己命运的认识过程。可见，《周易》经和传都是易学研究不可缺少的内容，并且从史的角度先对《周易》的筮法和象数进行一番研究，将有助于我们更好地理解和体悟易象与易数所涵摄的易之理、易之道。

正是基于上述原因，尚秉和先生提出“学《易》者宜先明筮法”④的观点，他有见于古人筮案散落在百家，即使有诸如毛奇龄《春秋占筮书》、李刚主《筮考》、钱大昕《演易》、李道平《易筮遗占》、章耒《春秋内外传筮辞考证》等辑录之作，但仍不离《春秋内外传》中的筮例，且叙述简略，难窥《周易》筮法全貌。于是尚先生广为搜辑春秋以

---

① （汉）班固撰，（唐）颜师古注：《汉书》卷三十，《艺文志》第十，第 1704 页。

② （汉）班固撰，（唐）颜师古注：《汉书》卷八十八，《儒林传》第五十八，第 3597 页。

③ （宋）黎靖德编，王星贤点校：《朱子语类》卷六十六《易二·纲领上之下》，中华书局 1994 年版，第 1626 页。

④ 尚秉和：《周易古筮考》卷一《筮仪》，第 21 页。

至明清的历代古人卜筮案例达百余则，并对其中词义怪奇深奥难知者，做了比较详细的分析，终成《周易古筮考》十卷。较之其他辑录筮案之书，《周易古筮考》收录了更为丰富的古人筮案。不但对《左传》《国语》中的筮例做了辑录和分析，而且对其他传记所载“以辞象占而存有本卦”的筮例也进行了归纳和整理。不但对《系辞》中的大衍筮法进行了详细解说，而且还对纳甲筮法、射覆等《周易》中的其他筮法进行分别介绍。尚先生的《周易古筮考》立足于对《周易》中象和数的阐发和挖掘，特别是他对管辂射覆之法的理解与运用，体现了《易传》中“居则观其象而玩其辞，动则观其变而玩其占”的学《易》路数。本章主要分三部分展开尚氏对《周易》筮法的研究。

第一节　大衍筮法之独见

《左传·僖公十五年》载：“龟，象也；筮，数也。”[①] 《说文解字》载：“卜，灼龟也；筮，揲蓍也。”[②] 根据《左传》和《说文解字》，所谓“卜”，又叫“龟卜”，是灼烧龟壳以出兆，根据龟壳灼后的裂纹所得的兆来判断所问事情的吉凶。“筮”，又叫“占筮”，是揲数蓍草以为卦，通过分析所得卦的卦象及卦爻辞来推断所问事的吉凶。从先秦典籍的相关记载看，龟卜和占筮在一段时期内是同时并存的，《尚书·洪范》篇中“谋及卜筮。汝则从，龟从，筮从”[③]，《左传》《国语》也不乏卜筮并存的筮例，详见本书附录，兹不赘述。

龟卜之法自唐以后就已亡佚失传，不过我们还是可以从唐以前的文献中发现一些龟卜法的端倪。以上面提到的《左传·僖公十五年》“龟，象也；筮，数也”为例，杜预注为“言龟以象示，筮以数告”，《春秋左传正义》疏曰：“卜之用龟灼以出兆，是龟以金、木、水、火、土之象而告人。筮之用蓍揲以为卦，是筮以阴阳蓍策之数而告人也。”[④] 那么金、木、水、火、土之象又具体指的是什么象呢？据《左传·哀公九

① 李学勤主编：《十三经注疏·春秋左传正义》第十四卷，第382页。

② 《说文解字》语是尚秉和先生在《周易古筮考·自叙》所引，但实际不见于《说文》，《说文》曰“卜，灼剥龟也”，又曰“筮，《易》卦用蓍也”。详见许慎《说文解字》，中国书店1989年版，第三下、第五上。

③ 李学勤主编：《十三经注疏·尚书正义》第十二卷，第314页。

④ 李学勤主编：《十三经注疏·春秋左传正义》第十四卷，第382页。

年》载："晋赵鞅卜救郑，遇水适火。"晋国赵鞅卜问伐宋救郑，遇到水火之兆。何谓水火之兆?《春秋左传正义》引服虔语云："兆南行适火。卜法横者为土，立者为木，邪向经者为金，背经者为火，因兆而细曲者为水。"[①] 服虔语就为我们了解龟卜之法提供了参考，但仅凭这些还是很难全面掌握龟卜法，有待于更多文献资料的发现与挖掘。

幸运的是，占筮之法通过《系辞》保存下来，《系辞》是这样记载的：

> 天一，地二；天三，地四；天五，地六；天七，地八；天九，地十。
>
> 天数五，地数五，五位相得而各有合。天数二十有五，地数三十，凡天地之数五十有五。此所以成变化而行鬼神也。
>
> 大衍之数五十，其用四十有九。分而为二以象两，挂一以象三，揲之以四以象四时，归奇于扐以象闰，五岁再闰，故再扐而后挂。
>
> 乾之策二百一十有六，坤之策百四十有四，凡三百有六十，当期之日。二篇之策，万有一千五百二十，当万物之数也。是故四营而成易，十有八变而成卦。八卦而小成，引而伸之，触类而长之，天下之能事毕矣。显道神德行，是故可与酬酢，可与佑神矣。子曰："知变化之道者，其知神之所为乎?"[②]

首先说明一下上所引四节《系辞》文之间的顺序，主要有三种。第一种是案汉熹平石经本，"天一"与"天数五"两节相连放在"故再扐而后卦"之下，《汉书·律历志》与卫元嵩《元苞蓍篇》皆同熹平石经。第二种是案唐李鼎祚《周易集解》和清阮元《十三经注疏》本，"天数五"一节在"故再扐而后卦"之下，而"天一"一节则放在了"夫易，何为而作也"[③]之前。第三种是以宋代程颐和朱熹为代表的，怀疑"天一"和"天数五"是错简，认为此两节应前后相连放在"大衍之数五十"之前，后之学者如元吴澄、明来知德、清李光地等皆从之。刘大钧老师在《周易传文白话解》的注文中评论道："当以汉熹平石经本为是。然案上下文义，程朱之顺序较胜，故今从之。此章列'一'到'十'自然数，旨在说明筮法中所

---

① 李学勤主编：《十三经注疏·春秋左传正义》第五十八卷，第1651页。

② 引自刘大钧、林忠军注译《周易传文白话解》，齐鲁书社1993年版，第109—110页。

③ 《十三经注疏》本作"夫易，何为者也"，李学勤主编《十三经注疏·周易正义》第七卷，第286页。《周易集解》和《周易尚氏学》均作"夫易，何为而作也"。

演五十之数是以这天地之数为根据的。”[①] 尚先生在《周易尚氏学》中认为“易道尽包括于十数之中”[②]，故取第二种《周易集解》和《十三经注疏》本。

值得一提的是，除“天一”一节外，其他三节皆不见于帛书《系辞》，究其原因可能有三种情况。一是帛书中的缺失文字不存在于《系辞》中，但这几乎不可能，因为关于大衍筮法的论述，“内容和形式都与《系辞》其他各章融合无间。……我们实在没有理由说《系辞》其余部分和这章出于二手”[③]。二是脱文的缘故[④]。三是人为的删减，对于此问题，我们会在下文有所探讨，现只就帛书仅存的“天一”一节稍加评论，帛书将“天一，地二；天三，地四；天五，地六；天七，地八；天九，地十”这一段文字放在“子曰：易又可为𦒳（者）也?”[⑤]（即今本《系辞》中的“夫易，何为而作也”）之前，似乎与上面提到的《周易集解》和《十三经注疏》本相一致，这说明《周易集解》与《十三经注疏》本可能并不只是由于错简，或许与帛本之间存在某种渊源关系，当然此结论还有待进一步考证，同时也说明尚氏对于此问题的独到见解。

尚先生十分重视上述《系辞》中记录大衍筮法的文字，他认为，如果不能首先理清筮法的来龙去脉，《周易》中的九六之义就不知其何来，《春秋左传》中所谓某卦之某卦就会莫名其故。于是尚秉和先生借助朱子所传的《筮仪》，对《系辞》中大衍一章进行详解。

一　筮仪详解

首先要选择一洁净处作为占筮的房间，房间中央放置一张床头向南的床。五十根蓍草用帛囊包裹起来，收藏在一个椟中（以圆竹筒或木筒为之），放在床的北面。在椟南面，床二分的北面设置一个木格，木格中间为两个槽。槽的西面为三个小槽，此木格在揲蓍占卦时将有所用。在木格南面放一个香炉，每天一炷香以示敬意。香炉东侧摆放笔、墨、砚、黄漆板，以备占筮记录用。（图 5－1）

占筮之前要做好各项准备工作，主要包括：洒扫拂拭、齐洁衣冠、焚香致敬等，然后取已备好的蓍草五十根（这是所谓的“大衍之数五十”），告之所求之事，开始揲蓍。

---

① 刘大钧、林忠军注译：《周易传文白话解》，第 110 页。

② 尚秉和：《周易尚氏学》卷十八，《系辞上传》注，第 300 页。

③ 李学勤：《周易溯源》，巴蜀书社 2006 年版，第 342 页。

④ 参见李学勤《周易溯源》，巴蜀书社 2006 年版。

⑤ 廖明春：《马王堆帛书周易经传释文》，载杨世文等编《易学集成》第 3 卷，第 3033 页。

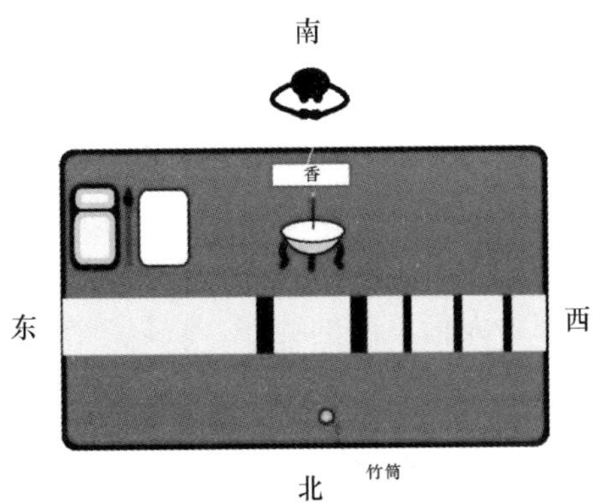

图 5－1　筮仪图

左手取一根，放入盛蓍草的椟中，存一不用，这是所谓的“其用四十有九”。然后左右手将剩下的四十九根蓍草分为两份，置入木格左右两个槽中，这是“四营而成易”中的第一营，所谓的“分而为二以象两”。接着用左手取出木格左槽中的所有蓍草，而用右手取出右槽中的一根蓍草，挂在左手小指和无名指之间，这是第二营，所谓的“挂一以象三”。再以右手四根一组的分数左手中的蓍草，这是第三营之半，所谓的“揲之以四以象四时”。将分数后剩余的蓍草，或一，或二，或三，或四，扐之左手无名指与中指之间，这是第四营之半，所谓的“归奇于扐以象闰”。

分数归奇完左手的蓍草，以右手将分数过的蓍草放回木格左槽中。然后用同样的方法，以右手从木格右槽中取出蓍草，用左手四根一组分数右手中的蓍草，将剩余的蓍草，若左手剩一，则右手剩三，若左二则右亦二，若左三则右一，若左四则右亦四，扐之左手中指与食指之间。这样一来，似乎右手的蓍草就不必分数了，只要根据左手所余蓍草数取出相应的数就可以了。尚秉和引任启运的话“如此则有意简略，且失阴阳交错之义，心不诚则神不应，万不可不揲”①，提醒人们不应省略此步。

分数归奇完右手的蓍草，以右手将分数过的蓍草放回木格右槽中，将左手中一挂二扐的蓍草合在一起，不是五根就是九根，放在木格西边的第一个小槽中。至此完成“十有八变而成卦”中的第一变。

再以两手取出木格左右槽中的蓍草合在一起，或四十四根，或四十根，重复上面四营一变的仪式，将左手挂扐蓍草数，置于木格西边的第二

① 尚秉和:《周易古筮考》卷一《筮仪详解》，第 24 页。

个小槽中，完成第二变。分数后所余的蓍草数，若左手余一根则右手必余两根，若左二则右必一，若左三则右必四，若左四则右必三，加上挂一的蓍草，则置于木格西边第二个小槽中的蓍草数不是四根就是八根。

尔后进行第三变。取出左右槽中的蓍草合在一起，或四十根，或三十六根，或三十二根，重复四营二变的仪式，将挂扐之策（不是四根就是八根），置于木格西边的第三个小槽中。至此完成第三变。

为了便于更好地理解大衍筮法的程序，现以下图（图 5－2）示之：

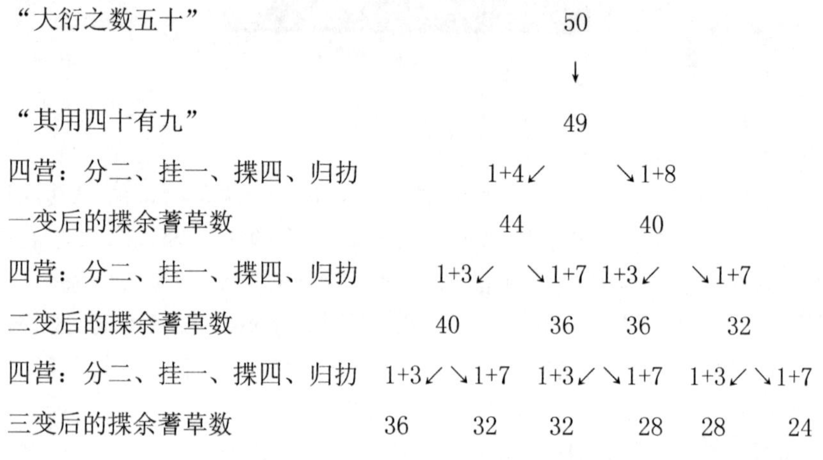

图 5－2 大衍筮法蓍草数变化图

三变完成后，就可以确定一卦之一爻了。如何确定卦爻的阴阳属性，有"过揲法"和"挂扐法"两种。

"过揲法"，即将三变后的揲余蓍草数，或三十六根，或三十二根，或二十八根，或二十四根，被四除，得出老阳、少阴、少阳、老阴的方法，如下所示：

36 ÷ 4 = 9（老阳之数，用"—"表示）
32 ÷ 4 = 8（少阴之数，用"--"表示）
28 ÷ 4 = 7（少阳之数，用"—"表示）
24 ÷ 4 = 6（老阴之数，用"--"表示）

为了区分老阳和少阳，以"○"表示老阳，代表老阳待变阴；同样为了区分老阴和少阴，以"×"表示老阴，代表老阴待变阳。

"挂扐法"，就是根据三变后一挂二扐于左手指间的蓍草余数总和，即上面提到的木格西侧三个小槽中的蓍草总数，来确定卦爻的阴阳老少。具体方法是：一变后的挂扐数为5或9，二变、三变挂扐数不是4就是8，根据5和4为奇（5和4分别只含一个4），8和9为偶的原则（8和9各含两个4），这样一来就有如表5-1所示的情况。

表5-1 **三变挂扐数分布情况表**

一变	二变	三变	挂扐数	奇偶分布	阴阳属性	表示
5	4	4	13	三奇	老阳	○
		8	17	二奇一偶	少阴	--
	8	4	17			
		8	21	二偶一奇	少阳	—
9	4	4	17	二奇一偶	少阴	--
		8	21	二偶一奇	少阳	—
	8	4	21			
		8	25	三偶	老阴	×

宋朱熹推崇"挂扐法"，而贬低"过揲法"。他认为"挂扐法"得之于河洛之数，有奇偶之分，有自然之法象，而"过揲法"则"无复奇偶之分""无复自然之法象"①，又以为"挂扐之数乃七、八、九、六之原，而过揲之数乃七、八、九、六之委"②，同时指出"欲废置挂扐，而独以过揲之数为断，则是舍本而取末"③。今人刘大钧先生却不同意朱熹的观点，他认为朱熹所推崇的"挂扐法"并"不符合《系辞》中有关筮法的论述"。④尚先生将"过揲法"与"挂扐法"统一起来。他说：

> 通三变所余之策，若初五、次四、次四，则全是奇。共得十三

① （宋）朱熹撰，王铁校点：《易学启蒙》卷之三，载朱杰人等主编《朱子全书》（修订本），上海古籍出版社、安徽教育出版社2010年版，第252页。

② （宋）朱熹撰，王铁校点：《易学启蒙》卷之三，载朱杰人等主编《朱子全书》（修订本），第243—254页。

③ （宋）朱熹撰，王铁校点：《易学启蒙》卷之三，载朱杰人等主编《朱子全书》（修订本），第254页。

④ 刘大钧：《周易概论》，第106页。

策，而揲策则为三十六，四揲之得九而为老阳。……

通三变所余之策，若初五、次八、次八，或初九、次四、次八，或初九、次四、次八，或初九、次八、次四，则一奇二偶。共得二十一，而揲策为二十八，四揲得七而为少阳，少阳不变。……①

以此类推老阴、少阴，用“过揲法”和“挂扐法”求得的结果是相同的。参照上表，可证尚先生的叙说是准确的。

三变后按“过揲法”或“挂扐法”确定一爻，经过这样三变六次即十八变，一卦就可以确定下来，根据所得卦的老阴、老阳之变即可推断所问事情的吉凶。占筮完毕，将五十根蓍草用帛囊包裹起来，放入椟中，收好笔墨砚板，再次焚香致敬而退。

我们再回过头来重新审视一下大衍筮法：取五十根蓍草以象征天地生成之数②，只用四十九，其一不用以象征太极③，“分而为二”以象征天地，“挂一”以象征人，“揲之以四”以象征春夏秋冬四时，“归奇于扐”以象征积余日而成闰月，一挂两揲两扐象征五年中有两次闰月，等等，这些都说明筮法的推衍在形式上效法了宇宙的演化，展现了天地人三才之道；反映了在生产力低下、知识贫乏的年代，人们借助占筮并力图使之契合天道的流行，以期达到预测吉凶、决断疑虑的强烈愿望；在一定程度上体现了古人先贤原始的、具体的形象思维水平。

二　用九、用六解

《周易》唯独在《乾》䷀《坤》䷁两卦之后，又多了“用九：见群龙，无首，吉”和“用六：利永贞”两句，这是什么原因？先儒对此众说纷纭，用九、用六问题同样受到尚秉和先生的高度重视，他在厘清《系辞》大衍筮法的前因后果的基础上，对《周易》乾坤两卦中出现的用九、用六的具体含义进行了一番探讨。本节即围绕尚先生的解说对用九、用六问题展开一系列的阐发。

（一）历来先儒对于用九和用六的解说

在介绍尚先生的观点之前，我们先简单了解一下有关用九、用六问题

① 尚秉和：《周易古筮考》卷一《筮仪详解》，第27—29页。

② 关于“大衍之数五十”，学者有多解，详见刘大钧、林忠军注译《周易传文白话解》，第110—111页，注③。

③ 也有说四十九根象征太极的。尚秉和认为：“存一不用，以存神也，一故神。”尚秉和：《周易古筮考》卷一《筮仪详解》，第23页。

的观点。李镜池在《周易筮辞考》[①] 一文中指出先儒对于用九、用六的解说，大约有两种。

一种是注重爻辞的解释，如王弼曰："九，天之德也。能用天德，乃'见群龙'之义焉。夫以刚健而居人之首，则物之所不与也。以柔顺而为不正，则佞邪之道也。故《乾》吉在'无首'，《坤》利在'永贞'矣。"[②] 王弼的注解侧重人事的角度，启迪人们要善于运用阴阳进退之道，做到穷则知变，以致通达长久的境界。《乾》用九，就是用其变阴以济阳，做到刚而能柔；《坤》用六，则是用其变阳以济阴，达到柔而能刚。《系辞》所谓"易穷则变，变则通，通则久"及"为道也屡迁，变动不居，周流六虚，上下无常，刚柔相易，不可为典要。唯变所适"大概说的就是这个意思。因此从这个意义来看，用九"见群龙，无首，吉"似乎是接着上九爻辞"亢龙有悔"而阐发的。所以后儒王安石、项安世、毛奇龄等皆认为用九与上九应合为一节，即《乾》上九爻辞应为"亢龙有悔，见群龙，无首，吉"，同样用六应与上六章合在一起，即"龙战于野，其血玄黄，利永贞"。

另一种是注重推求《易》占的体例。以欧阳修和朱子为代表。他们主要是从筮法的角度出发，对用九、用六进行阐发。如欧阳修曰"《乾》曰'用九'，《坤》曰'用六'，何谓也？曰：'释所以不用七八也。《乾》爻七九则变，《坤》爻八六则变，《易》用变以为占，故以名其爻也'"[③]。又如朱子曰"凡占法，皆用变爻占。故凡占得阳爻者，皆用九而不用七；占得阴爻者，皆用六而不用八……凡占用九、用六者，用其变爻占也"[④]。

我们再看一下帛书《周易》中有关用九、用六问题的论述。用九、用六，帛书《易经》作"迵九""迵六"，"迵"学者多训为"通"。这样一来，用九、用六就变成了"通九""通六"。在筮法中，九、六又为老阳、老阴之数，老变少不变，所以九、六实则为变化的代称，此"通九""通六"即是"通变"。《系辞》曰，"极数知来之谓占，通变之谓事"，又曰"参伍以变，错综其数，通其变，遂成天下之文；极其数，遂定天下之象"，其中的"通变"以及"通其变"说的应当就是这个意思。由此可见"迵"极有可能为"用"之古字，"通"则可能为"用"之"古义"。

---

① 详见顾颉刚编著《古史辨》，第 3 册，第 149 页。

② （清）李道平撰，潘雨廷点校：《周易集解纂疏》，《乾》卦"用九"爻辞注，第 34—35 页。

③ （宋）欧阳修著，李逸安点校：《易童子问》卷一，《欧阳修全集》卷七十六，中华书局 2001 年版，第 3 册，第 1107 页。

④ （宋）黎靖德编，王星贤点校：《朱子语类》卷六十八《易四・乾上》，第 1696—1697 页。

又帛书《易传》中也有几段关于用九、用六的论述：

> 卦曰：见群龙［无首］，吉。孔子曰：龙神威而精处，□□而上通亓（其）德，无首□□用。见群龙无首者，□□□□□□□□□□□□□□□□□□见君子［则］吉也。[①]
>
> 用六，赣也；用九，盈也。盈而刚，故易曰直方，大，不习，吉也。因不习而备，故易曰见群龙无首，吉也。[②]
>
> 群龙无首，文而聑也。[③]
>
> 易曰：见群龙无首。子曰：让善之胃（谓）也。君子群居，莫敢首，善而治，何諓亓（其）和也？龙不侍光而攮（动），无阶而登，□□□□□□□□□□□□□□。[④]

从上面存有的零星话语中，如“用六，赣也；用九，盈也”，“群龙无首，文而聑也”以及“易曰：见群龙无首。子曰：让善之胃也”等，我们仍可以看出帛书《衷》篇与《二三子》篇所载的关于用九、用六及“见群龙无首”的论述是侧重阐发君子的人文德行，似乎并未涉及占筮，当属于李镜池先生总结先儒对用六、用九解说的第一种情况，侧重揭示和阐发爻辞的内在意涵。

由上分析，可见李镜池先生的分类是较为准确的。其实历来先儒对于用九、用六解说的分歧在一定程度上体现了易学史上象数派与义理派的分野。以王弼为代表的易学家注重《易》之道、《易》之理的阐发，落实到对用九、用六问题，自然从义理的角度加以解说。而注重以象数解《易》的学者解说用九、用六时，自然会从《周易》最初的卜筮性质来寻求答案。由帛书《易经》中“用”作“迵”，帛书《易传》“用六，赣也；用九，盈也”，以及今本《彖》传释《剥》卦之“君子尚消息盈虚，天行也”，可以看出，用九、用六的具体含义实际包含了两个层次，占筮意义是其最初的意思，其人文意义则是基于占筮意义而做的引申和发挥，这也从一个侧面反映了《周易》由经到传、由卜筮之书到哲学典籍的演变过程。

---

① 廖明春：《马王堆帛书周易经传释文》，载杨世文等编《易学集成》第3卷，第3027页。

② 廖明春：《马王堆帛书周易经传释文》，载杨世文等编《易学集成》第3卷，第3036—3037页。

③ 廖明春：《马王堆帛书周易经传释文》，载杨世文等编《易学集成》第3卷，第3039页。

④ 廖明春：《马王堆帛书周易经传释文》，载杨世文等编《易学集成》第3卷，第3040页。

（二）尚秉和对于用九、用六的解说

按照李镜池先生的分类，尚秉和先生对于用九、用六的解说侧重于推求《周易》占筮的体例。他在接续欧阳修和朱熹之说的同时，又对二者的论说做了分析，他认为“自古解用九用六者，盖莫过欧阳公也”[①]，所以取欧阳修说；而朱子以用九、用六为六爻皆变，尚氏却不赞同，针对朱子之误，尚氏追本溯源，做了一番考究。下面具体论述之。

首先，尚先生明确指出用九、用六分别附于《乾》《坤》两卦之后，其原因是“圣人教人知筮例也，非占辞也。且专就筮时所遇之一爻言，非论六爻之重卦也”[②]。也是说，圣人在《乾》《坤》两卦之后又赘以用九、用六，乃是教人知晓占筮的条例，而不是说明用九、用六两句文辞是占辞。并且只是就占筮时经三变后所得的一爻言，而不是论述重卦六爻皆变的情形。

尚先生分析道：“凡《易》无论何卦，皆由乾爻坤爻所积而成。而筮时所遇揲数有九六焉，有七八焉。七九皆阳，八六皆阴。何以《乾》《坤》二卦之发端只言九六不言七八？因七为少阳，八为少阴，少阳、少阴静而无为。九为老阳，六为老阴，老阳、老阴动而有用。以有用故，故以九六代阴阳爻，而不以七八。其曰‘见群龙无首’‘利永贞’者，则所以申明九六必变之义。九何以必变？阳极则亢，亢则凶，若‘见群龙无首’则吉也。无首则阴矣。六何以必变？阴极则消，消则不能固守，若持之以健而永贞则利也。永贞则阳矣。”[③] 也就是说《周易》六十四卦，每一卦六爻都是由阴爻或阳爻组成的。《乾》卦六爻皆阳，为纯阳之卦，《坤》卦六爻皆阴，为纯阴之卦，所以说“凡《易》无论何卦，皆由乾爻坤爻所积而成”。如上面所介绍的大衍筮法，四十九根蓍草经四营三变后所遇到的揲数有九、六、七、八四种，九为老阳、六为老阴、七为少阳、八为少阴。少阴、少阳静而无为，老阴、老阳动而有用。因为有用，故以九、六代表阴阳爻。用九“见群龙，无首，吉”、用六“利永贞”，就在于指明九六动而必变之含义。九之所以必变，是因为九所代表的阳极则亢，亢则凶，若“见群龙无首”则吉也，“无首”则为阴。六之所以必变，在于六所代表的阴极则消，消则不能固守，如果能保持刚健而永贞则有利，永贞则为阳。

---

① 尚秉和：《周易古筮考》卷一《用九用六解二》，第39页。

② 尚秉和：《周易古筮考》卷一《用九用六解》，第30页。

③ 尚秉和：《周易古筮考》卷一《用九用六解》，第30—31页。

其次，尚先生分析了朱子解说用九和用六的恰当与不确处。尚先生认为朱子所说的“凡筮得阳爻者，皆用九而不用七”，“筮得阴爻者，皆用六而不用八”[①] 是符合大衍筮法的布卦原则的。而朱子所言“使遇此卦而六爻皆变者，即此占之”[②]，尚先生并不赞同，他认为“用九用六专指三变成一爻言耳”[③]，即用九、用六是用来专门指三变成一爻的，并非指六爻皆变。其原因有三点。第一，以用九、用六表示六爻皆变，不符合大衍筮法占筮的程序和原则。如大衍筮法一节所示，九、六、七、八是根据三变后揲余的蓍草数或挂扐数来判断的。以“挂扐法”为例：如果三变后挂扐数皆为奇，则揲数为九；若皆为偶，则揲数为六；九、六当变。如果三变后挂扐数为一奇二偶，则揲数为七；若为二奇一偶，则揲数为八；七八则不变。确定了揲数九、六、七、八，一卦之一爻就确定下来。可见用九、用六是专指三变成一爻而言，六爻全变之说似乎说不通。第二，以用九、用六表示六爻皆变的占辞（以用九表示《乾》变为《坤》之占辞，以用六为《坤》变为《乾》之占辞），不符合《周易》的体例和构成。除《乾》《坤》之外的其余六十二卦并不存在六爻皆变的占辞，而且《周易》对一爻变、二爻变、三爻变、四爻变、五爻变的占辞尚未曾涉及，何以突然为六爻变系以占辞，这不仅于义无取，于例亦不当。第三，朱子所谓“六爻变，则《乾》《坤》占二用，余卦占之卦彖辞”[④]，本身就不能自圆其说[⑤]。因为照朱子所说，如果遇到《乾》卦变为《坤》卦，以用九占；遇到《坤》卦变为《乾》卦，以用六占。而又据其“六爻变占之卦彖辞”，《乾》变《坤》当以《坤》卦彖辞占，《坤》变《乾》当以《乾》卦彖辞占，如此一来，朱子所说的就前后不一致了，所以尚先生尖锐地指出：“独于《乾》《坤》全变则不占之卦而占本卦，考之于古而不然，揆之于理而不协。”[⑥]

接着，尚先生考辨了用九、用六之误产生的根源。尚先生认为用九、用六之误并非始于朱子，而是始自杜预。《左传·昭公二十九年》记载了一段蔡墨以《乾》《坤》两卦论龙的话：

---

① （宋）朱熹撰，廖名春点校：《周易本义》，第26、37页。

② （宋）朱熹撰，廖名春点校：《周易本义》，第26页。

③ 尚秉和：《周易古筮考》卷一《用九用六解》，第32页。

④ （宋）朱熹撰，王铁校点：《易学启蒙》卷之四，第259页。

⑤ 刘大钧先生在《周易概论》中认为朱子之言“是折中之辞”（第113页），也就是说，在六爻变的情况下，朱子也没有找到正确处理《乾》《坤》与其余六十二卦的变占之法。在此一并提出以补尚氏之说。

⑥ 尚秉和：《周易古筮考》卷一《用九用六解二》，第43页。

> 秋，龙见于绛郊。魏献子问于蔡墨……对曰："……《周易》有之，在《乾》䷀之《姤》䷫曰'潜龙勿用'；其《同人》䷌曰，'见龙在田'；其《大有》䷍曰，'飞龙在天'；其《夬》䷪曰，'亢龙有悔'；其《坤》䷁曰，'见群龙无首，吉'；《坤》䷁之《剥》䷖曰'龙战于野'。若不朝夕见，谁能物之？"①

晋太史蔡墨引用《周易》中《乾》《坤》两卦称龙的辞来证明古代龙的存在。尚秉和先生认为，蔡墨举"《乾》䷀之《姤》䷫""其《同人》䷌""其《大有》䷍""其《夬》䷪"以及"《坤》䷁之《剥》䷖"都是指一爻，同样的道理，于用九称"其《坤》䷁"，也应该指一爻而言，泛指该卦之乾爻变为坤爻，即阳爻变阴爻。而杜预注"其《坤》䷁"为"《乾》六爻皆变"②，可见用九、用六之误自杜预始。尚秉和进一步指出杜预的错误还不止于此，其注"见群龙无首，吉"为"《乾》用九爻辞"③，以《乾》用九为爻辞也是不对的，因为自古至今从没有听说有七爻之卦，又据唐王庭凑筮得"《乾》之《坤》"④，只是就《坤》卦推断，不曾涉及"群龙无首"之辞，由此证明"见群龙，无首，吉"并非占辞。后人或沿袭杜预的传注之误而不察，或明知其误而不敢辩驳，于是误及《易经》。

尚先生认为导致杜预之误的原因在于不熟习揲蓍挂扐之法。娴于筮法的人都知道，若三变挂扐数皆为奇，三奇即三阳，三阳即所谓重乾之象，重则变为坤。若三变挂扐数皆为偶，三偶则三阴，三阴即所谓交坤之象，交则变为乾。这即是唐僧一行所谓"三变皆少，则乾之象也。……三变皆多，则坤之象也……三变而少者一，则震坎艮之象也……三变而多者一，则巽离兑之象也……故七八九六者，因余数以名阴阳，而阴阳之所以为老少者，不再是而在乎三变之间，八卦之象也"⑤。尚先生认为，据一行之说，三变之间既已涵具了八卦之象，那么蔡墨所言"乾之坤"，即为三变时所含的乾象变为坤象，以此就可以断

---

① 李学勤主编：《十三经注疏·春秋左传正义》第五十三卷，第1503—1510页。

② 李学勤主编：《十三经注疏·春秋左传正义》第五十三卷，第1508页。

③ 李学勤主编：《十三经注疏·春秋左传正义》第五十三卷，第1508页。

④ 刘光本撰《周易古筮考通解》卷七"唐王庭凑筮为节度使"例，山西古籍出版社1994年版，第235—236页。或尚秉和《周易古筮考》卷七《四爻动五爻动六爻动》，第227页。

⑤ 孔凡礼点校：《苏轼文集》卷六，中华书局1986年版，第192—193页。引文是苏轼于《易解》篇中所引唐僧一行之说。

定蔡墨所言“乾之坤”专指筮时三变成一爻言，因为蔡墨并非为人占筮，所以此处的“乾之坤”是泛论阳变阴、乾爻变坤爻之义。可见，杜预将一爻之“乾之坤”注解为六爻变，并非蔡墨之言讹，在于杜预不详筮法。

最后，尚先生以欧阳公之说重申其对用九、用六的解说。尚先生认为欧阳公之说与其意可以互相发明。欧阳公在《明用篇》说道：“《乾》之六爻……又曰‘用九，见群龙无首，吉’者，何谓也？谓以九而名爻也。乾爻七九，九变而七无为，《易》道占其变，故以其所占者名爻。……《坤》之六爻……又曰‘用六，利永贞’者，何谓也？谓以六而名爻也。坤爻八六，六变而八无为，亦以其占者名爻。”[①] 欧阳公认为《周易》中的九、六是用来称爻的，如初九、九二、六三、上六等，而九六之称又来源于占筮，经三变后得到九、六、七、八。乾爻七九，九变而七不变；坤爻八六，六变而八不变。由于“《易》道占其变”，故《周易》占九、占六，于是以九、六来称爻。尚先生据此指出“《易》内所言九六乃乾爻坤爻代名，与筮得之九六异”[②]，又曰“《周易》本占变，筮得一爻，阳变阴、阴变阳之义，当然为人说明”[③]，以及“一爻成而为七八也，则不变也。一爻成而遇九六也，则用以变也”[④] 等皆与欧阳公之意互为补充。

欧阳公认为“曰‘用九’者，释所以不用七也。……曰‘用六’者，释所以不用八也”[⑤]。即用九、用六是用来说明《周易》用九不用七、用六不用八之情况的。又曰“阳过乎亢则灾，数至九而必变，故曰‘见群龙无首，吉’。……阴柔之动，多入于邪，圣人因其变以戒之，故曰‘利永贞’”[⑥]，这表明阴阳消长之理是九六必变的原因所在。所以尚先生总结为“用九用六者，申不用七不用八之义也。‘群龙无首吉’‘利永贞’者，又释九六必变之义也”[⑦]。

欧阳公曰：“及其筮也，七常多而九常少，有无九者焉。此不可以不

① （宋）欧阳修著，李逸安点校：《明用篇》，《欧阳修全集》卷十八，中华书局 2001 年版，第 2 册，第 304 页。

② 尚秉和：《周易古筮考》卷一《用九用六解》，第 38—39 页。

③ 尚秉和：《周易古筮考》卷一《用九用六解》，第 36—37 页。

④ 尚秉和：《周易古筮考》卷一《用九用六解二》，第 41 页。

⑤ （宋）欧阳修著，李逸安点校：《明用篇》，《欧阳修全集》卷十八，第 2 册，第 304 页。

⑥ （宋）欧阳修著，李逸安点校：《易童子问》卷一，《欧阳修全集》卷七十六，第 3 册，第 1107 页。

⑦ 尚秉和：《周易古筮考》卷一《用九用六解二》，第 44 页。

释也。……及其筮也，八常多而六常少，有无六者焉。此不可以不释也。”[①] 欧阳公介绍了用九、用六存在的必要性，主要是在占筮中，七、八出现的概率大，而九、六出现的概率小，甚至可能不出现九、六，所以从这个意义来说，《周易》有必要以用九、用六申明之。尚先生则进一步补充了欧阳公的观点，他说：“六爻皆七，虽得《乾》卦而不变一爻；六爻皆八，虽得《坤》卦亦不变一爻。且或九六与七八各半焉，七八多而九六少，九六少而七八多焉，遇有用则动，遇无用则静。此正圣人发凡明例示人以筮法。”[②] 可见无论占筮所得何种结果，均按照“遇有用则动，遇无用则静”的原则进行布卦，用九、用六实为“圣人教人知筮例也”。

欧阳公终又曰“六十四卦，阳爻皆七九，阴爻皆六八，于《乾》《坤》而见之，则其余可知也”[③]。尚氏解释道：“六十四卦皆乾爻坤爻积成，故于《乾》《坤》二卦之末发其端。”[④] 也就是说，之所以将用九、用六置于《乾》《坤》两卦而非其他六十二卦之后，在于凡是卦皆由乾爻坤爻（即阳爻七九阴爻六八）累积而成，置于六十四卦的前两卦《乾》《坤》之末，便可起到很好的示例作用，其余卦则皆可以用九、用六显示的“遇有用则动，遇无用则静”的原则推知而成。

综上所述，尚秉和对于用九、用六的解说是从两个方面展开的。一是认为用九、用六是“圣人教人知筮例也，非占辞也”，此占筮的条例就是“用九用六者，申不用七不用八之义也。‘群龙无首吉’‘利永贞’者，又释九六必变之义也”。二是认为用九、用六只是“专就筮时所遇之一爻言，非论六爻之重卦也”。围绕这两点，尚氏考辨了《左传》蔡墨之语，剖析了杜预、朱子之误，最终得出后儒之失在于误解了蔡墨所谓“乾之坤”的实际含义，而归根到底是由于周秦以后之学者不能娴于揲扐之法，将“名爻之九六”视为“筮得之九六”导致的。

（三）尚秉和“用九用六解”的启示

前所述尚秉和对于用九、用六的解说，如果从筮法的角度考虑，尚氏之说确实很有道理。其中尚氏分析了《左传》中蔡墨论龙的文字，他指出由于蔡墨并非是为人占筮，所以蔡墨所言的“乾之坤”并不表示六爻全变，而是泛指阳变阴之义，即“三变时所含之乾象变为坤象也，专指筮时

---

① （宋）欧阳修著，李逸安点校：《明用篇》，《欧阳修全集》卷十八，第2册，第304页。

② 尚秉和：《周易古筮考》卷一《用九用六解二》，第41—42页。

③ （宋）欧阳修著，李逸安点校.《明用篇》，《欧阳修全集》卷十八，第2册，第305页。

④ 尚秉和：《周易古筮考》卷一《用九用六解》，第37页。

成一爻言也”[①]。针对此一结论，刘大钧教授向尚先生也向我们提出了一个重要问题，那就是“若‘用九’称‘《乾》䷀之《坤》䷁’，只是泛指乾爻变坤爻，而不是指六爻全变，那么，设若蔡墨当初不是举例论龙，也就是说，不是只讲一爻变之卦，而是例称‘《乾》䷀之《姤》䷫’（一爻变）；‘其《遁》䷠’（二爻变）；‘其《否》䷋’（三爻变）；‘其《观》䷓’（四爻变）；‘其《剥》䷖’（五爻变）；而至六爻全变时，又该如何称谓呢?”，“只论六爻全变，若不称‘《乾》䷀之《坤》䷁’，又该如何称呼呢?”[②]

刘先生认为，尚先生对于此问题并没有做出正面回答，但是从尚先生《用九用六解》的按语中我们似乎可以寻得一些契机，他说“设蔡墨为人筮遇《乾》之《坤》，再以‘群龙无首’为占辞，则可曰《乾》六爻皆变矣”[③]，尚先生的意思大概是如果占筮遇到“《乾》之《坤》”，又以“群龙无首”为占辞，就可以说《乾》卦六爻皆变。那么刘先生所提问题的答案就应是：只论六爻全变，则仍称为“《乾》之《坤》”。可见，尚先生“乾之坤”当有两重含义，一种表示占筮意义下的乾爻变坤爻，另一种是卦变意义下的《乾》卦变为《坤》卦。

潘雨廷在《〈周易古筮考〉提要》中指出：“蔡墨言龙之属玩辞，以乾之坤当‘用九’者，盖非以六爻全变，何以指明‘见群龙无首吉’之‘龙’字，然则以‘用九’为乾之坤之占辞，未尝不可当筮时得六、七、八、九以布一爻，凡知筮法者莫不知焉，确为‘用九’之义；然此何碍于以‘用九’当乾之坤。”[④] 潘先生此段话的本意是指正尚先生“用九用六说”的偏颇，他认为用九表示六爻全变在筮法上也行得通，“《乾》之《坤》”表示六爻全变并不妨碍“以‘用九’当乾之坤”。这样一来，潘先生就将尚先生“乾之坤”的两重含义统一起来，也为刘先生所提问题提供了一个参考。

此外，又考《左传》《国语》的筮例，同一词语表示不同含义者乃常有之事，如“贞”“悔”的含义，既可指一卦之内卦为贞，外卦为悔，如《左传·僖公十五年》中所载的“《蛊》䷑之贞，风也；其悔，山也”[⑤]；又可指本卦为贞，变卦为悔，如《国语·晋语》中所言“得贞《屯》䷂

① 尚秉和：《周易古筮考》卷一《用九用六解》，第 38 页。

② 刘大钧：《周易概论》，第 113 页。

③ 尚秉和：《周易古筮考》卷一《用九用六解》，第 36 页。

④ 潘雨廷：《读易提要》，第 516 页。

⑤ 参见附录第 4 例。

悔《豫》☷☳皆八也”[①]。所以“乾之坤”既指阳爻变阴爻的用九原则，又指《乾》六爻皆变的情况，亦在情理之中。再有，我们前面曾提到，用九、用六，帛书《易经》作“迥九”“迥六”，“迥”多训为“通”，这样用九、用六即“通九”“通六”，那么这个“通九”“通六”是否在传达给我们“名爻之九六”与“筮得之九六”实乃相通的“信号”呢？

最后，还需要指出的是，“九”“六”二字，在春秋时期，并未在《周易》中出现。统观《左传》《国语》中的二十二条筮例，如《左传·庄公二十二年》“陈侯使筮之，遇《观》䷓之《否》䷋。曰：‘是谓“观国之光，利用宾于王”’。”[②]，又如《左传·闵公元年》“毕万筮仕于晋，遇《屯》䷂之《比》䷇”[③]，等等，并没有用“九”“六”来指称一卦之六爻。可见在春秋时代的《周易》并没有“九”“六”之称，同样也无用九、用六之说，而是以“某卦之某卦”表示今本《周易》中的某爻。“《观》䷓之《否》䷋”即指《观》卦六四爻，“《屯》䷂之《比》䷇”指《屯》卦初九爻。以“九”代阳爻，以“六”代阴爻很有可能是后儒便于称谓所采取的一种方法。由最近公布的上海博物馆藏战国楚简已用“九”“六”来推断，“九”“六”之称的出现，当在春秋末或战国时代。正是由于《周易》最初没有“九”“六”之称，却存在“九”“六”之筮数，所以蔡墨所论“乾之坤”就成为历来注疏家争论的关键所在。

三　论“八”

《左传》《国语》是记载春秋时期历史事件的重要典籍，也是现存关于《周易》的较早记载。《周易》以筮书的面貌出现在两部典籍中共计二十二处，这些筮例对于我们考究先秦人们治《易》之基本情状，具有不可低估的作用。与此同时，由于所考相关文献的数量有限，关于这些筮例，至今仍存在一些阙疑，如上面提到的蔡墨论龙例中的“乾之坤”的含义问题，又如出现于三个筮例中的“八”的含义问题等，这些都有待于进一步的考究。尚秉和在《周易古筮考》中对《左传》《国语》中的二十条筮例进行了辑录和分析[④]，不但对“乾之坤”的含义做了解答，而且对多次出现的“八”字问题做了探讨。

---

① 参见附录第6例。

② 参见附录第1例。

③ 参见附录第2例。

④ 尚秉和先生未辑录《左传·昭公元年》“医和以《蛊》卦论晋侯病”及《左传·昭公三十二年》“史墨以《大壮》卦论季氏掌政”两例。详见附录第16例和第21例。

（一）尚秉和关于“八”的论述

考《左传》《国语》，“八”主要出现在三个筮例中。《左传·襄公九年》“穆姜筮往东宫”例：

> 穆姜薨于东宫。始往而筮之，遇《艮》䷳之八，史曰：“是谓《艮》䷳之《随》䷐，随，其出也。君必速出。”姜曰：“亡！是于《周易》曰：‘随，元、亨、利、贞，无咎。’元，体之长也。亨，嘉之会也。利，义之和也。贞，事之干也。体仁足以长人，嘉德足以合礼，利物足以和义，贞固足以干事。然，故不可诬也，是以虽随无咎。今我妇人，而与于乱，固在下位，而有不仁，不可谓元；不靖国家，不可谓亨；作而害身，不可谓利；弃位而姣，不可谓贞。有四德者，随而无咎。我皆无之，岂随也哉？我则取恶，能无咎乎？必死于此，弗得出矣！”①

《国语·晋语》“晋重耳筮得国”例：

> 公子亲筮之，曰：“尚有晋国。”得贞《屯》䷂悔《豫》䷏皆八也。筮史占之，皆曰：“不吉。闭而不通，爻无为也。”司空季子曰：“吉。是在《周易》，皆利建侯。不有晋国，以辅王室，安能建侯？……震，雷也，车也。坎，劳也，水也，众也。主雷与车，而尚水与众。车有震，武也。众而顺，文也。文武具，厚之至也。故曰《屯》。其繇曰：‘元亨利贞，勿用有攸往，利建侯。’主震雷，长也，故曰元。众而顺，嘉也，故曰亨。内有震雷，故曰利贞。车上水下，必伯。小事不济，壅也。故曰勿用有攸往，一夫之行也。众顺而有武威，故曰‘利建侯’。坤，母也。震，长男也。母老子强，故曰《豫》。其繇曰：‘利建侯行师。’居乐、出威之谓也。是二者，得国之卦也。”②

《国语·晋语》“董因筮重耳返国”例：

---

① 李学勤主编：《十三经注疏·春秋左传正义》第三十卷，第869—871页。详见附录第13例。

② 上海师范大学古籍整理研究所校点：《国语》，上海古籍出版社1998年版，第362页。详见附录第6例。

> 十二月，秦伯纳公子。……董因迎公于河，公问焉，曰：“吾其济乎?”对曰：“岁在大梁，将集天行。……臣筮之，得《泰》䷊之八。曰：是谓天地配亨，小往大来，今及之矣，何不济之有?……”①

三个“八”字，在两部书中留下未解难题：按照大衍筮法理解，“八”字在占筮中代表少阴之数，即占筮之中不变的阴爻。那么，这里的“八”字是不是这个意义呢？什么样的筮例称为“八”呢？考晋杜预所注《左传》与三国时期吴国韦昭所注《国语》，他们的注释似乎没有给我们一个满意的答案，多次被后人质疑，甚至全盘否定，尚先生对于“八”字问题的研究，主要就体现在对韦注和杜注进行集中批判。

我们先看一下杜预和韦昭是如何解释三个“八”字的：

> “《艮》之八”“是谓《艮》之《随》”，杜预注曰：“艮下艮上，《艮》。《周礼》：‘大卜掌《三易》。’然则杂用《连山》《归藏》《周易》。二《易》皆以七八为占。故言遇《艮》之八……震下兑上，《随》。史疑古《易》遇八者为不利，故更以《周易》占，变爻，得《随》卦而论之。”②
>
> “贞《屯》悔《豫》皆八”，韦昭注曰：“震在《屯》为贞，在《豫》为悔。八，谓震两阴爻，在贞在悔皆不动，故曰皆八，谓爻无为也。”③
>
> “《泰》之八”，韦昭注曰：“遇《泰》无动爻无为侯。《泰》三至五震为侯。阴爻不动，其数皆八，故得《泰》之八，与贞《屯》悔《豫》皆八义同。”④

尚先生认为杜预所注《左传》之“《艮》之八”、韦昭所注《国语》之“贞《屯》悔《豫》皆八”及“《泰》之八”，皆不能自圆其说。

对杜注“《艮》之八”，尚先生分析道：“杜注‘《艮》之八’云：《连山》《归藏》以七八占，故曰‘《艮》之八’，然何无言七者？赖史曰：‘是谓《艮》之《随》’，方知五爻皆变，惟六二不变耳。于是后人谓八指六二阴爻言。如是说也，是《连山》《归藏》不占变，故不曰‘《艮》之

---

① 上海师范大学古籍整理研究所校点：《国语》，第365页。详见附录第7例。

② 李学勤主编：《十三经注疏·春秋左传正义》第三十卷，第870页。

③ 上海师范大学古籍整理研究所校点：《国语》，第362页。

④ 上海师范大学古籍整理研究所校点：《国语》，第366页。

《随》'，而曰'《艮》之八'。凡言八者，皆用《归》《连》占也。然何以公子重耳既占得《屯》又变为《豫》，是明明用《周易》占变矣，而何以亦曰八也，是杜氏之说不可信也。"① 尚先生的意思是：杜预称《连山》《归藏》以不变之七八占，认为"《艮》之八"是用《连山》《归藏》占。但是既然言"八"，为何没有言"七"的情况呢？而且在"晋重耳筮得国"一例中，占得《屯》卦变《豫》卦，司公季子明言"是在《周易》"，这就说明以《周易》占，也可称"八"，所以杜注不可信。

再看韦昭所注"贞《屯》悔《豫》皆八"，尚先生评论道："'皆八'皆字殊费解。韦昭云：震两阴爻在贞在悔皆不变，故曰'皆八'。推是说也，《艮》之《随》，《艮》六二阴爻在贞在悔亦皆不变，史何不曰'贞《艮》悔《随》皆八'乎？且《屯》之《豫》，《屯》上六亦不变也，亦八也，胡独于《屯》六二六三之不变而谓为八乎？是韦注亦自相牴牾也，不可信也。"② 这是说，若按韦昭所注《屯》卦䷂变为《豫》卦䷏，其中《屯》卦内卦震☳两阴爻在本卦和之卦均没有发生变化，就称为"皆八"，那么"穆姜筮往东宫"例的"《艮》䷳之《随》䷐"，其中的《艮》六二爻也是在本卦和变卦均不变，同样是"在贞在悔皆不变"，为何史不曰"贞《艮》悔《随》皆八"呢？而且就《屯》䷂之《豫》䷏而言，《屯》上六爻也不变，为什么只是在《屯》六二六三不变时称"八"，《屯》上六却不称"八"呢？尚先生又说："韦注于'《泰》之八'云：《泰》无动爻，筮为侯③，《泰》三至五震为侯，阴爻不动，其数皆八。夫《泰》既不动，则内卦三阳爻皆七也，数爻当自初起，史何不曰'《泰》之七'，而必曰'《泰》之八'乎？是亦不协也。"④ 在尚先生看来，韦注"《泰》之八"也存在问题，既然"《泰》之八"被视为《泰》卦䷊无动爻，那么《泰》卦内卦三阳爻应为筮数七，而数一卦之爻当从初爻数起，为什么不能是"《泰》之七"，而必须是"《泰》之八"呢？由于"韦注亦自相牴牾"、于义"不协"，所以尚先生认为韦注同样不可信。

在分析了杜注和韦注关于"八"的解释各自存在的问题之后，尚先生又指出杜注和韦注两人的观点也不统一。他说："韦必以震之二阴爻不动为八，其他阴爻虽不动不谓八也，与杜注截然不同。"⑤ 也就是说，按韦注

---

① 尚秉和：《周易古筮考》卷九《占易杂述・论八》，第 281—282 页。

② 尚秉和：《周易古筮考》卷九《占易杂述・论八》，第 282 页。

③ 韦注原文为"无为侯"，尚氏引为"筮为侯"，按上下文意，似"筮为侯"于意更胜。

④ 尚秉和：《周易古筮考》卷九《占易杂述・论八》，第 282—283 页。

⑤ 尚秉和：《周易古筮考》卷九《占易杂述・论八》，第 283 页。

的解释，无论是“贞《屯》悔《豫》皆八”还是“《泰》之八”，之所以称为“八”，就是指《屯》䷂下卦震的两阴爻和《泰》䷊三至五爻互出的震两阴爻不变，也就是说“八”在韦注那里特指震不变的两阴爻。而杜预解释“《艮》之八”认为，之所以称“八”，是用《连山》《归藏》占，因《连山》《归藏》是以不变之七八占为特点的，也就是说在杜预看来，有不变的阴爻就可称“八”。显然，韦注和杜注的观点完全不同。

基于上面的分析，尚先生得出结论：“盖此等筮法，其亡已久。而左氏内外传所记又止此三起，后人无以会其通，故无从索解耳。”[①] 即尚先生认为左氏内外传所记的三处“八”，是一种久已亡佚的筮法，由于资料有限，后人无法将有限的资料融会贯通，所以关于“八”不能做出准确的解释，只能存阙疑了。

韦注是现存最早的《国语》注释本，而杜氏所注《左传》在唐代由孔颖达作疏，成为后世之官方版本，这两个注本对后世都产生了不小的影响，具有相当的权威性。尚先生敢于挑战权威，并指出权威存在的问题与不足，他这种严谨求真的治学态度令人钦佩。

（二）“八”字试解

虽然尚先生没有最终解开“八”字之谜，但他对权威注本进行了透辟的分析，为我们进一步解开“八”字之谜提供了线索。现结合前人研究的成果，试对“八”字做一番解释。

根据尚先生对杜注和韦注的评判，可以归纳出以下三个问题。第一，“《泰》之八”到底是不变之卦，还是和其他两个筮例相同，有变爻存在？第二，“《艮》之八”“《泰》之八”与“贞《屯》悔《豫》皆八”，其区别在一个“皆”字上，“皆八”与“之八”仅仅是文辞上的差别，或是另有他意？第三，在《左传》《国语》两部书中出现的三个“八”字，其确意究竟是什么？

这里，我们首先探讨一下“《泰》之八”的问题。清代学者钱大昕提出了一种观点：

> 春秋之世，三《易》尚存，其以《周易》占者，一爻变，则以变爻辞占。……数爻变，则以彖辞占。如《艮》之八，《屯》贞悔《豫》皆八是也。六爻皆不变，亦以彖辞占，《泰》之八是也。以爻辞占，称九六；以彖辞占，称八。九六、八之名惟《周易》有之，若杂

---

① 尚秉和：《周易古筮考》卷九《占易杂述·论八》，第283页。

> 以它占则否。"千乘三去""射其元王"，不云《蛊》之八、《复》之八者，非《周易》繇词也。[①]

钱文所谓"千乘三去"见于《左传·僖公十五年》[②]，"射其元王"见于《左传·成公十六年》[③]。以钱氏之论，"《泰》之八"为六爻不变之卦，而且"八"字代指以彖辞断占，由此推断"八之名惟《周易》有之"。但是，钱氏之说似有可商榷之处。首先，郑玄注《周礼·春官·大卜》中明言，《连山》《归藏》以七八不变为占，这说明"八"字就非"惟《周易》有之"。其次，春秋时"筮无定法"[④]，钱氏所谓占得不变之卦，即以彖辞断占，并以"八"代称，也不完全符合《左传》《国语》中的筮例。现举《左传·昭公七年》"卫孔成子筮立公子元"例略示之：

> 婤姶生子，名之曰元。孟絷之足不良，能行。孔成子以《周易》筮之曰："元尚享卫国，主其社稷。"遇《屯》䷂。又曰："余尚立絷，尚克嘉之。"遇《屯》䷂之《比》䷇。以示史朝。史朝曰："元亨，又何疑焉。"成子曰："非长之谓乎？"对曰："康叔名之，可谓长矣。孟非人也，将不列于宗，不可谓长。且其繇曰'利建侯'。嗣吉何建？建非嗣也。二卦皆云，子其建之。康叔命之，二卦告之。筮袭于梦，武王所用也。弗从何为？弱足者居。侯主社稷，临祭祀，奉民人，事鬼神，从会朝，又焉得居？各以所利，不亦可乎？"故孔成子立灵公。[⑤]

在上所引筮例中，首先占得不变之《屯》卦䷂，按钱氏之论，当以彖辞断占，并称"《屯》之八"，但事实是只言"遇《屯》"，未言"《屯》之八"。可知钱氏之论，尚有不缜密之处。

清代学者李道平推断"《泰》之八"并不是一个不变而占之例，而是与"《艮》之八"一样，是一个有变爻之卦，"此当是《泰》䷊之

---

① 钱大昕：《潜研堂文集》卷四，《嘉定钱大昕全集》，江苏古籍出版社1997年版，第9册，第55页。

② 详见附录第4例。

③ 详见附录第12例。

④ 可参见附录二"《左传》《国语》所记筮例一览表"。

⑤ 李学勤主编：《十三经注疏·春秋左传正义》第四十四卷，第1254—1255页。详见附录第18例。

《坤》䷁。何以明其然也？观穆姜遇《艮》之八，向非史出一言以断曰‘是谓《艮》之《随》’，则五爻变而一爻不变，千古莫能明其义。此筮若如韦注，凡不动之卦有阴爻者，皆可名八。独不思此卦阴阳爻皆有，何以必言少阴八，而不言少阳七乎？……今据彖辞观之，知此筮用八，决为《泰》之《坤》。惟《泰》之《坤》，则是三阴不动，故曰‘《泰》之八’。一阴不动，‘贞《屯》悔《豫》皆八’，三阴不动，其义一也。且三爻动，占两卦之卦彖辞，仍以不动者为主。故占者，止援《泰》彖义，尤显然”①。这里，李道平结合前面所提的“用八说”与占筮变卦之原则，提出“《泰》之八”为“《泰》之《坤》”。

刘大钧先生在其所著《周易概论》中也对“泰之八”为不变之卦提出疑问：

> 卦中“得《泰》之八”一句……若《泰》卦确无变爻，则《泰》卦䷊内卦三阳爻的筮数，应该是少阳之数“七”。外卦三阴爻应为少阴之数“八”。按照古人占卦的惯例，筮卦以内卦为主，董因为何不说“得《泰》之七”，而偏说“得《泰》之八”呢？再者，通观《左传》《国语》所有筮例，凡无变爻的卦，都称作“其卦遇某”。如《左传·僖公十五年》秦伯伐晋之卦即无变爻，文中称作“其卦遇《蛊》䷑”，《左传·成公十六年》晋楚鄢陵之战的筮例，也无变爻，称作“其卦遇《复》䷗”。由此可证，凡无变爻之卦，都称作“其卦遇×”。反之，凡称“八”之卦，都有变爻，如前所举“《艮》之八”，“是谓《艮》之《随》”，“得贞《屯》悔《豫》皆八也”。皆为其例。故韦昭注谓此卦无变爻，是不对的。由上面所考看来，“《泰》之八”当有变爻。②

此处，刘先生所言“按照古人占卦的惯例，筮卦以内卦为主，董因为何不说‘得《泰》之七’，而偏说‘得《泰》之八’”与尚先生质疑韦昭注时所言“夫《泰》既不动，则内卦三阳爻皆七也，数爻当自初起，史何不曰‘《泰》之七’，而必曰‘《泰》之八’”乃英雄所见略同。刘先生又指出“通观《左传》《国语》所有筮例，凡无变爻的卦，都称作‘其卦遇×’”，此处刘先生的论断似稍有些绝对，还是举上面“卫孔成子筮立公子元”的例子，孔成子

---

① （清）李道平撰，潘雨廷点校：《周易集解纂疏》之《易筮遗占》，第736页。

② 刘大钧：《周易概论》，第131—132页。

第一次占得无变爻的《屯》卦，就没有说“其卦遇《屯》”，而只是说“遇《屯》”，但这并不影响刘先生最终的结论，因为从他所分析的“《艮》之八……是谓《艮》之《随》” “得贞《屯》悔《豫》皆八也”两处均称“八”，且均有动爻推断，“《泰》之八”理应有变爻，并且可能就是李道平先生所推断的“《泰》䷊之《坤》䷁”，即《泰》卦初、二、三爻变。

但是，既然在筮例中占得《泰》卦䷊三阳爻变，为什么不言“《泰》之《坤》”或是言“《泰》之八，是谓《泰》之《坤》”呢？这的确是一个无法回避的问题。李道平也意识到此问题，他解释道：“且三爻动，占两卦之卦彖辞，仍以不动者为主。故占者，止援《泰》彖义，尤显然。”比较三个筮例，“贞《屯》悔《豫》皆八”与“《艮》之八”，都涉及两卦，而在所记载的解卦过程中，又都运用到本卦与之卦，而“《泰》之八”未言变卦，解释只用到了《泰》之卦辞，沿着李氏的思路，并参考宋人朱熹所传占变卦之原则，我们不妨大胆设想此卦未提及所变之《坤》，是因为当时解卦原则以本卦为主，故仅言“《泰》之八”，并仅以《泰》卦卦辞解之。

下面我们再探讨一下“皆八”与“之八”的区别问题。宋人赵汝梅对这个“皆八”有自己独到的见解：

> 唯“贞《屯》悔《豫》皆八”难晓……二书所载三爻变而称八者，虽止此，然有五爻变而称八者，亦可例考穆姜“遇《艮》之八”，凡五爻变，三上以九变，初四五以六变，第二爻不变，此爻在《艮》为八，在《随》亦八，正与“贞《屯》悔《豫》”之占同，乃不云“贞《艮》悔《随》皆八”，而云“《艮》之八”，何邪？盖凡称八者，皆主不变爻为言。此有两说：其一则七八皆不变，今有八无七，谓不变者皆八而非七也；其二则“《艮》之八”，一爻不变，在下卦之二，“《泰》之八”，一爻不变在上卦之五，故但称“之八”。此占二、三、上不变，涉上下卦，下卦不变者，八，上卦不变者，亦八，谓上下卦之不变者，皆八，而非七，以别于上卦得八而下卦否或下卦得八而上卦否者，使他占得八而涉上下卦则亦云“皆八”矣，“贞《屯》悔《随》”句绝，“皆八”自为一句。①

分析赵汝梅的观点，这个“皆”字确有深意。如赵氏所言，“皆八”是指

---

① （宋）赵汝梅：《筮宗》，载（清）永瑢、（清）纪昀等《钦定四库全书》，第19册，第345—346页。

在卦的变化过程中，内外两个经卦中都存有不变之爻，那么“之八”与“皆八”的区别，就在于不变之爻在位置上的不同。这样一来，我们也就确定了“八”字的含义在“之八”与“皆八”应为相同。那么这个“八”字又究竟是什么意思呢？

与赵汝梅差不多同时代的程迥，对这个问题有自成一体的解释。

> “《艮》之八”史曰“是谓《艮》之《随》”，盖五爻皆变，唯八二不变也。刘禹锡谓：“变者五，定者一，宜从少占是也。”然谓八非变爻，不曰有所之，史谓“《艮》之《随》”，为苟悦于姜者，非也。盖他爻变，故“之《随》”，惟“之《随》”，然后见八二之不变也。……“《泰》之八”谓初二三以九变八，而四五上不变为八，故曰“《泰》之八”也。[①]

程氏之言，内容颇为丰富，“八二”之说，更为我们提供了新的思考方向，今人谈《易》之爻位，用九六而不言七八，皆认为《周易》以变为占，见程氏之说，乃知过去称不变之爻有“八二”之说，而此处之“八”，正指卦中不变之阴爻。

李道平在其所著《易筮遗占》中，则引用顾炎武之说，言“《坤》爻皆变，而初独不变，曰‘初八履霜坚冰至’可也”[②]。这里李道平引出“初八”的概念，这与程迥的“八二”说是一致的。他又引用顾氏之说，“《易》有七、八、九、六，而爻但系九、六者，举隅之义也。故发其例于《乾》《坤》二卦，曰‘用九’‘用六’，用其变也。亦有用其不变者，《春秋传》‘穆姜遇《艮》之八’，《晋语》‘董因得《泰》之八’是也。今即以《艮》言之，六体皆变，则名之六，余爻皆变，而二爻独不变，则名之八。……占变者其常，占不变者其反也，故圣人系之九、六”[③]。在他看来，六、七、八、九四个数在筮法中同样重要，乾坤有用九、用六之说，而也有用七、用八之时，此处之八就是用八之意。

综上所述，虽然杜预和韦昭的注释存在诸多问题，虽然尚先生苦于左氏内外传所记“八”只于此三起而无从索解，但古之先贤还是在资料有限的情况下，对“八”字做了可谓见仁见智的诠释。归纳起来，我们对于前面提出的三

① （宋）程迥：《周易古占法》，载（清）永瑢、（清）纪昀等《钦定四库全书》，第12册，第603—604页。

② （清）李道平撰，潘雨廷点校：《周易集解纂疏》之《易筮遗占》，第741页。

③ （清）李道平撰，潘雨廷点校：《周易集解纂疏》之《易筮遗占》，第741页。

个问题已有一个初步的解答：首先，“《泰》之八”，应当不是不变之卦，而是由《泰》卦☷☰变《坤》卦☷☷，即四、五、上三个阴爻不变。其次，“皆八”之“皆”字，指的是在一卦的变化中，内外两个经卦都有不变之爻（“八”者当为阴爻），而“某之八”，则是指不变之爻只存在内外两经卦之一。基于此，我们也就明白了为什么“《艮》之八”不称为“贞《艮》悔《随》皆八”的原因了。最后，根据以上两点，我们可以看出，这三个筮例中所占卦都发生了变化，而其不变之爻，皆为阴爻，如“《艮》之八”，初爻、四爻与五爻，为老阴之爻，以筮数论之当为六，老阴当变为阳爻，三爻与上爻，为老阳之爻，以筮数论之当为九，老阳当变为阴爻。“八”字的意思，应当是指在占卦的变化过程中，不变者皆为阴爻，符合少阴之数为八的意义。

至此，我们对篇首提出的三个问题都做出了一个基本的探讨。但由于笔者的学识和能力有限，恐很难将这样的难题论述清楚，在此只是借尚先生之余意，踩古人之遗迹，略述浅见，供后来人批评指正。

此外，针对《左传》《国语》的三个“八”，有学者认为乃“入”字之误①，即“遇《艮》之八”当读作“遇《艮》，之入”；“贞《屯》悔《豫》皆八”中“皆八”为“皆入”；“得《泰》之八”当读作“得《泰》，之入”。其中“之”是“往也，由此往彼也”，而“入”则指“入住东宫”或“入主晋国”。本人虽不甚赞同，但在此以备一说，供学人参考。

第二节　对其他筮法的辑录

在此章的开始，我们曾经介绍过尚先生的《周易古筮考》较之其他辑录筮案之书，收录了更为丰富的古人筮案，这不但表现在数量上，在内容上也涉及了除大衍筮法外其他与《周易》相关的筮法。本节就重点介绍一下尚先生对纳甲筮法和射覆的研究状况及取得的成就。

一　纳甲筮法

尚先生在《周易古筮考·自叙》中称：“盖《易》之用代有阐明，而其别有三：伏羲以来察象，周用辞而兼重象，至西汉乃推本辞象而益以五行，五行明而筮道乃大备矣。”② 尚先生认为占筮作为《周易》之用是随

① 参见朱兴国《三易通义》“辨《左传》《国语》之‘八’”一节，齐鲁书社2006年版。

② 尚秉和：《周易古筮考·自叙》，第1页。

着时代不断发展的，主要分三个阶段：第一阶段是察于象的伏羲以来时期，第二阶段是兼用象与辞的春秋时期，第三阶段是本于辞象又益以五行的西汉时期。考《左传》《国语》中的二十二条筮例，虽表现为“筮无定法”，“不可为典要，唯变所适”的特点，但却基本不离尚先生所谓“用辞而兼重象”的占断原则。而在尚先生看来，《周易》筮法止于春秋太史的辞象还远不够，只有发展到西汉时纳甲筮法，本于辞象又兼用五行，做到了“五行明”，占筮之道才“大备矣”。尚先生以历史发展的眼光对《周易》筮法特别是西汉的纳甲筮法进行了高度的评价，这一点十分可贵。因为最初作为卜筮之书的《周易》躲过秦火传至西汉后，在被列入经典的同时，它的占筮功能就被从经文中剥离开了，主要表现在“其经文的训释讲解之书被放在《汉书·艺文志》的‘凡《易》十三家’中，排在五经榜首。而其谈筮法的内容却进了‘蓍龟十五家’‘杂占十八家’，排在‘历谱’‘五行’之后，地位大大下降！……从西汉到明清，这种分法却一代代被沿袭下来。如清朝人在《四库全书总目》中，将《周易》的经文象数之著，放在‘经’部《易》类，而其研究占筮之书，则进入‘子’部‘术数类’”[①]。可见，人们贬低《周易》的占筮之用是有其历史渊源的，尚先生能够打破传统的禁锢，提出“五行明而筮道乃大备矣”的观点，难能可贵。故潘雨廷评论道：“盖儒者什九轻视术数，故或及卜筮者，不离《春秋内外传》而已，京房以下皆所讳言，管辂、郭璞尚然，遑论程良玉、胡宏辈。而尚氏之《易》，以卜筮为主，虽轻程良玉之专取用爻，奈仍主‘五行明而筮道备’，则上与先秦，下与朱子之筮尚有一间。至若纳甲、世应之说，确亦有理，安可一笔抹杀；惟致远恐泥，不可不防。”[②]

（一）纳甲渊源考

尚先生对纳甲之法的来源进行了考辨。总的说来，尚先生认为“其法始于汉京房，原本于孔门，至晋郭璞多用之”[③]。

尚先生之所以说纳甲之法“始于汉京房”，在于先秦文献中并没有关于以纳甲法进行占筮的明确记载，而今现存的文献中我们可以考见纳甲的算法原理，应该没有比京房的论说更详细的了。京氏的易学著作虽然也大多亡佚，但现仍存有其所传的《京氏易传》三卷。考京房这三卷的内容，可见“八宫”“世应”“纳甲”“飞伏”“游魂”“归魂”“六亲”等说，可

---

① 刘大钧：《纳甲筮法》，齐鲁书社1995年版，第167页。

② 潘雨廷：《读易提要》之《尚秉和〈周易古筮考〉提要》，第515—516页。

③ 尚秉和：《周易古筮考》卷八《纳甲考·纳甲说》，第237页。

证纳甲之法似应为京房所专有。尚先生又说纳甲之法“本于孔门”，就在于《汉书·儒林传》详细记载了从孔子到京房的易学传承过程。[①] 根据《汉书》的记载我们可以得到主要传《易》人物及传承关系图（图 4 – 1，第 81 页）。可见西汉易由田何得孔子真传传至京房，其受授关系是非常明确的。虽然京房之前的易学著作基本上都不复存在，但从西汉重师法和传承关系推断，仅存于《京氏易传》三卷中的纳甲思想在本源上应是传自孔子。出土文献帛书《周易》，其六十四卦经文有与今本完全不同的卦序排列，却与京氏的“八宫卦”十分相似，而 2014 年公布的《清华简》之《别》篇中刻载的六十四卦的“排列顺序与马王堆帛书《周易》一致”[②]，据刘大钧先生考证，纳甲筮法中组成八宫的六十四卦，当由帛本之六十四卦“演变而出”[③]，这就从史料上证明纳甲之法有可能源于比《京氏易传》更早的文献。此外，《清华简》之《筮法》篇中第二十五节“天干与卦”[④] 记载了八经卦与十天干的对应关系，如下图（图 5 – 3）所示。

第二十五節　天干與卦

【釋文】

乾（乾）	臾（坤）	艮	兑	裳（劳）	羅（離）	礐（震）	巽
甲壬	乙癸	否（丙）	丁	戊	己	庚	辛
【四三】	【四四】	【四五】	【四六】	【四七】	【四八】	【四九】	【五〇】

图 5 – 3　《清华简·筮法》第二十五节

① 详见（汉）班固撰，（唐）颜师古注《汉书》卷八十八，《儒林传》第五十八，第 3597—3602 页。

② 清华大学出土文献研究与保护中心编，李学勤主编：《清华大学藏战国竹简（肆）》，《别卦》篇“说明”，第 128 页。

③ 刘大钧：《周易概论》之《帛〈易〉初探》，第 335 页。

④ 清华大学出土文献研究与保护中心编，李学勤主编：《清华大学藏战国竹简（肆）》，第 114 页。其中经卦“坎”，在《清华简》中作“劳”，《说卦》有“劳乎坎”之说，故坎与“劳”二字通。又《离》卦，在马王堆帛书《周易》中皆为“罗”，所以“离”与“罗”二字亦互通。

考《京氏易传》卷下所云“分天地乾坤之象，益之以甲乙壬癸，震巽之象配庚辛，坎离之象配戊己，艮兑之象配丙丁”[①] 可知，《清华简》所载八卦与天干的对应关系与《京氏易传》所云纳甲法是完全一致的，由此也再次证明，纳甲之法确实由来已久。

此外，从“西汉易学传承图”，我们发现西汉有两位京房，根据所处的年代，可以区别为“前京房”和“后京房”。案《汉书·儒林传》中云：“梁丘贺字长翁……从太中大夫京房受《易》。房者，淄川杨何弟子也。房出为齐郡太守，贺更事田王孙。宣帝时，闻京房为《易》明，求其门人，得贺。”[②]“前京房”当指官至太中大夫、齐郡太守，受学于杨何的那一位京房，此京房曾传《易》于梁丘贺。而“后京房”字君明，本姓李，好音律，推律自定为京氏，东郡顿丘（今河南清丰西南）人，是西汉今文易、京氏之学创始人。于易学师从梁人焦延寿，善以卦气、阴阳灾异推论时政，元帝时立为博士，官至魏郡太守，后被中书令石显所害，死时年四十一。《汉书·儒林传》及《京房传》均有记载。

按“前京房”与“后京房”所处的时代及《汉书》所载的“孟喜—焦延寿—京房”的师承关系，今所传的《京氏易传》三卷及纳甲之法当为“后京房”所为。但是，我们是否就可以断定“前京房”不传纳甲之法呢？笔者认为，“前京房”亦有传纳甲之法的可能，主要原因有三点。一是，由帛书《周易》《清华简》等出土文献的相关内容可知，纳甲之法由来已久，虽然今所传有关纳甲的资料始见于“后京房”之《京氏易传》，但《京氏易传》所展现的纳甲的运算机制，如上所述八经卦与天干的对应关系等，却并非“后京房”独创，早在先秦时代就有所传承和应用。按尚先生所言纳甲之法“本于孔门”，那么作为孔子八传弟子杨何的弟子“前京房”，传纳甲之法亦在情理之中。二是，杨何与“前京房”的易学思想由于史料缺失，虽然今天已经难窥其貌，但是我们可以从另一位受学于杨何的学生司马谈[③]那里寻得蛛丝马迹，《史记·太史公自序》中记载了司马谈“论六家之要指”曾言道：“夫阴阳四时、八位、十二度、二十四节各有教令，顺之者昌，逆之者不死则亡……”[④]，此一

① （汉）京房撰，（吴）陆绩注：《京氏易传》，载《四库术数类丛书》（六），上海古籍出版社1991年版，第466页。

② （汉）班固撰，（唐）颜师古注：《汉书》卷八十八，《儒林传》第五十八，第3600页。

③ 《史记·太史公自序》载“太史公……受《易》于杨何”，详见（汉）司马迁《史记》卷一百三十，《太史公自序》第七十，中华书局2006年版，第758页。

④ （汉）司马迁：《史记》卷一百三十，《太史公自序》第七十，第759页。

论说经刘大钧先生考证[①]，与“卦气说”的内容相一致，由此也就可以推断杨何的易学中有“卦气”思想。而“卦气说”与“纳甲说”都是属于言阴阳灾变的《易》之“古义”的内容，用卦气则不能不纳甲，所以，杨何亦应通纳甲之法，而传《易》于“前京房”时，也很有可能将此法传授于他。三是，“前京房”曾授《易》于梁丘贺，而梁丘贺又传其子梁丘临，《汉书》中明确记载“贺以筮有应，繇是近幸，为太中大夫，给事中，至少府……上信重之。年老终官。传子临……临学精孰，专行京房法”[②]，这说明梁丘贺和其子梁丘临亦擅长筮法，且梁丘贺因为他的“筮有应”得到当朝皇帝的宠信和重用，而传授梁丘父子“京房法”的“前京房”理论上也应该精通筮法，那么此筮法很有可能就是纳甲筮法。基于以上三点原因，笔者认为尚先生提出的纳甲之法“始于汉京房”其言不差，但这个京房具体是指“后京房”还是“前京房”，仍需要我们做进一步的探究。尚先生又说“至晋郭璞多用之”，在于有见于晋郭璞所著《洞林》，不但详细记载了纳甲法，而且亲自对筮法的具体含义做了注释。

（二）对纳甲运算机制的诠释

尚秉和在对纳甲之法的来源进行了考辨后，又对纳甲筮法的运算机制进行了诠释。

首先，尚先生对纳甲筮法进行了定义，“纳甲者，将干支排纳于六爻中，而以干支所属之五行及筮时时日，视其生克，以断吉凶也”[③]，即将十天干和十二地支按照一定的规则分别排列归纳到八卦之中，并根据干支的五行和筮时时日的干支五行之间的生克冲合刑害关系，来推断吉凶的方法就是纳甲筮法。因“举天干之首‘甲’以概其余，故人们名之谓‘纳甲’”[④]。

接着，尚先生介绍了排纳十天干和十二地支的具体方法。十天干的排纳方法是：“凡遇乾卦在内，三爻皆属甲，在外三爻属壬。坤卦在内三爻皆属乙，在外三爻皆属癸。乾三子坎内外皆为戊，艮内外皆为丙，震内外皆为庚。坤三子巽内外皆为辛，离内外皆为己，兑内外皆为丁。”[⑤] 十二地支的排纳规则是：“乾起于子隔一位顺推至戌而止，坤起于未隔一位逆推

① 详见刘大钧《“卦气”溯源》，《中国社会科学》2000年第5期。

② （汉）班固撰，（唐）颜师古注：《汉书》卷八十八，《儒林传》第五十八，第3600页。

③ 尚秉和：《周易古筮考》卷八《纳甲考·纳甲说》，第237页。

④ 刘大钧：《纳甲筮法》，第4页。

⑤ 尚秉和：《周易古筮考》卷八《纳甲考·纳甲说》，第245页。

至酉而止……属于乾卦之阳三子，坎起寅，艮起辰，震仍起子，皆顺推。坤卦之阴三子，兑起巳，离起卯，巽起丑，皆拟推。”① 根据尚先生的描述，我们便可以得到下面所列的“八卦干支排纳图”（图 5－4）。

乾	坤	艮	兑	坎	离	震	巽
——壬戌	— —癸酉	——丙寅	— —丁未	— —戊子	——己巳	— —庚戌	——辛卯
——壬申	— —癸亥	— —丙子	——丁酉	——戊戌	— —己未	— —庚申	——辛巳
——壬午	— —癸丑	— —丙戌	——丁亥	— —戊申	——己酉	——庚午	— —辛未
——甲辰	— —乙卯	——丙申	— —丁丑	— —戊午	——己亥	— —庚辰	——辛酉
——甲寅	— —乙巳	— —丙午	——丁卯	——戊辰	— —己丑	— —庚寅	——辛亥
——甲子	— —乙未	— —丙辰	——丁巳	— —戊寅	——己卯	——庚子	— —辛丑

图 5－4　八卦干支排纳图

《清华简》之《筮法》篇中第二十七节“地支与卦”② 中亦记载了八卦与十二地支的对应关系，如下（图 5－5）：

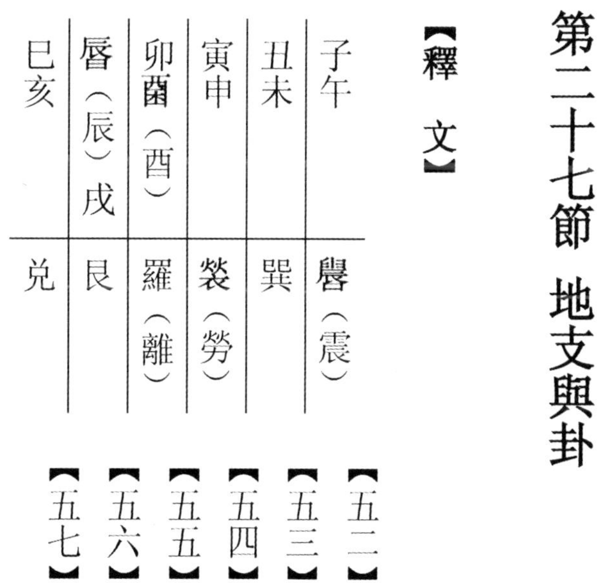
第二十七節　地支與卦

【釋文】

子午	丑未	寅申	卯卣（酉）	昏（辰）戌	巳亥
晨（震）	巽	褮（勞）	羅（離）	艮	兑

【五二】【五三】【五四】【五五】【五六】【五七】

图 5－5　《清华简·筮法》第二十七节

① 尚秉和：《周易古筮考》卷八《纳甲考·纳甲说》，第 237—238 页。

② 清华大学出土文献研究与保护中心编，李学勤主编：《清华大学藏战国竹简（肆）》，第 118 页。

我们根据“八卦干支排纳图”可以得到八卦每一卦六爻与十二地支的排纳对应关系，如下表5－2所示。

表5－2 **八卦爻位与十二地支对应关系表**

	《乾》	《坤》	《艮》	《兑》	《坎》	《离》	《震》	《巽》
初爻	子	未	辰	巳	寅	卯	子	丑
二爻	寅	巳	午	卯	辰	丑	寅	亥
三爻	辰	卯	申	丑	午	亥	辰	酉
四爻	午	丑	戌	亥	申	酉	午	未
五爻	申	亥	子	酉	戌	未	申	巳
上爻	戌	酉	寅	未	子	巳	戌	卯

由表5－2，我们可以清楚地看到，《震》《巽》《坎》《离》《艮》《兑》六卦初爻与四爻（内卦、外卦之始）所配的地支分别为子午、丑未、寅申、卯酉、辰戌、巳亥，与《清华简》第二十七节的记载完全相同，又一次证明了京房所倡的纳甲之法在先秦时代就有所传。在此一并提出来，补尚先生之说。

尚先生指出，虽然在京房时代，天干与地支是同时排纳，但在实际的占筮应用中，更加重视地支。甚至到明代，占筮者竟然认为天干无用，而只纳地支。

清楚了干支的排纳方法后，还需要知道干支所属的五行（表5－3）和五行之间的生克关系（图5－6）。

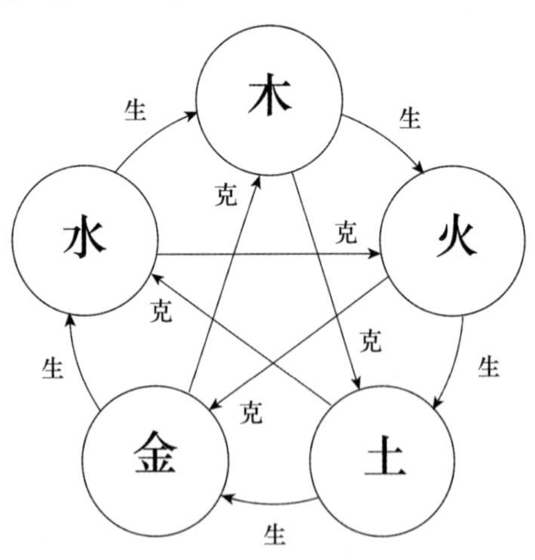

图5－6 五行生克图

表 5－3　　干支所属之五行表

	木	火	土	金	水
天干	甲乙	丙丁	戊己	庚辛	壬癸
地支	寅，卯	巳，午	丑，辰，未，戌	申，酉	子，亥

纳甲筮法，除包含上面三个图表的内容，“六亲”“八宫卦”及“世应”也是纳甲筮法中的重要思想。尚先生也分别予以了介绍。

先说“八宫卦”和“世应”。《京氏易传》卷下曰：“孔子云‘《易》有四易：一世二世为地易，三世四世为人易，五世六世为天易，游魂归魂为鬼易’。”①《京氏易传》引孔子语将易分为地易、人易、天易、鬼易四易，仍不离《易传》天、地、人三才之道，而《系辞》“精气为物，游魂为变，是故知鬼神之情状”，《文言》“与鬼神合其吉凶”等的鬼易思想在《易传》中也或多或少地有所显露。根据《积算法》可得“八宫世应表”（表 5－4）。

表 5－4　　八宫世应表

	乾（金）	震（木）	坎（水）	艮（土）	坤（土）	巽（木）	离（火）	兑（金）
本宫 世在上	乾	震	坎	艮	坤	巽	离	兑
一世 世在初	姤	豫	节	贲	复	小畜	旅	困
二世 世在二	遁	解	屯	大畜	临	家人	鼎	萃
三世 世在三	否	恒	既济	损	泰	益	未济	咸
四世 世在四	观	升	革	睽	大壮	无妄	蒙	蹇

① （汉）京房撰，（吴）陆绩注：《京氏易传》，载《四库术数类丛书》（六），第466页。

续表

	乾（金）	震（木）	坎（水）	艮（土）	坤（土）	巽（木）	离（火）	兑（金）
五世 世在五	剥䷖	井䷯	丰䷶	履䷉ｌ	夬䷪	噬嗑䷔	涣䷺	谦䷎
游魂 世在四	晋䷢	大过䷛	明夷䷣	中孚䷼	需䷄	颐䷚	讼䷅	小过䷽
归魂 世在三	大有䷍	随䷐	师䷆	渐䷴	比䷇	蛊䷑	同人䷌	归妹䷵

表5－4将六十四卦分为《乾》《震》《坎》《艮》《坤》《巽》《离》《兑》八个宫，每个宫根据八纯卦阴阳爻随爻位的变化又分别生成七个卦。这正体现了《周易》以乾坤生六子，八纯卦生五十六卦模拟万事万物生成变化的思想。“八宫卦”也有各自的五行属性，《乾》属金、《坤》属土、《震》属木、《巽》属木、《坎》属水、《离》属火、《艮》属土、《兑》属金。

任何一卦都有“世应”爻，尚先生认为“世应者，卦中之主，所恃以推吉凶者也。……世为我，应为彼”[①]，可见占得一卦，确定此卦的“世应”爻十分重要。除按“八宫世应表”直接查找世爻所在外，尚先生还介绍了一种比较便捷的方法，即“卦既从八卦某卦变来，可仍将遇卦从初爻往回变，变至上下卦相同，即本宫卦也。变至某爻得本宫，某爻即世爻也”[②]。现举例说明，如果占得《大有》䷍卦，变《大有》卦初九爻变阴爻得《鼎》卦䷱，《鼎》卦上卦离，下卦巽，上下卦不同，故继续变；《鼎》卦九二爻变阴爻得《旅》卦䷷，《旅》卦上下卦仍不同，故继续变；《旅》卦九三爻变阴爻得《晋》䷢卦，上下卦仍不同，继续变；《晋》卦九四爻变阴爻得《剥》卦䷖，上下卦不同，再继续变；《剥》卦六五爻变阳爻得《观》卦䷓，上下卦不同，继续变；此时因上爻为宗庙，所以不变上爻，返回四爻变四爻，《观》卦六四爻变阳爻得《否》卦䷋，上下卦还是不同，仍需继续变；《否》卦内卦三阴爻全部变阳爻得《乾》䷀卦，至此《大有》卦变至《乾》卦上下卦相同，由此断定为《乾》宫归魂卦，世爻在九三爻。应爻与世爻相隔两个爻位，所以世爻确定了，应爻也就确定了，《大有》卦的应爻是上九爻。

再说“六亲”，《京氏易传》云：“八卦鬼为系爻，财为制爻，天地为义爻，福德为宝爻，同气为专爻。”陆绩注为“天地即父母也”“福德即

① 尚秉和：《周易古筮考》卷八《纳甲考·世应》，第240页。

② 尚秉和：《周易古筮考》卷八《纳甲考·寻世爻捷法》，第243—244页。

子孙也”，而同气即为“兄弟爻也”[①]。由此可知，“六亲”，即官鬼、妻财、父母、子孙、兄弟。尚先生也介绍了排“六亲”的方法，他说：“其法视各卦所值地支之五行，与遇卦本宫之五行相生克而定名。其地支生本宫者为父母，与本宫同性者为兄弟，克本宫者为官鬼，本宫生者为子孙，本宫克者为妻财。”[②] 还是举例说明，仍以占得《大有》卦为例，《大有》卦为《乾》宫归魂卦，《乾》宫属金。《大有》卦一爻值子水，金生水为子孙。二爻值寅木，金克木为妻财。三爻值辰土，土生金为父母。四爻值酉金，同性为兄弟。五爻值未土，仍为父母。上爻值巳火，火克金为官鬼。

总的说来，占得一卦，在排纳好六爻干支的基础上，应先确定该卦属哪一宫几世卦，接着根据五行生克关系排纳“六亲”。一切准备工作就绪，就可根据占筮时的时日，断定吉凶了。

（三）纳甲法古今用法之异同

纳甲筮法作为一种占筮吉凶祸福的方法，它始于西汉京房，本于孔门，与先秦的阴阳、卦气、五行等思想相结合，形成了一套完备的占筮体系。纳甲之法，在尚先生看来“非圣人洞达天人之际者不能为”。而对纳甲之法的运用尚先生区分为古之用和今之用。所谓古之用，指三国管辂、晋郭璞所用之纳甲。他们运用纳甲的主要特点在于“不专在动爻”[③]，有时还兼取卦象和卦辞，保留了一部分春秋人断卦的遗风。而纳甲之术发展到明代，纳甲大家程良玉作《易冒》，其占则“一准于用爻”[④]。如老奴占幼主，用父母爻。少主占衰仆，用妻财爻。整个解占过程变为“辨空破绝散之真伪，明飞伏互变之轻重”[⑤]，脱离了《周易》最根本的辞象系统，使无限广阔的推测空间变为专取用爻一条途径，此法自明沿至今日，谓今之用。尚先生认为今之学者大多对纳甲之法不屑一顾，一方面由于今之用纳甲法徒取用爻，脱离了《周易》本根；另一方面也在于今之学者不能通晓古之用纳甲法的圣人之旨，故尚先生感叹道：“岂知纳甲之深奥者，缙绅虽白首不能穷其术，而管、郭且恃以参天地，穷鬼神，故可易视之哉？”[⑥]

---

① （汉）京房撰，（吴）陆绩注：《京氏易传》卷下，载《四库术数类丛书》（六），第466页。

② 尚秉和：《周易古筮考》卷八《纳甲考·六亲》，第239页。

③ 尚秉和：《周易古筮考》卷八《纳甲考·纳甲术古今用法之异同》，第249页。

④ 尚秉和：《周易古筮考》卷八《纳甲考·纳甲术古今用法之异同》，第249页。

⑤ 尚秉和：《周易古筮考》卷八《纳甲考·纳甲术古今用法之异同》，第249—250页。

⑥ 尚秉和：《周易古筮考》卷八《纳甲考·纳甲术古今用法之异同》，第250页。

二　射覆

猜测预先覆盖的隐匿之物，古人称为“射覆”。“射”是猜度，“覆”是覆盖，就是把一件或几件要猜测的物件用盒子等密封的容器隐匿起来，让射者通过占筮等途径指出所藏究竟为何物。射覆并不是预测未来之事，而是猜测眼前所藏之物，从这个意义来讲，射覆不是一种占筮活动，而是古人用来提高占筮技能的一种高超、有趣的游戏。后来射覆又演化成猜谜游戏，或作为酒令的一种，即用字句隐物为谜让人猜测。尚先生在《周易古筮考》中所提到的射覆当指利用占卦猜测藏匿之物的游戏。

关于射覆的文字记载，最早见于《汉书·东方朔传》，曰：

> 上尝使诸数家射覆（颜师古注：于覆器之下而置诸物，令暗射之，故云射覆），置守宫（壁虎）盂下，射之，皆不能中。朔自赞曰：“臣尝受《易》，请射之。”乃别蓍布卦而对曰：“臣以为龙又无角，谓之为蛇又有足，跂跂（虫爬行的样子）脉脉善缘壁，是非守宫即蜥蜴。”上曰：“善。”赐帛十匹。复使射他物，连中，辄赐帛。①

东方朔通过别蓍布卦射中所覆之物，并且屡射屡中，显示其高超的射覆技能。除东方朔外，历史上还记载了像魏管辂、晋郭璞、梁元帝萧绎、唐李淳风、宋代邵雍、明刘伯温等曾经射覆的经历，他们射覆的筮例流传至今，成为人们研究射覆乃至《周易》筮法宝贵的思想资料。

尚先生对于射覆的研究主要表现在两个方面。一方面，就是辑录并分析了有史所载的魏管辂、晋郭璞等人的射覆筮例；另一方面就是收录了他亲自射覆的诸多筮例，并详细说明了每一次射覆的过程和结果，对未射中的筮例也做了相应的经验总结。下面我们分别叙述之。

（一）尚秉和对魏管辂射覆筮例的分析

在《周易古筮考》中，尚先生所辑录的射覆筮案主要有：魏管辂为刘邠、诸葛原、徐季龙射覆，后周梁孝元射盒中金玉琥珀指环，晋郭璞射镊，梁武帝与闾公射鼠，金楼子射人名等。其中管辂之射印囊、山鸡毛、燕卵、蜂窠、蜘蛛和徐季龙所猎狸六则，《三国志》皆失其本卦。尚先生皆依词推出原来各自的卦体，并附以通俗的解释，为后学研究射覆提供了有意义的指导。现举管辂为诸葛原射覆例，来看一下尚先生是如何依词推卦的。

① （汉）班固撰，（唐）颜师古注：《汉书》卷六十五，《东方朔传》第三十五，第2843页。

当时，魏国的新兴太守诸葛原，曾取燕卵、蜂窠、蜘蛛置入容器中，让管辂射之。管辂分别起卦预测，并以四言骈文加以说明，据说都应验无误，举座惊喜。

第一物，管辂表述为："含气须变，依乎宇堂，雄雌以形，翅翼舒张，此燕卵也。"①

尚先生根据以上四句话，推测为火雷《噬嗑》卦䷔。因内卦震☳为苍筤竹，竹圆而中空，形象卵壳，故曰"含气"；震又为动，故曰"须变"。二至四互卦为艮☶，艮为门阙，与震体相连，所以说"依乎宇堂"。三至五互卦为坎☵，坎为中男；外卦为离☲，离为中女，所以"雌雄以形"。二至五有鸟舒翼状，而含在初阳爻和上阳爻之间，所以说"翅翼舒张"。推得卵象和羽翼象，则必是鸟卵，而依于宇堂之上，则不是鸡卵、鸦鹊卵，那必是燕卵。

刘大钧先生认为尚先生此推断有智者一失之处，他说：

> 案此卦恐为《小过》卦䷽。盖"含气须变"当为外卦震无疑，而内卦艮为门庭，故能"依乎宇堂"。此卦外卦为震为长男，内卦为艮为少男，而二、三、四爻互巽为长女，三、四、五爻互兑为少女，故"雌雄以形"也。《小过》卦辞曰："飞鸟遗之音"，且前人多以《小过》卦之卦形象鸟。因三、四两爻象鸟之身，初、二两爻及五爻、上爻四阴爻象鸟之翼，故"翅翼舒张"也。②

尚先生与刘先生的分歧产生于对"翅翼舒张"卦象的理解，尚先生以《噬嗑》䷔二至五爻为鸟舒翼之象，又说"而初阳上阳函之"③，此初阳、上阳即是包裹舒翼之鸟的蛋壳，整个卦《噬嗑》合乎燕卵之象。刘先生以《小过》䷽卦辞"飞鸟遗之音"及整个卦象说明"翅翼舒张"，也有理有据，可备一说。

第二物，管辂表述为："家室倒悬，门户众多，藏精育毒，得秋乃化，此蜂窠也。"④ 据此，尚先生推解为《震》卦䷲。⑤ 第三物，管辂表述为：

---

① （晋）陈寿撰，（宋）裴松之注：《三国志·魏书》方技传第二十九，中华书局1959年版，第817页。

② 刘光本：《周易古筮考通解·序》，第1页。

③ 尚秉和：《周易古筮考》卷二《静爻》，第61页。

④ （晋）陈寿撰，（宋）裴松之注：《三国志·魏书》方技传第二十九，第817页。

⑤ 尚先生的推断过程详见尚秉和《周易古筮考》卷二《静爻》，第62页。

“觳觫长足，吐丝成罗，寻网求食，利在昏夜，此蜘蛛也。”[①] 尚先生推断为雷泽《归妹》卦䷵。[②] 这两物的推断方式与第一物同，皆是透过卦象所表征的物象来推测，兹不赘述。这里需要指出的是，刘大钧先生在《周易古筮考通解·序》中，对尚先生第三物的推断同样持否定意见，他认为：“尚先生以《归妹》卦定‘蜘蛛’，盖因忽视‘吐丝成罗’之‘吐’字，既云‘吐’，显然‘丝’‘罗’在外卦无疑！若以《归妹》卦定之，则是‘纳丝成罗’矣！”[③] 基于这个原因，刘先生推为《噬嗑》卦。在此笔者之所以举刘先生之说，并非是批驳尚先生之失，而是以此来说明射覆之难，尤其以所断之辞反推所筮之卦就更加困难，尚先生对射覆所作出的尝试，是一般人所不能为的，“若非大智大慧，毕生致力于斯则不能为”[④]；尚先生对筮术所作出的贡献，是一般人所不能及的，正如其后学刘殿臣评论的那样：“魏管辂之射印囊、山鸡毛、燕卵、蜂窠、蜘蛛，陈志皆失其本卦，致使古今最有名之射覆术竟不传。先生能即筮辞推得本卦，丝毫不爽，其有功于筮术尤大。”[⑤]

（二）尚秉和个人射覆筮案分析

在《周易古筮考》卷十《筮验辑存》中，尚先生收录了自己平素射覆的十四条筮例，并附以说明。现举其中的一例说明。

尚先生的侄孙澄覆橘皮请射，得《同人》䷌之《无妄》䷘。尚秉和断曰：“是物也，其身甚圆，大腹皤然。而乾为衣、为皮，震为壳、为鸣。其空其中，摇则发声者乎？殆小皮鼓也。”[⑥]

按尚先生的分析，《同人》卦䷌，外卦乾☰，乾为圆，故“其身甚圆”；内卦离☲，离为大腹，故“大腹皤然”。《无妄》䷘卦，外卦仍为乾，尚先生以“乾为衣”，源于《系辞》“黄帝、尧、舜垂衣裳而天下治，盖取诸乾坤”中，以衣在上者象乾天，以裳在下者象坤地。“乾为皮”当是“乾为衣”和“乾为木果”的引申义。《无妄》内卦为震☳，震为苍筤竹、为萑苇，竹、苇皆中空，故“震为壳”“其空其中”。震又为善鸣，故“摇则发声”。尚先生由此推断为小皮鼓。

但揭开一看乃橘皮，其中“圆身、大腹、皮壳、空中”皆符合橘皮特

① （晋）陈寿撰，（宋）裴松之注：《三国志·魏书》方技传第二十九，第817页。

② 尚先生的推断过程详见尚秉和《周易古筮考》卷二《静爻》，第63页。

③ 刘光本：《周易古筮考通解·序》，第2页。

④ 刘光本：《周易古筮考通解》卷二，第47页。

⑤ 尚秉和：《周易古筮考·跋》，第310—311页。

⑥ 尚秉和：《周易古筮考》卷十《筮验辑存》“射橘皮”例，第318页。

征，唯独“摇则发声”没有射中。于是尚先生重新审思此卦：“乾为木果、为衣，震为竹、为苇，皆与皮壳相应。而互艮又为果蓏，震又为黄，是橘皮之象显然。”[①] 尚先生找到没有射中的原因在于，《无妄》卦䷘二至四爻互为艮☶卦，艮为果蓏，《无妄》内卦震可以为善鸣、为壳，也可以为玄黄，由艮果、震中空、震黄及《同人》卦的乾圆、离大腹诸多条件暗示所覆之物乃橘皮无误。

通过此例，尚先生总结出一条经验：“不澄心罄思，则不能射至尽头处；不至尽头，则物有遁形。其难有如此者？”[②] 这里的“射至尽头处”，其实就是他所说的“物体既得，定名为难”。[③] 很明显，尚先生射覆时对卦的分析完全依据八卦所表征的万事万物来取象，《说卦》中列出了一些最常用的八卦取象：“乾为天，为圆，为君，为父，为玉，为金，为寒，为冰，为大赤，为良马，为老马，为瘠马，为驳马，为木果。……艮为山，为径路，为小石，为门阙，为果蓏”，等等，如何从八卦所表征的万象中取舍射覆时所需要的卦象，确实很难。还是举上面的例子，尚先生占得《同人》䷌之《无妄》䷘，本卦和变卦及互卦都有乾卦☰之象，为何不取金玉之象，而一开始就取皮、衣、木果之象？还有，变卦《无妄》中的互艮☶，为何不取山石之象，而取果蓏之象呢？对此，杨景磐先生的解释为：《同人》䷌下互为巽为木，上连乾卦，巽与乾相连，所以不取金玉而取木果。《无妄》䷘上互为巽木，和艮相连，故艮为瓜果。这个解释有一定的道理，但仍不能完全说通，因为巽和乾、巽和艮组合也可以代表其他的事物。

可见，射覆虽然是游戏，但同样彰显了易道的神妙。《周易》起源于卜筮，《系辞》曰：“《乾》之策二百一十有六，《坤》之策百四十有四，凡三百有六十，当期之日。二篇之策，万有一千五百二十，当万物之数也。是故四营而成易，十有八变而成卦，八卦而小成。引而伸之。触类而长之，天下之能事毕矣。”《周易》的大衍筮法模拟宇宙的演化，经四营十八变而成卦。其中《乾》《坤》两卦的策数共为三百六十，正好与一年的天数相符，而六十四卦的策数为一万一千五百二十，正好与万物之数相当。宇宙间的万事万物在大衍筮法中得到了充分的展现，由此通过占筮而得的六十四卦就含射了万事万物运行的规律和道理。在这层意义上，《系

① 尚秉和：《周易古筮考》卷十《筮验辑存》“射橘皮”例，第319页。

② 尚秉和：《周易古筮考》卷十《筮验辑存》“射橘皮”例，第319页。

③ 尚秉和：《周易古筮考》卷十《筮验辑存》“射小方印”例，第314页。

辞》说“夫易，圣人之所以极深而研几也。唯深也，故能通天下之志。唯几也，故能成天下之务”，射覆虽然是小道，但它以占筮作为途径，故能感通天下的心志；以卦爻象作为依据，故能确定天下的事物。尚先生尽管没有为我们指明射覆的捷径，但我们依然可以从中揣测出其中的玄妙，那就是“极深而研几”，像圣人那样穷极事物之深幽，研尽事物之机微，如此而已。

第三节　由帛书《易传》论尚氏的筮法观

通过上面的分析，尚先生本着“欲学易，先明筮”学《易》路径，收罗古人筮案，成《周易古筮考》十卷，对《周易》古筮法多有发明和创见。其中，他的“用九用六解”“论八”“纳甲考”及对射覆的阐释和运用，无不显示了其深厚的象数功底。同时，我们也发现尚先生对《周易》古筮法的理解，是以卦爻象和卦爻辞为基础的。原因就在于，《左传》《国语》作为最古之易师，所记载的筮例大多以卦爻象和卦爻辞解占有见于此，尚先生区分了纳甲法的古今之用，认为古之用纳甲法“本辞象而益以五行”，较之今用纳甲专取用爻，更近乎圣人之言。而对射覆的分析与运用，也只依卦爻象推断，没有参照其他的辅助因素。可见，尚先生的筮法观，是以象为本的，其《〈左传〉〈国语〉易象释》一文对《左传》《国语》中的十条筮例做了详细的卦象分析，正是对这一占筮观念的贯彻和运用。那么真正意义上的古筮法是否如尚先生所阐释的那样呢？

我们先从帛书《周易》中孔子对待《周易》筮法的态度说起：《要》篇①有一段记录孔子与其弟子子赣（贡）论《易》的文字。子贡与孔子一问一答，共往复三次，现分为三段分别叙述之。

第一回合问答：

> 夫子老而好易，居则在席，行则在囊。子赣曰：夫子它日教此弟子曰：悳（德）行亡𦒱（者），神霝（灵）之趋；知谋远𦒱（者），卜筮之蘩。赐以此为然矣。以此言取之，赐缗行之为也。夫子何以老而好之乎？夫子曰：君子言以杲（矩）方也，前羊而至𦒱（者），弗羊

---

① 以下帛书《要》篇引文皆引自廖明春《马王堆帛书周易经传释文》，载杨世文等编《易学集成》第3卷，四川大学出版社1998年版，第3043—3044页。

而巧也。察亓（其）要者，不趣（趋）亓（其）福。尚书多仒（阙）矣，周易未失也，且又（有）古之遗言焉。予非安亓（其）用也。

孔子曾经教导他的弟子"悳（德）行亡㞢（者），神霝（灵）之趋；知谋远㞢（者），卜筮之蘩"，即只有缺乏德行和智谋的人才会求助于神灵及卜筮。孔子老而好《易》，由于《周易》经文最初是用来卜筮的，所以引起子贡的不解。针对子贡的问题，孔子的回答是："尚书多仒（阙）矣，周易未失也，且又（有）古之遗言焉。予非安亓（其）用也。"意思是《周易》不像《尚书》那样存在许多缺失，而且还有古之遗言，孔子之所以老而喜易，并非安于《周易》的卜筮之用。

第二回合问答：

［子赣曰：赐］闻于夫［子曰］：□必于□□□。如是，则君子已重过矣。赐闻諸夫子曰：孙正而行义，则人不惑矣。夫子今不安亓（其）用而乐亓（其）辞，则是用倚（奇）于人也，而可乎？子曰：校戋，赐！吾告女，易之道昔□□□而不□□百生之□□□易也。夫易，冈（刚）者使知瞿，柔㞢（者）使知冈（刚），愚人为而不忘，衡人为而去詐。文王仁，不得亓（其）志，以成亓（其）虑。纣乃无道，文王作，讳而辟咎，然后易始兴也。予乐亓（其）知之□□□自□予何□王事纣乎？

子贡继续以孔子过去的言论"孙正而行义，则人不惑矣"来质疑孔子。"孙"与"循"，音近通假。孔子先前主张循正行义，则人不惑，如今孔子不安于《易》之用而乐于玩其辞，在子贡看来似乎不是"循正"而是"用奇"。孔子首先总结了《周易》对于现实人生在德行方面的指导作用，即使刚者知惧，使柔者知刚，愚人为而不妄，谗人为而去诈。进而指出《周易》中的古之遗言，乃指文王之教。①

第三回合问答：

子赣曰：夫子亦信亓（其）筮乎？子曰：吾百占而七当，唯周梁山之占也，亦必从亓（其）多㞢（者）而已矣。子曰：易我后亓（其）祝卜矣！我观亓（其）德义耳也。幽赞而达乎数，明数而达乎

① 参见李学勤《周易溯源》，巴蜀书社 2006 年版。

德，又（有）［仁］老（者）而义行之耳。赞而不达于数，则亓（其）为之巫；数而不达于德，则亓（其）为之史。史巫之筮，乡之而未也，好之而非也。后世之士疑丘老（者），或以易乎？吾求亓（其）德而已，吾与史巫同涂而殊归老（者）也。君子德行焉求福，故祭祀而寡也；仁义焉求吉，故卜筮而希也。祝巫卜筮亓（其）后乎？[①]

子贡又直接问孔子是否也相信文王之筮？孔子的回答是，与周梁山[②]相比，他占筮百次能够有七十次占中。进而孔子提出他对筮法的态度，即“观亓（其）德义耳”。孔子并非脱离占筮，凭空观其德义，而是以占筮为途径，“幽赞而达乎数”此即“蓍之德圆而神，卦之德方以知”；由深明筮占之术而通晓《易》之数理，进而“明数而达乎德”，由精通易之数理而通达于德义，最终“又有［仁］老（者）而义行之耳”，将所通达的德义落实到日常的言行中。孔子虽然也行巫史之筮“百占而卞当”，但却与“赞而不达于数”“数而不达于德”的巫史殊途同归。孔子“幽赞”“明数”所要达到的就是通过“观其德义”最终超越“幽赞”和“明数”。所以孔子最后提出“君子德行焉求福”“仁义焉求吉”，即君子应以德行和仁义获得福庆和吉利。如此一来，孔子的“观其德义”实际上就应是“以德代占”[③]，“赞以德而占以义者也”。[④]

通过上述孔子与子贡的往复三次问答，我们发现孔子由过去不好《易》到老而喜《易》，经历了一次对《周易》重新认识与重新诠释的洗礼。这次洗礼使得孔子发现了《周易》中所蕴含的文王之教，并促使孔子将《周易》的卜筮之用与所含具的人文精神统一起来，于是孔子提出了“观其德义”“拟德而占”的“占筮观”。他这一观念，我们可以还从帛书《衷》篇和《二三子》篇中找到一些类似的痕迹。帛书《衷》篇中云：

上卦九老（者），赞以德而占以义者也。履也老（者），德之坴

① 廖明春：《马王堆帛书周易经传释文》，载杨世文等编《易学集成》第 3 卷，第 3043—3044 页。

② 李学勤在《周易溯源》第 375 页，曾分析道：“所谓梁山之占，应该是文王的一项重大占筮……”

③ 林忠军：《从帛书〈易传〉看孔子易学解释及其转向》，《北京大学学报》（哲学社会科学版）2007 年第 3 期。

④ 廖明春：《马王堆帛书周易经传释文》，载杨世文等编《易学集成》第 3 卷，第 3041 页。

> 也；嗛也者，德之和也；復也𡚤（者），德之本也；恒也𡚤（者），德之固也；损也𡚤（者），德之修也。益［也𡚤（者），德］之誉也；困也者，德之欲也；井𡚤（者），德之地也；涣也𡚤（者），德制也。是故占曰：履和而至，嗛莫而光，复少而辩于物，恒久而弗厌，损先难而后易，益长裕而与，宋窮而达，井居亓（其）所而迁，［涣称］而救。是故履以果行也，嗛以制礼也，复以自知也，恒以一德也，损以远害也，益以兴礼也，困以辟咎也，井以辩义也，涣以行权也。……无德而占，则易亦不当。……疑（拟）德占之，则易可用矣。[①]

此处的大部分内容又出现在今本《系辞》三陈九卦一段。所不同的就是《衷》篇在陈述九卦前多了“上卦九𡚤（者），赞以德而占以义者也”一句，在二陈九卦之前多了“是故占曰”几字。此处“赞以德”“占以义”似乎已不是史巫的筮数之占，而是经孔子改造后的德之占。“占曰”之后的话语也已不是吉凶悔吝休咎之类的占辞，而是对九卦所含具的德义的诠释。除此之外，《衷》篇中还明确指出“无德而占，则易亦不当”，反之“疑（拟）德占之，则易可用矣”，这就是说明帛书《衷》篇已将一卦所体现的内在德义纳入占筮系统。

又《二三子》篇中曰：

> ［卦］曰：恒亨，无［咎，利贞，利］有攸往。［孔子曰：恒亨者］，恒亓（其）德，亓（其）德□长，故曰利贞。亓（其）占曰：丰，大□□□□□□□□□□□。……卦曰：根亓（其）北，不获亓（其）］身；行亓（其）廷，［不见亓（其）人。无咎。孔子］曰：根亓（其）北者，言□事也。不获亓（其）身者，精□□□也。敬官任事，身□□者鲜矣。亓（其）占曰：能精能白，必为上客；能白能精，必为□□。以精白长□，难得也，故曰［行］亓（其）庭，不见亓（其）人，无咎。[②]

上面的引文主要对《恒》卦和《艮》卦的卦辞做了诠释。值得我们注意的是，孔子论述两卦卦义的同时，又引述“其占曰”来补正自己的观点。由于

① 廖明春：《马王堆帛书周易经传释文》，载杨世文等编《易学集成》第3卷，第3041—3042页。

② 廖明春：《马王堆帛书周易经传释文》，载杨世文等编《易学集成》第3卷，第3029页。

《恒》卦缺失较多，我们重点看一下《艮》卦。《艮》卦“其占曰”的内容主要围绕“精白”展开，而“精白”就是指一种心灵修养所达到的状态，“精”是精诚、精纯、专一，“白”谓明洁无私。孔子在解释《艮》卦卦辞时也提到“不获亓身者，精□□□也”[①]，这里的“精”“白”应与“其占曰”相对应。由此可证，“其占曰”所引述的内容很有可能就是占《艮》卦德义总结出的“占辞”，这正与《要》篇所载孔子“观亓（其）其德义”，《衷》篇所载“赞以德而占以义”相契合。

通过对帛书《要》篇、《衷》篇以及《二三子》篇等相关资料的分析，我们不难得出这样一个结论：孔子的“观其德义”，是在通晓筮占之数与易之数理的基础上，对《周易》人文精神的提炼和升华。最初作为卜筮之用的《周易》，在孔子的重新诠释和改造下，成为“观乎天文以察时变，观乎人文以化成天下”的人文《易》，孔子的拟德而占一方面解决了德福之间的矛盾，另一方面又实现了对《周易》筮占之用的超越和扬弃。由此，我们联想到本章在介绍大衍筮法时所提到的一个问题，就是为何帛书《系辞》中未见今本《系辞》中大衍筮法一章的大部分文字，除脱文的原因外，如果是人为删减，那么帛书《易传》作者就很有可能是出于对孔子“观其德义”“拟德而占”的考虑及对“后世之士疑丘”的担忧而做出的删减。

我们再看一下尚先生尤为推崇的《左传》《国语》中的筮例。《左传》《国语》与《周易》和其他筮书有关的记载，分为引证《周易》经文说明问题和以《周易》或其他筮书进行占筮两种类型。其中用于引《易》而非占筮的，如《左传·襄公二十八年》郑子太叔以“《复》䷗之《颐》䷚”论楚子将死[②]，尚氏曰：“古人之于易学精熟如此，可随事取占，不必布蓍也。”[③]又《左传·宣公六年》郑王子伯廖以“《丰》䷶之《离》䷝”论曼满必败[④]，尚先生按曰：“此亦即事取义，非筮得之卦，而亦无不验，盖易学之发达，无过春秋。”[⑤]《左传·宣公十二年》晋知庄子以“《师》䷆之《临》䷒”论彘子违命出师[⑥]，尚先生却说：“神乎技矣，自春秋后不复有此。”[⑦]

---

① 丁四新先生将此句补充为“不穫亓身者，精［白敬官］也”，详见丁四新《〈易传〉类帛书零札九则》，《周易研究》2007 年第 2 期。

② 详见附录第 15 例。

③ 尚秉和：《周易古筮考》卷三《一爻动上》，第 96—97 页。

④ 详见附录第 9 例。

⑤ 尚秉和：《周易古筮考》卷三《一爻动上》，第 97 页。

⑥ 详见附录第 10 例。

⑦ 尚秉和：《周易古筮考》卷三《一爻动上》，第 99 页。

《系辞》曰“《易》有圣人之道四焉：以言者尚其辞，以动者尚其变，以制器者尚其象，以卜筮者尚其占”，君子发圣人之道当居则观象玩辞，动则观变玩占，玩辞玩占各有所当。上举《左传》中的三例实为“以言者尚其辞”，而尚先生却以“即事取义”“随事取占”来感叹春秋易学之发达，此恐有不确之处。

除此之外，尚先生对《左传》《国语》中以《周易》进行占筮的例子也仅从卦辞卦象角度分析，似乎也不能完全体现春秋人断卦的原貌。《左传·襄公九年》载鲁宣公之妻、成公之母穆姜因谋逆被迁往东宫时，曾筮得《艮》䷳之《随》䷐，其自解占云：“有四德者，随而无咎。我皆无之，岂随也哉？我则取恶，能无咎乎？必死于此，弗得出矣！”《随》卦卦辞曰“元亨利贞，无咎”，穆姜却以自己的品行与“元亨利贞”四德不符，而断为自作恶取祸，将死于东宫。[①] 又《左传·昭公十二年》载鲁国大夫季平子的家臣南蒯因未受到礼遇而欲背叛季氏，占得《坤》䷁之《比》䷇，子服惠伯释占云，“忠信之事则可，不然必败”，“且夫《易》，不可以占险”。惠伯以南蒯所占为非忠信之事而断为筮虽吉而结果未必吉。[②]《左传》中的这两条筮例说明，尚先生所谓“神乎技矣”“于易学精熟如此”的春秋人解占时，已经开始将人所应具有的人文德行和所应体现的人文职分，纳入占筮系统，并作为最终定犹豫、决疑似的重要条件。

由此可见，《左传》《国语》中的筮例虽然还是注重对《周易》卦辞卦象的分析，但由穆姜以占问者的品行、惠伯以所占事的正邪释占来看，春秋人以《周易》预测吉凶祸福时，已经初步显示了对人文因素的价值评判。而这种人文因素在《易传》中得到全面的展现，正如帛书《易传》所说的那样“赞以德而占以义”，正如孔子所提倡的那样“君子德行焉求福，故祭祀而寡也；仁义焉求吉，故卜筮而希也”，如果君子以德行和仁义作为求福求吉的方式，那么祭祀与卜筮就会越来越少。祭祀与卜筮虽然也是古代先民长期生活实践的经验总结，但是人们从事祭祀与卜筮活动，终究摆脱不了落后的生产力和对天地鬼神的依赖。孔子的拟德而占，将人的主体性确立起来，通过人自身德行的修养，而获得真正意义上的福庆。而事实上，正如清代学者皮锡瑞分析总结的那样：“伏羲画卦，虽有占而无文，而亦寓有义理在内。……左氏虽杂采占书……而亦未尝不具义理；若无义理，但有占法，何能使人信用？观夏、殷之《易》如是，可知伏羲、文王

---

① 详见附录第13例。

② 详见附录第19例。

之《易》亦如是矣。周衰而卜筮失官，盖失其义，专言祸福，流为巫史。"[①] 透过皮锡瑞先生的分析，我们可以推知，《周易》虽脱胎于占筮之术，然其区别史巫在于将义利德性与占筮判别结合在一起。这使得《周易》在揭示一般意义上的吉凶祸福之外，更成为人们扬善止恶的规则总结。也正是伴随这一属性，《周易》逐步与单纯的史巫之士渐行渐远。

尚先生对《周易》古筮法的研究侧重于对象辞的研究，在一定程度上再现了古筮法的原貌，这是尚先生对《周易》筮法研究取得的成绩。但结合《左传》《国语》筮例及帛书《易传》中孔子论筮的资料看，尚先生过于重视"神乎技矣"及其筮法的精熟而忽略了"明数而达乎德"，因而其对筮法的研究似乎缺少了人文的关怀和德行的提升，这不能不是先生的智者一失之处。

① （清）皮锡瑞：《经学通论》，中华书局1954年版，第41—42页。

第六章　破立并举的解《易》路径

通过前面几章我们对于尚秉和易学思想的分析，作为中华民国时期的易学大家，尚秉和先生对于易学的发展在诸多方面都作出了不可磨灭的贡献，尤其是在象数易学领域的成就，更是为人称道。尚秉和先生的象数特色为传统易学的继承和发展留下了极其宝贵的历史资料，也为我们今日研究汉代易学奠定了较为坚实的基础。也正是由于这一底色，使得尚秉和先生的易学研究对比其后的学者，显得更为传统。而这样的易学特色在20世纪中国学术发展的大背景之下，又显得尤为另类。特别是与其后的学者相比，尚秉和的易学思想受时代的影响相对较少。也就是说，尚先生对于20世纪初中国所经历的巨变虽然有着自身独到的认识，但在其思想成熟期所形成的易学思想体系方面，其学术表达在整体上还是比较传统的，包括其对于《周易》的理解与解读方式，无一例外的都是对于传统的一种继承。

从历史发展的角度而言，伴随百年前的新文化运动的展开，中国的传统经学体系受到了前所未有的冲击与改变，一方面表现为对于中国传统学术体系的抛弃，另一方面也表现为新文化体系的崛起。长期以来，传统的中国学术由于自身与政治有着千丝万缕的联系，故在一定程度上限制了中国文化的多元发展。而在新文化运动的影响下，传统学术逐渐趋于没落，人们开始从更为宽广、多元、理性的学术视野来审视与解读各个层面的文化形态。而这样的一种文化发展在易学研究领域也有所体现。许多与尚秉和先生同时代的其他学者，他们在构筑其易学思想体系时都或多或少地呈现出一种新的诠释维度。其中最具代表性的，也是对传统易学冲击最大的就是古史辨派，他们以历史演进的观念和大胆疑古的精神，在打破汉人经典《易》说、“破坏”《易经》神坛地位、恢复《周易》卜筮面貌等方面都对传统易学提出了新的问题和挑战。而传统易学研究虽然进入20世纪后，必然会或多或少受到以“古史辨派”为代表的新流派、新思想的影响和冲击，但却始终没有离开最为基础的“象数”与“义理”两派，在这里，透过对于同时期不同学派的学术比较，我们可以更为深刻地认识到尚秉和易学思想的时代特色与学术价值。下面我们就通过对顾颉刚、李镜池、容肇祖、杨树达、高亨、徐昂六位学者易学思想的简要介绍来展现20世纪初“古史辨派”“义理学派”和“象数学派”的治《易》情况，以期在时代背景下更立体地展现尚秉和先生的易学思想。

第一节 易学思想的多元发展

如前所述，随着封建王朝落幕，数千年的科举考试退出历史舞台，传统经学不再是人们进身官场与追名逐利的“敲门砖”，经学褪去了神圣的光环，人们开始将其还原为学术自身的面貌来进行重新审视和研究，特别是随着“古史辨派”的出现，越来越多的学术观点开始批判传统的经学理念，甚至否认传统经学，作为传统经学中的核心内容之一，人们对于易学特别是其筮法思想的认识，无疑也在这样的一场变革中发生了显著的变化。人们不再将《周易》的筮法、文辞视若神命，而是从不同的角度加以阐释和讨论。通过对“古史辨派”中的代表人物诸如顾颉刚、李镜池、容肇祖等学者及其涉及筮法范畴的思想分析研究，我们可以清晰地看出“古史辨派”的整体易学思想特质。

一 “古史辨派”的易学思想

（一）顾颉刚之筮法思想

顾颉刚（1893—1980年）是“古史辨派”的创始和领军人物，在五四运动“德先生”与“赛先生”思潮的指引下，顾先生于20世纪20年代末接连发表了多篇关于《周易》的论文，如《〈周易·卦爻辞〉中的故事》《论〈易·系辞传〉中观象制器的故事》《论〈易经〉的比较研究及〈象传〉与〈象传〉的关系书》等。总的来说，顾先生是从史学的角度来研究《周易》的，他认为研究《周易》的目的在于“破坏其伏羲、神农的圣经的地位而建设其卜筮书的地位”[1]，也就是说，顾先生的研究是本着科学的态度，旨在恢复《周易》本来的面貌。在此之后，学者围绕《周易》的性质、作者、成书年代、文辞与卦象之间关系等问题展开了一系列的争论，开启了20世纪《周易》学术研讨的第一个高潮。

① 顾颉刚编著《古史辨》，第3册，“自序”第1页。

具体来看，顾先生出于对古代历史的反思，提出了不少反对传统经学的创新性观点，例如其在《〈周易·卦爻辞〉中的故事》一文中认为，古代《周易》中诸如“人更三圣”的创作过程并不可靠，因为这一说法多是依据战国秦汉之际的一些材料提出的，而以秦汉的文本去推断西周初年，甚至是更为久远的三皇之说，则无异于筑室沙上。所以顾先生提出：

> 一部《周易》的关键全在卦辞和爻辞上：没有它们就是有了圣王画卦和重卦也生不出多大的意义，没有它们就是生了素王也做不成《易传》。所以《卦爻辞》是《周易》的中心。而古今来聚讼不决的也莫过于《卦爻辞》。①

出于上面的认识，顾先生在文章中分析了《周易》卦爻辞中所出现的如“王亥丧牛羊于易”“高宗伐鬼方”“帝乙归妹”“箕子明夷”“康侯用锡马番庶”等故事，进而得出了四个否定性的结论：在《易经》（即《周易》卦爻辞）中并没有《易传》中的尧舜禅让、汤武革命、封禅以及观象制器等反映圣王制作与道统的故事。由此顾先生提出，《易经》和《易传》的文辞反映了不同的时代意识和古史观念。《易经》的著作时代在西周，因其所引用与记录的大抵是商代与西周初年的故事；《易传》的著作时代则至早不过战国，迟则在西汉中叶，因儒家的一套道统的故事在这一时期建设完成。顾先生进一步指出，《周易》从《易经》到《易传》经历了一个极为漫长与复杂的历程，这一方面取决于《周易》自身的特殊性质；另一方面则与从春秋到汉代的整体学术传承有着不可分割的关系。《周易》在《易经》时期，作为一部卜筮之书，没有儒家，自然也没有儒家道统的故事，因此不可以将《周易》简单地划分为儒家经典；而后来随着儒家的发展与需求，才将《周易》逐渐纳入儒家的体系，进而与《诗》《书》《礼》《乐》《春秋》组成了儒家的经典，而《易传》则是在《周易》进入儒家体系之后，出于解释的必要而为人所做。② 通过顾先生的阐述，我们可以看出，研究《周易》首先要厘定分清《易经》和《易传》两部分间的差别，以不同的视野加以认知与审视。

在《论〈易·系辞传〉中观象制器的故事》中，顾先生详细考证了

① 顾颉刚：《〈周易·卦爻辞〉中的故事》，载顾颉刚编著《古史辨》，第3册，第3页。

② 参见顾颉刚《〈周易·卦爻辞〉中的故事》，载顾颉刚编著《古史辨》，海南出版社2005年版，第3册。

《系辞传》中关于所谓观象制器的文辞，他在文中彻底否定了伏羲、神农、黄帝、尧、舜等圣王观象制器的文辞，认为这些文字是儒家在粉饰《周易》的崇高地位的过程中逐步添加而成的，并且通过与先秦及汉初文献《世本》《淮南子》等古籍的对比，得出了《系辞传》完成于西汉后期的结论。① 这一结论在当时学术界引起了各家的关注，既有如钱玄同一般对于此说极为赞同者，亦有如胡适等提出反对意见者。② 但不可否认，顾先生的这种研究角度是有其自身价值的，特别是正确区分了《周易》的经文与传文。事实上，易学发展自王弼后多习惯将经文与传文合并研究，甚至将《易传》视为解读经文的唯一体系，但这样的研究恰恰忽略了两个极为重要的问题。其一是经文与传文在诞生时间上的差异，经文的文字大抵在西周初年就已经成型，在春秋时期乃基本定型，这一点通过《左传》《国语》中的筮例可见一斑。其二则是《易传》作为儒家甚至也许只是儒家中某一学派解释《易经》一家之言的特殊性。众所周知，孔子去世后有“儒分为八”③ 之说，即儒家内部分裂成为数个不同的派别，他们彼此在学术上并不完全认可。例如《荀子》一书就专门对同为儒家的思孟学派进行了激烈的批判。④ 而《易传》也存在类似问题，帛书《易传》与今本《易传》无论在文字上还是内容上都不尽相同。就筮法而言，最为突出的表现就在于今本《系辞》中详细记录了大衍筮法的演算步骤，而相对应的文字却没有出现在帛书《易传》中。这就在一定程度上反映出两种可能性；一种可能是《易传》经历了几代学人的整理才最终定型；另一种可能则是《易传》经过几个本子的竞争才独尊而兴。因此，我们完全有必要也有理由将《易传》还原为一种儒家内部的易学解释体系，而并非看作《周易》的本义所在。

尽管我们今天根据出土文献已经发现了顾颉刚先生的论断有“疑古过勇”之嫌，但我们依然可以因循其研究路径而前行：研究《周易》，特别是认识筮法，最为重要的在于厘定筮法与哲学之间的微妙关系，特别是《周易》的哲学思维中究竟有哪些是从筮法的逻辑中推导而来的，这对于

---

① 参见顾颉刚《论〈易·系辞传〉中观象制器的故事》，载顾颉刚编著《古史辨》，海南出版社 2005 年版，第 3 册。

② 参见钱玄同《论观象制器的故事出〈京氏易〉书》，载顾颉刚编著《古史辨》，海南出版社 2005 年版，第 3 册。

③ （清）王先慎撰，钟哲点校：《韩非子集解·显学篇》，中华书局 1998 年版，第 457 页。

④ 参见（清）王先谦撰，沈啸寰、王星贤点校《荀子集解·非十二子篇》，中华书局 1988 年版。

我们正确地审视《周易》及其源流、发展有着重要的意义。

（二）李镜池之筮法思想

在“古史辨派”中，除了顾颉刚先生的大作外，李镜池（1902—1975 年）先生对于《周易》的论述也为人所熟知。这其中，涉及筮法的有三篇文字最为重要，即《左国中易筮之研究》《周易筮辞考》及《周易筮辞续考》。

在《左国中易筮之研究》中，李镜池从占法、卦象、变卦互体、卦爻辞解释以及占书撰辞五个方面对《左传》与《国语》中的关于《周易》的数十条筮例加以分析。首先，他认为《周易》筮法地位在历史上并非一开始即高高在上，而是逐渐为人所重视。从早期有所谓“筮短龟长，不如从长”的说辞及在一定时期人们没有舍弃操作程序更为繁难的龟卜，而是采用先卜后筮来预测吉凶的情况，就可证明这一论断。其次，李镜池对于筮法的具体占算进行了分析，他认为在春秋时期《周易》的卦爻辞已基本定型，因此面对相同文辞与相同卦象，判断吉凶成败需要参照“身、位、时、事、占”五物，即根据求问人的品行、地位，所求之事的时机和性质与所占卦的文辞卦象综合判断，正如李镜池先生在文中提道：“必须从求占者其人其位，以及其时其事加以推求对照，与占辞是否相合，然后定得吉凶。……这种因身因位，因时与事而定吉凶的占法，想是经过一番变化，较为进步的占法了。”[①] 此外，李镜池通过比较《左传》与《国语》所载的筮辞与《易传》的解释，发现前者的解释更为详尽切实，进而指出两种解释凸显了作为占书《周易》与作为经书《周易》的不同时代特征：一个是数术时代，一个是哲理时代。对此李镜池先生具体分析道：

> 因为时代有先后，所以解释就有异同；因为解《易》之人的派别不同，所以他们的观点就有差别。《文言传》之解“元亨利贞”，虽采自《左传》而所以有不同者，并非“失其义”之过，实是时代不同，观念不同的缘故。其所变更的字句虽小，而其所受于时代的影响实大。[②]

《周易筮辞考》与《周易筮辞续考》是李镜池先生详细考证《周易》筮辞

① 李镜池：《周易探源》，中华书局 1978 年版，第 412 页。

② 李镜池：《周易探源》，第 419 页。

的另外两部作品，两部作品分别完成于20世纪的30年代与40年代。[①] 在《周易筮辞考》中，李镜池先生通过对卦爻辞的分析，指出《周易》“是卜筮之书：由卜筮而成，为卜筮而作”[②]，从内容来看《周易》是西周初年由周民族的占书编纂而成，此后由蓍而成卦的，后人进一步撰写了我们今日所见之文辞。

针对占筮本身，李镜池先生则认为其经历了三次发展，最早的占筮只使用蓍草，蓍草是唯一具有神灵性的物品出现在占筮的体系中，以蓍草占算的结果也只是随时记录，在这一时期既没有爻画的概念，也没有筮辞的规范，而在此之后所出现的三百八十四爻以及与之相关的卦爻辞，则属于《周易》筮法的第一次变迁。之后，儒家介入《周易》的发展，以阴阳刚柔仁义等范畴去阐发与解读《周易》的文辞，则促成了筮法的第二次变迁。再之后，随着蓍草的不易得与演算过程的繁难，人们逐渐以金钱取代了蓍草，从而完成了筮法的第三次变迁。[③]

《周易筮辞续考》则翔实考证了《周易》文辞在占筮中的具体运用，从而更为细致地论证了作者在《周易筮辞考》中所提出的观点，并且对春秋筮法也进行了考辨。在其看来，《周易》的筮法虽然是春秋时期最为常见的，但同时还存在着诸如梦占、天文占等不同的预测手段，先民对于这些有时并举，有时则选其一而从之。同时，卦象在占筮中具有较强的象征意义，筮者的分析往往也是从卦象入手。

通过以上对于李镜池先生观点的介绍，我们不难发现他的论断较之于顾颉刚先生更为理性，分析也更为合理。同时，我们对比今天的出土文献，也可以印证李先生当年的部分推论。事实上，“周易”之名，即周代的占筮之书，恰恰是其时代背景的真实记录，我们今天只是着眼于其自身的哲学思想而更为信奉“易道周普，无所不备”[④]。我们研究《周易》，只有先将其还原为作为周代筮书的原始面貌，才有可能真实地认识与把握《周易》的精神。从历史发展的角度而言，占筮作为易学的早期形态，其对于《周易》后世的发展有着至关重要的影响，但是由于汉代刻意推崇《周易》的经学地位，反而冲淡了其作为占筮之书的初始面貌，特别是随着王弼义理之学的兴盛，卜筮之书的名声愈加不为人所重视。也正是这样的一种偏颇，使得我们在解读《周易》的过程中陷入误区。因此，我们认

---

① 《周易筮辞续考》在20世纪60年代进行了补充。

② 李镜池：《周易探源》，第70页。

③ 参见李镜池《周易探源》，中华书局1978年版。

④ 李学勤主编：《十三经注疏·周易正义·卷首》，第8页。

为，正确认识《周易》的法门在于合理审视《周易》的不同部分，并且对于每一部分都尽可能做出理性的解读，既不能像江湖术士般故弄玄虚，借《周易》之名行招摇撞骗之实，亦不可对《周易》一知半解而行道貌岸然之举，刻意撇清占筮与《周易》的关系。

当然，受到“古史辨派”学风的影响，顾颉刚先生与李镜池先生的共同失误在于个别论点“疑古过勇”，例如其根据康有为的一人之见，就断定《说卦》出于西汉中期；再如只是凭“鲁读”一说，就完全否定了孔子与《周易》之间的关系，这些论断随着后来出土文献的发掘，已被证伪。因此在20世纪80年代，也有学者针对性地提出了“走出疑古时代”的观点。今天看来，对于“古史辨派”的《周易》论断，我们应予以客观的评判：肯定和继承其积极的方面，厘定和矫正其“疑古过勇”的观点。

（三）容肇祖之筮法思想

容肇祖（1897—1994年）先生是近代著名的民俗学家，曾受教于顾颉刚先生，两人在北京大学、厦门大学等地多有交集，学术观点亦比较接近，但不同于顾颉刚先生立身史学，容肇祖先生一生的研究精力主要投注于民俗学，其早年在北京大学读书时便热衷于田野调查，后在中山大学又担任了《民俗》的主编，也因其民俗研究的学术背景，容肇祖先生对于筮法的研究较为深入，其代表作品即是收入《古史辨》第3册的《占卜的源流》一文。

在这篇文章中，容先生分七个部分对占卜从殷商到宋明以来的源流发展进行了详细介绍，这其中有借助当时考古成果的研究，也有对于传统文献与观点的反思。他认为，《周易》在春秋之后成为社会主流的占筮文本，且文字内容基本固定下来，但也有几个地方值得我们注意：其一在于这一时期人们并没有使用初、二、三、四、五、上来称呼不同爻位；其二则是也有部分卜师不依据《周易》的文字，而使用其他含义或同或异的文字，这说明除《周易》之外，尚有其他筮书流传于世。容先生由此认定《周易》在当时卜筮的过程中，只是起到一种类似参考书的作用，其中的文字也是结合古代占卜的文辞编撰而成的。从其流传范围与得到认可的程度来看，这个文本在春秋之前就已形成，并且得到了各地卜筮之人的普遍认可。从《周易》文本的实际内容来分析，《周易》的文辞讲述的多是西周初年王朝鼎盛之事。此外，容先生还对《周易》的卦爻辞进行了详细的分析，他比较了“吉”“凶”“无咎”三者，指出“吉”占四，“无咎”占三，“凶”占二。同时，也对《周易》经文中的“君子”“小人”做了统计，指出两者并称者六处，单独提及“君子”十四处，提到“小人”三处。由此可见，《周易》占筮的核心在于趋吉避凶，也可以看出其多为当时贵族所重视。①

谈到汉代易学，容肇祖先生将其评价为易学的哲学化与儒生的术士化。其学术主张与顾颉刚、李镜池相类，认为孔子并没有研读《周易》的经历，故而所谓“人更三圣”等史家所言皆不可信，《史记》中所载的易学传承顺序也是妄言。在其看来，《周易》与儒家发生关系的根本原因在于《周易》文辞自身具备一定的哲学思维，其从占筮而哲学化，从哲学而儒学化。但是需要注意的是，在儒学化的过程中，《周易》的占筮非但没有被儒学消化，反而大大影响了儒学自身的学术发展。事实上，在汉代的经学体系中，占有重要位置的“灾异说”，可以说是占筮影响儒学的痕迹之一。也正是在这样的氛围之下，包括《尚书》在内的儒家典籍，都或多或少成为一种预测之学。

容肇祖先生的文章旨在探讨占卜在中国各个历史阶段的发展与变化，故而其对于历史上与《周易》相关的文本、典籍与术数也进行了较为细致的考证，这其中有一些与《周易》关系较为密切，有一些则属于术数中的旁支，与《周易》关系不大。我们选几条加以剖析。

第一，由于《连山》《归藏》二者的表述与记录多出于汉代哀、平之后，故容肇祖先生认为这两部典籍并非真正的古籍，系哀平之时的伪作。同时，他认为《周礼》本身也是伪作，故《周礼》所言“三易”之论不足为信，其曰：

> 我们从殷墟甲骨的刻辞，知殷卜本无定辞，则知断无同时可以有一种有定辞之筮。而且夏殷的筮，在哀平以前，绝没有人提及，必待哀平而后，王莽信占筮之时，始出现《连山》《归藏》二书，其伪当可知了。②

第二，自魏晋后，占筮与哲学逐步成为《周易》发展的两个方向，容肇祖先生由此认为，二者因为理念不同，差别愈加明显。在哲学层面，则先有王弼注解《周易》的玄学化，后有程颐注释《周易》的理学化，这些推崇的是《周易》的思辨哲学与宇宙观念；而在占筮方面，则多是借助于

① 容肇祖先生在文中认定“君子”与“小人”是贵族、平民之区别，参见容肇祖《占卜的源流》，载顾颉刚编著《古史辨》，海南出版社 2005 年版，第 3 册。

② 容肇祖：《占卜的源流》，载顾颉刚编著《古史辨》，海南出版社 2005 年版，第 3 册，第 170 页。

《周易》的某些范畴，甚至只言片语，另起炉灶般发挥出诸多新的观念与占筮方法。

第三，容肇祖先生还对历代一些《周易》的仿写作品进行了分析，如最为知名的汉代扬雄的《太玄》，又如宋代司马光的《潜虚》与蔡沈的《洪范皇极内外篇》，容先生认为，这些皆属于“半占筮而半哲学的著作”[①]，也就是说，这些作品的作者占筮与哲学并举，一方面有自身的思想体系，另一方面又对《周易》的占筮极为关注，本着“我注六经”的思路，诞生了上述仿写作品。

总体而言，容肇祖先生关于《周易》筮法的研究在“古史辨派”中是最为详细，也是最为朴实的。我们认为，这种朴实的学风大抵主要来自其田野调查的学术经历，因此他对某些问题的判断产生了一些积极的意义。例如其对于“爻题”[②]的研究就颇有价值。“爻题”的出现，反映了《周易》在发展中的一个重要变化，从一个侧面印证了《周易》由筮书向经书转变的过程。尽管如此，作为“古史辨派”的一员，容先生关于《周易》筮法的一些论断仍难掩“疑古过勇”之嫌。例如，其对于《归藏》的判断就有待商榷。通过马王堆帛书《周易》、王家台秦简等一系列出土文献，学者已经初步证明《归藏》并非如容先生判断的那样为汉代哀、平之时的伪作，有的学者通过对《清华简》相关篇章的研究，得出在卦名、次序与写法等方面，《清华简》中的《筮法》与《别卦》两篇与《归藏》密切相关。[③]沿此思路，学者通过对《清华简》相关篇章做进一步的分析研究得出，《筮法》篇与汉代京房的纳甲筮法有渊源关系。[④]我们知道，纳甲筮法是将六十四卦分为八宫，并且在分析卦象的过程中运用天干、地支、五行、四时等时空范畴，而不涉及《周易》的文辞。无独有偶，《清华简》中的《别卦》篇也是将六十四卦分为八组别，并以规律的卦象变化对各个组别加以区分，同时《筮法》篇所记天干与八卦的对应也与纳甲筮法完全相同，而且在占筮记录中也没有出现我们所熟知的卦爻辞。由此可见，《归藏》与《清华简》之《筮法》

① 容肇祖：《占卜的源流》，载顾颉刚编著《古史辨》，海南出版社2005年版，第3册，第175页。

② “爻题”由爻名和爻位名共同组成。爻名为“九”“六”，阳爻称“九”，阴爻称“六”；爻位名从下向上，分别为“初、二、三、四、五、上”。

③ 参见李学勤《〈归藏〉与清华简〈筮法〉〈别卦〉》，《吉林大学社会科学学报》2014年第1期。

④ 参见刘震《清华简〈筮法〉中的“象”“数”与西汉易学传承》，《周易研究》2014年第3期。

《别卦》，进而与汉代京房的纳甲筮法皆有“剪不断，理还乱”的关系，贸然断定《归藏》系伪作有失偏颇。此外，容先生提到的关于儒生术士化的问题也需要我们具体问题具体分析，因为儒生与术士在先秦时代的区分并非决然对立，从帛书《周易》所载孔子与弟子关于《易》的问辩，可知孔子本人对于《周易》有着极为深刻的理解与研究，并且孔子本人也运用占筮于自身的生活中。[①] 因此，儒家思想体系中在其开端就带有占筮的基因，加之秦代的“焚书坑儒”，使除了《周易》以外的儒家典籍都受到了一定程度的破坏，这些因素都或多或少地促成易学在汉代儒家的核心经典地位。

二　“义理学派”的易学思想

义理易学在20世纪也得到了蓬勃的发展，这其中同样是人才辈出。在此，我们以杨树达与高亨两位学者的思想为例，对中华民国年间义理易学的研究做一初步探讨。

（一）杨树达之易学思想

杨树达（1885—1956年），字遇夫，号积微，湖南长沙人，著名的语言文字学家和史学家。一生以训诂考据为长，著作颇丰，其间尤以文字注疏为重，曾注释《论语》《老子》与《周易》，但与同样曾经注释过这三部典籍的王弼不同，杨氏并没有像王弼那样力图贯通儒道两家之思想，而是以恢复辨明典籍之本义，特别是以其中的字义为重点。杨树达先生此一学术旨趣与治《易》观念，在其所作的《周易古义》中得以落实和展现。

《周易古义》是杨树达关于《周易》最为重要的著作，也是其治《易》理念的集中体现。在序言中，杨树达自认为他的学说继承了王弼与程颐之说，其曰：

> 余年十七八，始治《易》，颇不然汉儒象数之说，而独喜宋程子书，以为博大精深，切于人事，与孔子系《易》之义为近。私谓今所传汉儒之说，殆一家之学，非其全也。及涉猎《史》《汉》、诸子，见有说《易》者，大要皆明人事，则大喜；以为说《易》之道当如此矣……甄采所及，断自三国。以晋人书有王辅嗣之书具在，其他多以

---

① 帛书《周易》中的《衷》《要》《缪和》《昭力》等篇都记载了孔子与学生讨论《周易》问题的相关内容，《要》篇曾提到孔子“吾百占而七十当”，详见廖名春《马王堆帛书周易经传释文》，载杨世文等编《易学集成》第3卷，第3036—3056页。

清谈为说，不足复录故也。①

而与杨树达同时代的另一位学者叶德辉为他所撰写的序言中则说道：

门人长沙杨遇夫近辑《周易古义》一书，偏采经、传，周、秦诸子，司马、班、范、《三国》四史，两汉儒书，比傅经文，存其旧谊，间附考证，不事繁征……今所采古义，不专一家一师之言，其中明人事、近义理者多，是可推见《易》之本义，不言天而言人。王、韩二家《注》，知之而宗尚虚玄，流于老、庄，致可惜也。此书出于汉魏人注家之失，皆有所借鉴而自得，寻其指归。②

叶德辉在此认为，王、韩二家《易》注由于崇尚虚玄，使《易》玄学化，有悖《周易》原始风貌，在这一点上，杨树达的《周易古义》并没有步以王弼为代表的汉魏人注家的后尘。下面我们就举例说明一下王弼与杨树达对于《周易》的注解异同。

以《乾》卦九二爻为例，九二爻辞为："见龙在天，利见大人"，王弼的解释如下：

出潜离隐，故曰"见龙"，处于地上，故曰"在田"。德施周普，居中不偏，虽非君位，君之德也。初则不彰，三则"乾乾"，四则"或跃"，上则过亢。"利见大人"，唯二、五焉。③

在这里，核心的词汇当是"大人"。王弼认为，《乾》卦中只有九二爻和九五爻有所谓"利见大人"，本身就说明了这两爻的特殊之处，而"大人"之意，按照孔颖达的疏语所揭示的，当为那些不在君王之位的有德之人，其曰："言龙见在田之时，犹似圣人久潜稍出，虽非君位而有君德，故天下众庶利见九二之'大人'。故先儒云：若夫子教于洙泗，利益天下，有人君之德，故称'大人'。"④

而杨树达先生在《周易古义》中注此处曰：

① 杨树达：《周易古义·自序》，上海古籍出版社2007年版，第1页。
② 杨树达：《周易古义·序》，第1页。
③ 李学勤主编：《十三经注疏·周易正义》，第3页。
④ 李学勤主编：《十三经注疏·周易正义》，第3页。

《易》云："利见大人。"大人与圣人，其义一也。[①]

杨氏表明此处为《意林》四引《风俗通》所言。这与王弼所言是一致的，由此可见，《乾》卦九二爻辞中的"大人"与圣人的含义相同，而这样的解释也在出土的文献中得到了印证，马王堆帛书《易传》中解释此爻时说道：

易［曰］：见龙在［田，利］见大人。子曰：君子之德也。君子齐明好道，日自见以侍用也。见用则㣼（动），不见用则䇽（静）。[②]

这个含义与王弼所言，以及杨树达所引，基本一致，就是强调《乾》九二之"大人"，是在道德涵养上的高明之辈，而不是社会地位崇高的"大人"。是"圣人"与"君子"的另一种表述而已。

同时，杨氏的《周易古义》也存在与王弼《易》注不一致的地方。还是以《乾》卦九二爻为例，其中的"利"字，按王弼的解读，"利"当训为"适宜"；而杨氏此处则引出《论衡·刺孟篇》所言"夫利有二：有货财之利，有安吉之利"[③]，只有行仁义，才可以得到"安吉之利"，故杨氏在此处意将"利"解释为"利益"，显然与王弼的解读不同。

通过以上分析可以看出，杨树达治《易》与王弼并不是完全一致的。事实上，从《周易古义》的体例也可以窥见一斑，在《周易古义》中每一句《周易》经传原文之下，皆是杨树达所引用的古籍中对于其间个别词汇的注释与解读，少有其个人见地，全书也没有对于《周易》做出总结性的说明或是对《周易》之于社会人事之意义的阐发。可以说，杨树达先生是本着十分真诚的"我注六经"的态度去完成《周易古义》这部作品的，是对清代以来乾嘉学风的一种继承，从这个角度说，杨先生显然与"扫象不谈"，强调"得意忘象"而将天下治《易》风气为之一转的王弼不可同日而语，杨氏更多的在于继承而不是创新。在20世纪的背景之下，这样的义理治《易》，恐怕更多的偏重于义而非理，这不能不说是杨树达易学思想的一种遗憾。当然，这也与杨氏治学偏重于考据小学不无关系。这样的遗憾，也在其后的易学研究中加以弥补，限于篇幅，此不赘言。

---

① 杨树达：《周易古义》，第3页。

② 廖名春：《马王堆帛书周易经传释文》，载杨世文等编《易学集成》第3卷，第3039页。

③ 黄晖：《论衡校释》，中华书局1990年版，第450页。

（二）高亨之易学思想

高亨（1900—1986 年），原名仙翘，字晋升，吉林双阳人，也是一位以传统的“义理学”方式研究《周易》的现代易学家。传统的“义理学”研究一般对象数采取消极态度，而重视易学史料的梳理和考证，并以此作为寻求《周易》义理的根据。高亨先生正是沿此理路，展开对《周易》经文和传文的诠释的。

高亨先生易学研究方面代表作主要有《周易古经今注》《周易杂论》《周易大传今注》等几部，其中《周易古经今注》一书，高先生早在1940 年于四川乐山武汉大学任教时就写成，包括“通说”和“注释”两部分，并曾经分别由贵阳文通书局和开明书店印行，后由中华书局于1984 重新修订出版。高亨先生自 1964 年开始撰写《周易大传今注》，至1979 年由齐鲁书社出版。《周易古经今注》只注释《周易》的经文，与注释《周易》传文的《周易大传今注》相辅而行。而《周易杂论》则是高亨先生发表于《文汇报》《学术月刊》等刊物上的《〈周易〉卦象所反映的辩证观点》《〈周易〉卦爻辞的哲学思想》《〈周易〉大传的哲学思想》《〈周易〉卦爻辞的文学价值》《〈左传〉〈国语〉的〈周易〉说通解》等文章的辑录，于 1962 年由山东人民出版社出版。

总的来说，高亨先生解《易》主要有两个特点，正如他在《周易古经今注》重订自序中指出的：“第一个特点是不守《易传》。《周易》卦爻辞为经，《十翼》为传。历代学者注《易经》，都是以传解经，而我注《易经》，则离传释经，与前人大不相同，这是有我的看法的。我认为《易经》作于周初，《易传》作于晚周，其间相去已数百年，传的论述当然不会完全符合经的原意。而况《易传》作者往往借用经文，来发挥他们的世界观，使经由筮书领域跨入哲学书领域……加工的《易经》就不是原样的《易经》了……《十翼》仅是出现最早的、颇有可采的《易经》注解，并非精确悉当的、无可非议的《易经》注解。”① 这也就是说，基于《周易》古经和传文是产生于不同时代作品的考虑，高先生采取了不同于历来依传解经和就经释传的传统解《易》方法，而主张经传分开，以经解经，以传解传，因此他认为研究《周易》的正确途径是“讲《易经》不必受《易传》的束缚，谈《易传》不必以《易经》为归宿，照察两书的本来面貌，探求两书的固有联系”②。这一特点反映在他

① 高亨：《周易古经今注·重订自序》（重订本），中华书局 1984 年版，第 2—3 页。

② 高亨：《周易古经今注·重订自序》（重订本），第 3 页。

的《周易大传今注》中，就表现为对六十四卦每一卦的注释，都是先立经意，然后陈述传解，经意和传解相依并行。

高亨先生在《周易古经今注》重订自序中提出的其解《易》的第二特点就是“不谈象数。《易经》本是筮书。每卦有它的卦象，每爻有它的爻象和爻数。爻变则卦变，卦爻变则象也变。古人在占筮时，某卦某爻为吉为凶，自然是以卦爻的象数为根据。某卦写上某种卦辞，某爻写上某种爻辞，也应该以卦爻的象数为根据。所以讲《易经》的占筮是离不开象数的。但是讲《易经》的卦爻辞则可以不管象数”①。高先生这里提出的“不谈象数”，并非完全否定《周易》中的象数思想，而是主张“只讲《易传》固有之象数说，不讲《易传》原无之象数说”②。也就是不能滥讲、滥用象数。因此他赞同“象数派”的基本观点：“《易经》的占筮是离不开象数的”；他在《周易大传今注》卷首《周易大传通说》中对《易传》中固有之“象数说”，如卦象与卦位等进行了阐述，并提出了自己的见解。尽管卦爻辞作为占筮的记录，与象数有一定联系，但是高亨认为，“讲《易经》的卦爻辞则可以不管象数”。高亨之所以这么认为，一方面是因为，卦象与卦爻辞的关系，由于年代久远而产生意义上的变化，有的还可以说清楚，有的则已经变得隐晦难懂，如果对这些强加解释，便会有穿凿附会之嫌。另一方面是因为，现代人研究《易经》的目的是出于研究历史的需要，“我们今天并不把《易经》看作神秘宝塔，而是把《易经》看作上古史料，要从这部书里探求《易经》时代的社会生活及人们的思想意识、文学成就等。从这个目的出发来注解《易经》，基本上可以不问《易经》作者在某卦某爻写上某种辞句，有什么象数方面的根据，只考究卦爻辞的原意如何，以便进一步利用它来讲那个时代的历史，也就够了”③。高先生这一思想显然贯彻了现代“义理派”的研《易》思路。由于认为卦象与卦爻辞没有必要联系，所以高亨先生用训诂方法揭示文句的原始含义，注释卦辞、爻辞多以通假字释义，训释词义则广征博引，提出不少新的见解。

然而，高亨先生离传解经，且不谈象数的治《易》理路是否就能正确地揭示《周易》经文和传文的本来面貌，他在注释经传文中贯彻这一理路的实践中，又是否真正做到了对原文意蕴的契合？举高先生对《乾》卦

① 高亨：《周易古经今注·重订自序》（重订本），第3页。
② 高亨：《周易大传今注·自序》，齐鲁书社1979年版，第4页。
③ 高亨：《周易古经今注·重订自序》（重订本），第4页。

“亢龙有悔”的诠释为例，高先生通过考证认为“亢”与“沆”同，而“亢龙者，谓池泽中之龙也。池泽水浅而幅员或小，草多而泥淖或深。龙处其中，为境所困之象也”①。由于所处时代的原因，《周易》古经所反映的思想没有像《易传》呈现出的那样深刻，但这并不能否认《周易》经文中仍存在着一些固有的取象规律，其中一个比较明显的取象规律就是《易经》在拟物时，初爻之辞一般取象于下，而上爻之辞则取象于上②，《乾》卦六爻的爻辞正符合这一取象规律，也就是随着爻位自下而上，龙的位置也经历了由“潜”到“见”到“跃”到“飞”，最后到“亢”的变化过程，此处的“亢龙”若如高先生所释的那样为处于“池泽中”，显然与《易经》的取象规律不是十分符合。由此可见，高先生的研《易》理路虽多有创见，但仍需我们做具体的分析。

通过上面对杨树达和高亨两位先生易学思想的评述，我们可以发现，在20世纪初，“义理学派”主要还是运用文字训诂、文献考证、文本整理的方法来注释、研究《易经》，其目的是恢复原典的本义。从其根源而言，义理学主要受汉代古文易学者的影响，继承了清代中期以来“乾嘉学派”的治《易》传统，同时受到“五四”以来“古史辨派”“整理国故”观念的影响，在诠释学的形式下对新知识、新观念有所吸取。

三　“象数学派”的易学思想

与“义理学派”相对应，“象数学派”也是传统易学研究中的另一重要学派。进入20世纪后，“象数学派”一方面坚持传统治《易》的路数，一般都承袭汉代今文易学者的做法，或致力于搜寻整理遗象，或用功于发展完善象数体例，而其核心观念在于坚持以象解《易》，即所谓“观象系辞”“由象明辞”；另一方面，“象数学派”也同样受到来自时代的影响，在他们构建自己的象数易体系时，对于新知识和新方法也有不同程度的吸收和借鉴。尚秉和先生与徐昂先生当为这一学派的代表者。而尚先生的易学思想，我们在前面已经从多个方面进行了较为详细的说明，所以下面我们着重介绍一下徐昂先生的易学思想。

徐昂（1877—1953年），初字亦轩，易字益修，号逸休，别署休复斋，江苏南通人。徐氏治《易》重象数而兼及义理，其最用功者为汉易，对京房、郑玄、虞翻等汉魏易学家的思想都有所阐释和发明。他一生著有

---

① 高亨：《周易古经今注》（重订本），第164页。

② 参见刘大钧《周易概论》，齐鲁书社1988年版。

《京氏易传笺》三卷、《释郑氏爻辰补》四卷、《周易虞氏学》七卷、《周易对象通释》二十卷、《易林勘复》一卷、《河洛数释》二卷、《经传诂易》一卷等数十种易著，充分显示其在象数易学研究方面深厚的学术造诣。

徐昂自叙其研究易学特别重视汉易是因为“易学久晦，汉易之沉沦尤甚”①。而在汉代易学中，徐氏又着力于虞翻易，他所著《周易虞氏学》，是其《周易》方面的代表性作品，其在自序中说道：

> 予自少壮时研治声韵，即兼好易学，于诸家中尤乐亲虞氏……岁癸酉，濒死昏瞀，犹以易稿为念……遐想会稽虞氏之精灵，或未泯没……惟李书所引，阙漏难免，予既好读其书，不自度梼昧，择其深邃难解或义有未尽者，依象推阐，披陈管见。②

从徐氏自序中，我们可以看出，徐氏治学态度十分真诚，绝不是简单地将易学视为一门学问去研究，而是将其纳入生命的历程，以“为往圣继绝学”的态度来研读易学。同时，徐氏是在充分把握前人研究成果的基础上融入自己的新见解，这就保证了他的观点具有一定的原创性和可信性。例如虞翻有所谓月体纳甲之说，“纳甲说”本于西汉京房易，其理论核心就是将天干与八卦结合起来，是汉代天文易学的重要组成部分，后来魏伯阳之《周易参同契》与虞翻易都对此有所继承，二者除个别地方外在月相显示与卦象匹配方面基本相同，林忠军先生在《象数易学发展史》第一卷中指出二者主要有三处不同：“其一，虞翻以十七日晨，巽卦用事，巽纳辛，而《参同契》是以十六日，巽卦用事，巽纳辛。其二，虞翻以二十九日，为坤卦用事，纳乙，以三十日为日月会合之时，纳壬，而《参同契》只言‘乾坤括终始’，不言坎离会壬癸。其三，虞氏根据纳甲方位提出‘乾坤生春，艮兑生夏，震巽生秋，坎离生冬’。其中坎离生冬之说，则异于魏伯阳之义。”③ 针对第一处不同，徐昂在《周易虞氏学》中言道：

> 惠栋八卦之数图十七日巽象退辛……皆本虞说。《参同契》云“十六转受统，巽辛见平明……”董元真山人注云：“月至十六日之平

① 徐昂：《释郑氏爻辰补·自序》，南通翰墨林书局1947年影印本，第1页。
② 徐昂：《周易虞氏学·自序》，南通竞新公司1936年影印本，第1页。
③ 林忠军：《象数易学发展史》第一卷，齐鲁书社1994年版，第218页。

> 明，现于西方之辛位，其明乍亏，其象如巽，而应巽卦之纳辛，乃一阴生也。”……依此说，则巽象退辛在十六日之旦，非十七日也。《说文》“冥”字云“日数十，十六日而月始亏冥也”，足资考证。①

也就是说，在巽卦用事的时间问题上，徐氏不取清代学者惠栋与虞翻的“十七日巽象退辛”说，而是根据清代内丹学家董德宁（号元真子，自称四峰山人）的《参同契》注及《说文解字》关于“冥”的解释，主张“巽象退辛在十六日之旦”。针对第二处不同，徐昂也在《周易虞氏学》中做了分析，他说：

> 震象出庚，当三日之暮，即阳出震为《复》也。八日暮兑象见丁，即由阳息至二而成《临》也。十五日晨乾象盈甲，即由《临》阳息至三，盈乾为《泰》，至决于《夬》也。十五日亥子之分，坎离交于戊己，亥值十五日，子值十六日。乾息坤至《夬》决尽而入巽，十六日旦巽象退辛，即亏巽为《遘》也。二十三日晨艮象消丙，即由《遘》阴消至二成《遁》也。二十九日亥子之交，消乙入坤，即由《遁》消阴至三，虚坤为《否》，终于《剥》二入坤也。亥值二十九日，子值三十日。三十日亥子之交即晦朔之间，坎月晦夕藏于坤癸，朔旦与离日会合于乾壬。②

由引文可知，徐氏继承了虞翻关于二十九日坤卦用事，三十日坎离会壬癸的论断，并引入《周易》中的“十二消息卦”形象说明了月相与消息卦之间的对应关系，细化了坎离会壬癸的具体过程，即“坎月晦夕藏于坤癸，朔旦与离日会合于乾壬”。

可见，徐氏对于虞翻易学并不是全盘接受，而是批判地继承。除了上面所举的“月体纳甲说”，又如在《周易》的逸象方面，徐昂同样认为虞翻所言尚有一些不足之处，因此又在虞氏的基础之上有所增加。如其在《周易对象通释·例言》说道：

> 虞注取象，有溢于《说卦》逸象外者，已补详拙著《周易虞氏学·逸象》中。虞氏所未详之例尚多，谨就研究所得，录其要者。如

---

① 徐昂：《周易虞氏学》卷四，第80—81页。

② 徐昂：《周易虞氏学》卷四，第81页。

> 乾为存，坤为亡；乾为得，坤为失；乾为法，坤为象。又乾为体、为逆、为尔、为图，坤为能、为殃，皆详“元编”。乾为诚，坤为伪，又乾为轻、为胜、为速，皆详“亨编”。乾为克、为设，坤为常、为服，皆详“利编”。震为舆、为行人，皆详“元编”。震为礼乐之乐，详“亨编”。震为“为”、为典，皆详“利编”。坎为听，离为视，详“亨编”。又坎为感、为惧，皆详“利编”。离为外，详“元编”。艮为官人，详“元编”。艮为除，详“亨编”。艮为受、为御、为拔、为拯，皆详“利编”。巽为散、为薄、为宝，皆详“亨编”。①

从这些《周易》逸象的总结，可以看出徐昂对于汉代的象数易学有着十分精深的把握，例如“乾为存”，徐昂引《文言传》中解释《乾》卦九二爻曰“闲邪存其诚”，解释九三爻则曰“知终终之，可与存义”，解释上九爻则是“知存而不知亡”，他认为九二爻为阳爻居于阴位而失正，故曰“存诚”以警戒之，九三爻阳爻得正，故曰“存义”以勉励之，上九爻过高为凶，且在此处，《乾》卦变为《坤》卦，故“存亡”并言，由此可见，徐昂自己发明的逸象是言之有据的。

除上所说，徐昂在《周易对象通释》中还特别凸显了对归纳法的使用。在徐氏看来，使用归纳法有两个目的，其一在于归纳《周易》经传中所涉及的对象，包括卦爻之间的变化，力图将这种变化系统展现出来；其二则在于归纳《周易》虞氏义及虞氏消息，力图融会贯通其义。正是在这样的立论前提指引下，徐氏有意识地运用归纳法来重新整合《周易》，如其所言：

> 《周易大传》云：“阳卦奇，阴卦偶。”奇偶，对象也。而一言对象，则重偶不重奇，太极生两仪，由一生二，偶从奇出，惟太极之一无对，言奇则有对待，不能直称奇数耳。阳奇阴偶，坤阴丽乾元而生，三才奇数，兼而两之，奇成为偶，其变化足征也。《易经》中同一字义，大半取同样卦象。两象对待者，取卦亦多相符合，此圣人赞易见象而观其会通之证。昂本斯指，综合六十四卦与十翼之对象，推阐虞义，辨别其变化，会通其形象，繇是而求其相同之义理，推之于群经诸子，无往而不合，间有出入，同归而殊途也。对象有相成者，圣贤是也；有相反者，善恶是也；有属纵性者，如卑高上下之类；有

---

① 徐昂：《周易对象通释·例言》，南通竞新公司1937年影印本，第6页。

属横性者，如左右内外之类。《明夷》"明入地中"，与《晋》卦"明出地上"，出入对象；《复》卦"利有攸往"，与《剥》卦"不利有攸往"，利不利对象，此两卦成对象者也。一卦中自成对象者尤多，有两象并举而又举其一象者，有一再举两象者。两象或联缀，或分见，其所举之象，或取下卦，或取上卦，或取互卦，或取所从生之卦，或取旁通之卦，或取变动后所成之卦。同为一卦，其所自生有从数卦来者。此象取从某卦，彼象取从他一卦，各视其象而殊异。①

通过上面的文字，我们可以清晰地看出，徐昂治《易》的路数还是传统的，仍是致力于搜寻《说卦》逸象、总结汉魏以来特别是虞翻为代表的取象方法。与此同时，徐昂在治《易》的过程中也已经开始自觉地运用一些不同于传统的理念，而这些则是近代科学知识和方法在其思想中所留下的痕迹。徐氏的《周易对象通释》，运用归纳法，在对《周易》中的"对象"进行全面的分析总结后，将结果分门别类地呈现在读者面前，这样既保持了《周易》自身的系统性，又清晰地表现出《周易》的思想脉络，通过归纳进而形成系统，可谓发前人所未发。

第二节 尚秉和易学思想的时代价值

前面我们对顾颉刚、李镜池、容肇祖、杨树达、高亨、徐昂六位学者的易学思想进行了简要介绍，他们作为"古史辨派""义理学派"和"象数学派"的代表人物，在一定程度上展现了20世纪初易学研究的总体状况，同时也为我们在时代背景下从横向的维度揭示尚秉和先生的易学思想的特色和对后世的影响奠定了基础。

20世纪是中华民族历史上少有的大变革时代，期间政治风云之多变，社会思想理念之更新，实难一言概之。而对应这些变化，易学的研究也是花开花落，数经沉浮。其中，有三个方面的变化值得我们特别注意。一是研究方法的变化。易学虽博大精深，但传统的研究方法却是相对较为单一，《四库全书》将其称为"两派六宗"②。进入20世纪后，随着西学东渐以及人们对于传统经学研究路数的反思，易学的研究方法出现了诸多新

---

① 徐昂：《周易对象通释·自序》，第1—2页。

② （清）永瑢、（清）纪昀等：《四库全书总目·经部一·易类一》，第54页。

气象，如成中英先生将现代易学研究分为十个领域。二是研究方向的变化。随着清王朝的覆灭，经学走下了往日的神坛，特别是六经之术不再与功名利禄挂钩，反而促使人们用一种全新的视角来审视旧有的理念，进而发掘出新意，这其中既有利用新的角度与方法者，也有秉承传统者，但无一例外都颇具创建，在很大程度上推动了易学的发展。三是研究资料的变化。事实上，前面两种变化固然产生了深远的影响，但就其本质，则无非是从解释学角度而做出的一种发展，而20世纪后期，特别是从70年代开始出现的新出土文献研究，几乎是对于《周易》的发展产生了颠覆性的变革效果，人们不仅通过新的文献对于一系列的历史谜团做出了较为准确的回答，更重新诠释传统的传世文献，甚至开始质疑其真实性与价值，而这一研究领域，至今都是易学研究的前沿，其热度将在21世纪进一步升温。

以上三个变革，可以说是易学在20世纪发展的一个缩影，但就其整体而言，20世纪之易学研究却不仅仅是这些变化。事实上，在这种种变化之间，也有人坚持按照传统的路径解读《周易》，这些人看起来与时代背道而驰，但却在继承传统中孕育了新意，而变革又往往离不开这样的继承。现实生活中，我们往往对那些慷慨激昂、力陈世事之变的改革家有着天然的好感，而对那些沉浸于传统默默耕耘者则带上另一副眼镜，这样一种在浮躁学风之下的错误观念常常会影响我们的判断。固然革新为事物发展之必然，但绝不意味着可以离开继承而谈发展，特别是中国传统经学研究，更不可无源空谈，20世纪易学亦是如此。

一　与同时代学者的易学思想比较

前面我们简要梳理了与尚秉和先生处于同一时代的六位学者的易学思想，下面我们将六位学者的易学思想按照派别与尚秉和先生做一简要对比，以便我们从更宏观、立体的角度来审视尚秉和先生的易学思想。

不难发现，“古史辨派”在其思想体系上明显有着较为突出的变革意愿，其“疑古过勇”的学术风格与尚秉和先生有着较为明显的差异。“古史辨派”本身对于《周易》的早期发展多有否定，而尚秉和先生则对于春秋筮法的发展进行了大量的研究，而并非简单的否定。同时，尚秉和先生将筮法视为易学研究的门径，有所谓“欲学易，先明筮”[①] 之说，尤其是历代进行占筮的筮例，尚秉和先生皆有所整理、分析与研究，对于《左传》《国语》中涉及的卦象，更是专门立说以言之。

① 尚秉和：《周易尚氏学》附录之《滋溪老人传》，第358页。

结合今日所见之出土文献，我们得以对先秦《周易》的发展有了更为全面的认识，基于这些材料，我们也可以重新审视《周易》早期的发展态势。随着近些年来马王堆帛书《周易》、王家台秦简、上海博物馆藏战国楚竹书《周易》《清华简》等大量文献的出土，借助于“纸上材料”和“地下新材料”综合利用、相互印证的历史研究方法，正好可以为我们重新审读传世经典文献，纠正“古史辨派”的学术偏颇指明了航向。考察这些材料所涉及的相关内容，我们可以发现，尚秉和先生所重视的逸象，其在早期《周易》的体系尤其是与筮法相关的内容中占据着极为重要的地位。尚先生所总结的互象、半象等取象方法的理念，在诸如帛书《周易》、《清华简》等出土文献之中也有所证实。更为重要的是，尚秉和先生强调的从春秋时期的《左传》《国语》到汉代的《焦氏易林》一脉相承的重象传统，凭借《清华简》的问世也得到印证，从而使我们在感叹尚先生真知灼见之余，更加深了对象在《周易》研究中重要作用的认知。除此之外，尚先生对《周易》《易林》文辞的部分注释和训诂在出土文献中亦多有证明。可以说，从出土文献中我们不难看出《周易》的文辞与其象数体系有着极为密切的联系，而尚秉和先生的部分解读，与今日所见之出土文献相互为证，解决了不少旧有多为人所难以理解的象数问题，从这一点来讲，尚秉和先生对于传统《易》象的认知是要胜过“古史辨派”的。

除了与“古史辨派”的差异之外，尚秉和先生的易学思想与同时代的易学研究者亦有所区别。众所周知，传统的易学研究分为“象数”与“义理”两种方法，如《四库全书总目》所言：

> 《易》之为书，推天道以明人事者也。《左传》所记诸占，盖犹太卜之遗法。汉儒言象数，去古未远也。一变而为京、焦，入于禨祥，再变而为陈、邵，务穷造化，《易》遂不切于民用。王弼尽黜象数，说以老庄。一变而胡瑗、程子，始阐明儒理，再变而李光、杨万里，又参证史事，《易》遂日启其论端。此两派六宗，已互相攻驳。又易道广大，无所不包，旁及天文、地理、乐律、兵法、韵学、算术以逮方外之炉火，皆可援《易》以为说，而好异者又援以入《易》，故《易》说愈繁。①

20 世纪初期的易学研究，在积极变革的学者之外，尚有不少学者选择了较

① （清）永瑢、（清）纪昀等：《钦定四库全书总目 · 经部一 · 易类一》，第 54 页。

为传统的注疏之路径，而在这路径之中，部分学者有许多创新之处，但却都离不开最为基础的“象数”与“义理”两派，尤其是对于传统的继承者，“象数派”学者一般都承袭汉代今文易学者的做法，或致力于搜寻遗象，或用功于整理象数体例，而其核心观念在于坚持以象解释《易》，即所谓“观象系辞”“由象明辞”。“义理派”学者则主要运用文字训诂、文献考证、文本整理的方法来注释、研究《易经》，其目的是恢复原典本义。从其根源而言，“义理学”主要受汉代古文易学者影响，继承了清代中期以来乾嘉学派治《易》的传统，同时受到“五四”以来“整理国故”观念的影响，在诠释学的形式下对新知识、新观念有所吸取。虽然“义理派”与“象数派”在思想上存在相互借鉴的情况，但是我们依然可以清晰地看到二者的差异，尤其是涉及与筮法相关的象，依然遭到了“义理派”的学术反对。而如前所述，对《周易》中象数思维的重视和阐发，正是尚秉和先生区别于“义理派”，超脱于“象数派”的重要特征，也是尚秉和先生对于传统易学发展的最大贡献。

就今天的学术视野而言，我们认为早期的易在根源上是起于原始巫术的，“易为卜筮书”之说实为确言，由于在后期的发展过程中，易之卜筮的功能逐渐被经学之用所取代，直至后来分野为经学与术数，易才最终成了“众经之首”“大道之源”。但是不可否认的是，在易学的微言大义之下，其原始思维有许多仍是根源于占筮功能的，甚至在《易传》中的部分独特思想，也是源于这种占筮功能的，正是由于我们前面所言的经学与术数的分道扬镳，才使得后世对于易学占筮思维本身的认识严重不足，研究更是少之又少。尚秉和先生的可贵之处，就在于其敏锐地认识到筮法对于易学的思维体系有着极为重要的意义与影响，进而对于筮法进行了较为深入的研究与阐释。他不仅在《周易古筮考》中将历代著名的占例筮案逐一剖析，更是透过易筮，阐发了易象在易筮影响《周易》整体思维之中的重要作用。结合今天的出土文献，我们可以看到，象在筮法中代表了事物发展的种种情景与可能，在思维上则代表了自然环境与社会环境对于个体行为的一种影响。从宏观而言，筮法是以比拟事物变化所处条件而推导吉凶的，因此象在此既具有象征事物的多样属性，亦在具体卦例之中表示某一具体存在，二者的共同意义在于以少数符号完成了对多样世界的描绘。这种模式也是人类认识世界与描述文明的主流方式。因此象的预设是传统筮法内在合理性的重要理由，东汉末年的象数易学与后世所谓“扫象不谈”之学说，无疑都出现了一定意义上的偏颇。象数易学过分苛求文字与卦象的一一对应，实际是将我们对于纷繁复杂的世界理解变得支离破碎；而舍弃象数的义理之学，则力图将象完全视为一种工具性的存在，因此也就剥离了象的象征含义以及象对于现实环境模拟的事实，进而使得理论完全脱离了与现实的关联。而尚秉和先生对于象的理解则基于筮法，这使得其试图建构起以象为纽带的“意义—符号—具体”三者相互作用统一的和谐体系。也正是这种设想，使得尚氏易学在注重象数的同时并没有完全迷失在象的比附之中。这大概也应是尚秉和先生易学思想的独到之处吧。

二 由《清华简》再看尚氏的象数思想

前面我们通过对比尚秉和与“古史辨派”和传统治《易》学者的易学思想，初步揭示了尚秉和易学思想的时代价值。接下来，我们引入出土文献《清华简》中的相关内容，对尚秉和易学思想中的最具特色的象数思想再进行一番对比研究，通过二者的相通之处，凸显尚秉和象数思想对于易学发展的现代价值。

考《清华简》，其《筮法》篇中第二十九节“爻象”[①] 集中反映了易学研究中的象和数的问题，其简文具体如图 6－1 所示：

简文主要论说的是以数字八、五、九、四代表的爻所取的象。按《筮法》开篇的“说明”：“其阳爻以‘一’表示，少数作‘九’‘五’；阴爻以‘六’表示，少数作‘八’‘四’”[②]，并且均有相应的符号来表示：一（▬），九（⊢）、五（✕）；六（∧），八（八）、四（⊃）。由此可知，上所引简文中的八和四代表的是阴爻，五和九代表的是阳爻，虽然八、五、九、四代表阳爻和阴爻的少数，但却在《清华简》文字体系中具有重要的意义，如第二节“得”[③] 中就有“（春）见八”“（夏）见五”“（秋）见九”“（冬）见四”的记载，体现了《清华简》中“‘卦气’并用于占”[④] 的思想，而在“爻象”这一节，又以这四个数来表征类似于传本《周易》中的老阴（四）、老阳（九）、少阴（八）、少阳（五），足见这四个数的巨大作用。在此我们不对这四个数展开论述，只想从以下三个方面来说明

---

① 清华大学出土文献研究与保护中心编，李学勤主编：《清华大学藏战国竹简（肆）》，第 120 页。

② 清华大学出土文献研究与保护中心编，李学勤主编：《清华大学藏战国竹简（肆）》，《筮法》篇“说明”，第 75 页。

③ 清华大学出土文献研究与保护中心编，李学勤主编：《清华大学藏战国竹简（肆）》，第 84 页。

④ 韩慧英：《试析清华简〈筮法〉中的卦气思想》，《周易研究》2015 年第 3 期。

《清华简》第二十九节简文与尚秉和先生的象数思想相通或相区别的地方。

第二十九節 爻象

【釋 文】

凸（凡）肴（爻）象，八爲風，爲水，爲言，爲非（飛）鳥，【五二】

爲瘇（腫）脹，爲魚，爲權（罐）筒（筩）〔一〕，才（在）上爲飢（醪），下爲汰（汏）〔二〕。【五三】

×（五）象爲天，爲日，爲貴人，爲兵，爲血，爲車，爲方，【五四】

爲悳（憂）、惎（懼）〔三〕，爲譏（飢）〔四〕。【五五】

九象爲大獸（獸），爲木，爲備戒，爲百（首），爲足，【五六】

爲它（蛇），爲它〔五〕，爲凸（曲）〔六〕，爲環（玦）〔七〕，爲弓、琥、玩（璜）。【五七】

四之象爲墬（地），爲圓（圓）〔八〕，爲壴（鼓），爲耳（珥），爲環，【五八】

爲腫（踵）〔九〕，爲雪，爲零（露），爲霓（霰）〔一〇〕。【五九】

凸（凡）肴（爻）〔一一〕，奴（如）大奴（如）少（小）〔一二〕，复（作）於上，外又（有）叟（吝）；复（作）於下，內又（有）叟（吝）〔一三〕；上下皆乍（作），邦又（有）兵命、麀（燹）忎（怪）〔一四〕、風雨、日月又（有）此（食）〔一五〕。【六一】

图 6－1 《清华简·筮法》第二十九节

第一，尚秉和重视对《左传》《国语》《焦氏易林》等逸象的整理和推衍，并以《说卦》为纲领。上所引简文“八为风，为水，为言，为非（飞）鸟……”的形式与《说卦》中“乾为天，为圜，为君，为父……”的完全一致，尽管《清华简》此处论说的是爻象，《说卦》阐明的是卦象，但并不影响我们对于尚秉和“易象说”的判断，也就是说《周易》最初的发展应该说是“以象为本”的。

第二，在《清华简》自身的体系中，以数字象征爻的同时，也象征四季与地支，同时，地支又与卦有所关联。以地支对应体系为桥梁，我们可以将其中的数字与某一个卦具体对应起来。例如“八”与春季、丑未相关，丑未又与巽卦相关，而我们看“八”的取象之中，“八为风”即与今日《说》卦所见的《巽》卦之象相一致。而尚秉和先生则考证《巽》卦除了有风之象以外，尚有诸多取象，其中鱼象、鸡象等亦与《清华简》所记“八”之象相同或是类似。以此类推，我们可以发现《清华简》所记数字对应的爻之象与尚秉和先生所记的卦之象，特别是逸象多有所合。这就证明了尚先生所言逸象合乎早期的《周易》之象。

第三，前文我们总结尚秉和先生主张在易象领域用伏象（对象）、用覆象（反象）、用互象、用半象及用大象五种取象方法，其中的互象、半象等皆在《清华简》之中出现和运用[①]，这就再次显示了尚先生的真知灼见。

由以上的对比分析，我们看到尚秉和先生的象数思想在《清华简》中得到了一定程度上的印证，鉴于学者对于《清华简》的研究还处于起步阶段，相信随着对《清华简》以及更多出土资料研究的不断深入和研究成果的不断涌现，我们一定可以发现更多的尚秉和易学思想的闪光之处，从而更深刻地体会尚先生易学思想历久弥新的学术价值。

第三节　尚秉和易学思想析论

通过前面我们对于20世纪易学发展的整体介绍，以及尚秉和先生思想体系与同时代学者的横向比较，我们可以更为清晰地认识到尚秉和先生

---

① 参见刘震《清华简〈筮法〉与〈左传〉〈国语〉筮例比较研究》，《周易研究》2015年第3期。

对于易学的发展在诸多方面都作出了不可磨灭的贡献，尤其是其在象数易学领域的成就，更是为人称道，但也恰恰是由于尚先生过于重视易之象数，使得其学失之偏颇。借由尚氏易学文献与前文剖析，笔者冒大不韪之嫌，斗胆在此就尚先生易学思想之学术贡献与不足略陈一二，以为本书结尾。

一 辑佚立象的尚氏易学之得

谈到尚秉和先生易学思想之学术贡献，我们以为最为突出者大抵有三点。第一，尚先生通过对《周易》及《焦氏易林》中卦象的归整和推衍，提出了完整而详备的“卦象说”，可以说这是尚氏易学的最大特色，亦可称一家之言。尚秉和在《周易古筮考》之“卦象考”时有曰：“占《周易》者以辞为先，然辞往往与我不亲，则察象为最要矣。象者，易之本文。孔以前之辞俱亡，不可得见，今存者只《周易》。然《周易》之辞，无一非察象得来，乃文王、孔子所以示学者以学易之端绪，非谓其包蕴尽于是也。故夫学筮者，于各卦义象须将古昔儒先以次所发明而推演者，荟萃之，记录之，然后能应用而不穷。”① 从这里来看，尚秉和认为易象是《周易》的核心所在，凡是学习《周易》之人，务必应首先将八卦所属之象熟记于心，并且能够触类旁通、举一反三，方可能在知识论的层面理解与把握春秋战国时代古筮之真谛。尚秉和在研究《周易》以及其所涉及的古代卜筮学说时，自身非常注重卦象的应用。在其看来，卦象是《周易》筮法做出占筮判断的立论基础与形象依据，研究卦象对于考证与解释古人卜筮方法是非常重要的。尚秉和在解释古今筮例时不仅大量广泛运用了《说卦》中所载八卦的诸多基本卦象，同时还详细考证与辨析了《左传》《国语》《九家逸象》《焦氏易林》等古代典籍中所涉及的易象与卦象，并且对于这些内容详加注释，从而为我们研究中国春秋时代的占卜文化，揭开古人的卜筮案例提供了十分便利的条件，使我们对于《周易》之中的卜筮学说有了更加规范、精确与系统的认知。

第二，尚先生以历史发展的眼光对《周易》筮法进行了重新评判与定位，同时又对筮法的运用做了大量细致的阐释工作。《周易》在诞生之初就是一部讲占筮内容的典籍，《汉书·儒林传》曰“及秦禁学，《易》为筮卜之书，独不禁，故传受者不绝也”，《系辞》曰“以言者尚其辞，以动者尚其变，以制器者尚其象，以卜筮者尚其占”，占筮亦是圣人象、数、

---

① 尚秉和：《周易古筮考》卷九《占易杂述·卦象考》，第257—258页。

理、占四道之一。《周易》尽管由于是筮卜之书躲过了秦火的浩劫而传至西汉，但其占筮的功能却没有因此受到应有的肯定，反而被从经文中剥离开来，使其地位大大下降。《汉书·艺文志》将《周易》筮法的内容归入“蓍龟十五家”“杂占十八家”，排在“历谱”“五行”之后，相反诠释讲解《周易》经文的“凡《易》十三家”却放在了五经榜首的地位。这种排列方法从西汉至明清一直被沿袭下来，如清人编纂《四库全书总目》，将《周易》的经文象数之著，放在“经”部“《易》类”，而其研究占筮之书，则进入“子”部“术数类”。面对这样一种文人“轻筮”的传统，尚秉和以历史发展的眼光，明确地提出“欲学易，先明筮”。将《周易》的卜筮之用纳入易学研究首要解决的问题，他说：“《易》本用以卜筮，不娴筮法九六之义即不知其何来。而《系辞》大衍一章尤难索解，《春秋传》所谓某卦之某卦亦莫明其故，故学《易》者宜先明筮法。”[①] 尚先生对于《周易》筮法的重新定位应当说是比较客观的，他打破传统对于《周易》筮法的偏见与禁锢，提供了一条由明筮而进入研究易之理、易之道的门径，对于我们进行易学研究具有相当的启示作用。与此同时，尚先生又广为搜辑春秋以至明清的历代古人卜筮案例达百余则，并对其中词义怪奇深奥难知者，做了比较详细的分析，成《周易古筮考》十卷。较之其他辑录筮案之书，《周易古筮考》收录了更为丰富的古人筮案。不但对《左传》《国语》中的筮例做了辑录和分析，而且对其他传记所载“以辞象占而存有本卦”[②] 的筮例也进行了归纳和整理。不但对《系辞》中的大衍筮法进行了详细解说，而且还对纳甲筮法、射覆等《周易》中的其他筮法进行了分别介绍。尚先生的《周易古筮考》立足于对《周易》中象和数的阐发和挖掘，既体现了《易传》中居则观象玩辞，动则观变玩占的易学精神，亦为我们研究中国古代筮法提供了有力的工具支持。

第三，尚秉和先生对于易学史上的一些问题也有自己独到的见地，其中一些在今日看来实为真知灼见，此处限于篇幅，略举两点言之。一者，其对先天方位说的考订，尚秉和先生以其严谨扎实的态度，遍览古籍，发现了《左传》《焦氏易林》《易纬·乾凿度》以及“九家”、荀爽《易》注中皆有关于先天说的蛛丝马迹，进而明确提出“先天方位，在两汉皆未失传”的论断，这为我们揭示“先天八卦方位”的基本内涵，进一步探讨和研究“先天八卦方位”提供了极具价值的参考。二者，尚秉和先生关于

---

① 尚秉和：《周易古筮考》卷一《筮仪》，第 21 页。

② 尚秉和：《周易古筮考·自叙》，第 3 页。

汉代易学的传承以及《焦氏易林》历史地位的判断亦十分精到，他明确提出东汉易学并不是真正意义上继承与发展了西汉易学，而是走出了与其大相径庭的新路途，“乃至汉末，西京《易》存者，只孟、京二家。有书无师，莫能传习。郑康成初习京氏，后弃去，学费氏，苦无师也。费直专以孔传说《易》，无师可通也。王弼易之能风行晋唐者，亦以此。吴虞翻自谓世传孟氏易，然焦延寿，学孟者也，焦氏所说易象，翻多不知。世传孟易之言，果可信乎？至京氏，更无人道及。其余无书者，更无论已。于是三家之学，至东汉崭然齐亡”[①]。在当今的易学研究之际，我们借由新出土的简帛资料，发现西汉易学与先秦易学是一脉相承的，而与东汉易学之间却有所差别，尤其是东汉末之马、郑、荀、虞等，皆与西汉易学不同，尚先生在没有出土文献的情况之下而有此判断，足见先生于易学之悟性过于常人，也正是源于这份悟性，尚秉和先生敏锐地判断出焦氏易在西汉易学中不同寻常的地位，其在《焦氏易诂》中曰：“盖自孔子传《易》，六传而至田何，七传而至丁将军。丁将军既从田何受《易》，复从周王孙受古义。周王孙非他，仍田何弟子也。然则阴阳灾变之学，皆出自孔门，为传《易》者所必学，其渊源可谓明悉矣。徒以施、梁二家未得其全，遂谓孟喜阴阳之学非出自丁、田，更疑延寿易学非出自孟氏。岂知皆施、梁二家徒党之诬词哉！总之，阴阳灾变之学，由丁宽证之，其源皆出于孔氏。后三家惟孟喜为能兼明，三家后惟焦、京能传孟学。故京氏巍然为三家后第一大家，得立于学官。”[②] 孟喜至焦氏，焦氏再至京房，焦氏易正是西汉阴阳灾变之《易》之“古义”的承前启后者，而今存《焦氏易林》无疑又对研究焦氏易以及西汉易起着十分重要的作用。尚先生在其深刻认知的基础之上，出经入史，旁证百家，历十余年之久，对《焦氏易林》四千余条繇辞一一注之；与此同时，尚先生亦发现了《易林》中久已失传且与《周易》相关的凡一百二十余象及《易》用覆象、对象、互象、半象、大象等应用规律，并验之于《左传》《国语》的占象、《逸周书·时训》的准象、《周易》之卦象，统一整合了自春秋至西汉的易象，为我们今天的研究提供了宝贵的参考素材。王树楠先生在《焦氏易诂》序文中称赞尚先生于《易林》的研究“不但为焦氏之功臣，而抑亦西汉先师之厚幸也”[③]，并不为过。

---

① 尚秉和撰，陈金生点校：《焦氏易诂》卷一，第 7 页。

② 尚秉和撰，陈金生点校：《焦氏易诂》卷一，第 6—7 页。

③ 尚秉和撰，陈金生点校：《焦氏易诂·序》，第 5 页。

二 重象失理的尚氏易学之失

然事物过犹不及，尚先生于易象多有着力，而正是因此而失之偏颇，未能凸现易之哲思学理与人文关怀，此实为憾事，此处我们稍叙几处。

就其象数之说，一方面，尚氏之说过于绝对化，如其注《焦氏易林》皆依象说，而将林辞每个字完全归之于象，此实有待商榷。我们可以设想，若果然如此，那么在《焦氏易林》的内容中，相同的林辞就当对应相同的卦象，然而事实却非如此，尚氏的注解也不是这样的。关于这一点，林忠军先生在《象数易学发展史》第一卷中有所论述，此不赘言，按林先生之解，“使用这么复杂的象数，使林辞每一个字与卦象对应，这种创作的方法，在古代，包括《周易》创作在内，是根本不可能的，即使在计算机时代的今天也是难以想象的。因此，尚氏关于易辞每个字皆根于象的说法欠妥”[①]，林先生此论可谓一针见血。同时，尚先生取象过于随意与混乱，如《焦氏易诂》中，震取象为君、为父、为鸟、为口、为舟、为发、为车，方位为南、为东北，对比《说卦》我们可以发现为君、为父与乾卦相同；为口与兑卦同；为车与坤卦同；方位为南与离卦同；为东北与艮卦同，虽然这些尚秉和先生解释为对象、覆象等，但还是多少会有穿凿附会之嫌，而且这样取象的直接结果就是混淆了八卦之间的不同，使得取象没有固定标准可言。

除了我们前面所言易象之学的不足之外，尚先生于义理上的缺陷亦为人所诟病，特别是他认为西汉易学至东汉已然失传，进而致力于恢复西汉易学之真精神。然而我们从近些年出土的简帛资料来看，孔子对于易学占筮的态度是“以德行求福”“以仁义求吉”，孔子并非脱离占筮，凭空观其德义，而是以占筮为途径，“幽赞而达乎数”，由深明筮占之术而通晓易之数理，进而“明数而达乎德”，由精通易之数理而通达于德义，最终“又［仁］者而义行之耳”，将所通达的德义落实到自身的言行中。孔子虽然也行巫史之筮“百占而七十当”，但却是与“赞而不达数”“数而不达于德”的史巫殊途同归。孔子“幽赞”“明数”的终极目的在于通过“德义”超越“幽赞”和“明数”。所以孔子提出“君子德行焉求福”“仁义焉求吉”，即君子应以德行和仁义获得福庆和吉利。如此一来，孔子的“观其德义”实际上就应是“以德代占”“占以德而占以义”，以一种关乎人文德行修养、察于宇宙流变的宏观视角去把握与建构社会人生，正是

① 林忠军：《象数易学发展史》第一卷，第73页。

《彖传》“观乎天文，以察时变；观乎人文，以化成天下”的大易精神。

自孔子以降，孔门弟子研究易学无不是筮、理并重，西汉诸生俱是如此，丁将军从军保家卫国；焦延寿身为地方官员，“以候司先知奸邪，盗贼不得发。爱养吏民，化行县中。举最当迁，三老官属上书愿留赣，有诏许增秩留，卒于小黄”①。保一方百姓之安，赐一方百姓之福，并不重自己官位的升迁；至于京房，更是为了对抗朝廷之中的奸臣而以身取义，此数位易学大家皆为德行涵养之表率，尚先生精于其数，却未能倡乎其理，将西汉易学之中“笼罩在本天道以立人道的高度哲学性的天人之学的氛围下，同样寄寓了先哲独特的总体宇宙关怀和终极人文关怀”② 的“古义”与顺应天地之变，察于阴阳之化以“德行焉求福，仁义焉求吉”超越卜筮的“今义”一并展现于世人面前，应当说是尚先生于西汉易学研究的一大遗憾。

综上，尽管尚秉和先生的易学思想存在一些偏失，但不可否认其确实为中国近代的一位易学大师，为易学的发展作出了不可磨灭的贡献，特别是先生在易学研究方面扎实的学术功底、严谨的治学态度以及勇于开拓的创新精神，皆为吾辈之楷模，正如于省吾先生在《周易尚氏学·序言》中所评论的：“庶几瑕不掩瑜，晶光赫露，而先生的苦心孤诣和一系列的发明，也可以信今而传后了。”③

---

① （汉）班固撰，（唐）颜师古注：《汉书》卷七十五，《眭两夏侯京翼李传》第四十五，第3160页。

② 刘大钧：《〈周易〉古义考》，《中国社会科学》2002年第5期。

③ 尚秉和：《周易尚氏学》序言，第7页。

附　录

一　《左传》[1]《国语》[2] 所记筮例及相关译文和注释

1.《左传·庄公二十二年》陈厉公筮公子敬仲生

生敬仲。其少也，周史有以《周易》见陈侯者，陈侯使筮之，遇《观》䷓之《否》䷋。曰："是谓'观国之光，利用宾于王'。此其代陈有国乎？不在此，其在异国；非此其身，在其子孙。光远而自他有耀者也。坤，土也。巽，风也。乾，天也。风为天于土上，山也。有山之材而照之以天光，于是乎居土上，故曰：'观国之光，利用宾于王。'庭实旅百，奉之以玉帛，天地之美具焉，故曰：'利用宾于王。'犹有观焉，故曰'其在后乎！'风行而著于土，故曰：'其在异国乎！'若在异国，必姜姓也。姜，大岳之后也。山岳则配天。物莫能两大。陈衰，此其昌乎！"及陈之初亡也，陈桓子始大于齐；其后亡也，成子得政。[3]

【译文】陈厉公的儿子敬仲（名完）出生时，厉公让周史用《周易》

---

① 附录中《左传》中的引文，皆引自李学勤主编《十三经注疏·春秋左传正义》。《左传》中的译文，皆参考《春秋左传正义》中的注文、疏文，以及刘大钧《周易概论》、刘光本《周易古筮考通解》中的相关筮例译文。以下同。

② 附录中《国语》中的引文，皆引自上海师范大学古籍整理研究所校点：《国语》。《国语》中的译文，皆引自邬国义、胡果文、李晓路撰《国语译注》，上海古籍出版社 1994 年版。以下同。

③ 李学勤主编：《十三经注疏·春秋左传正义》第九卷，第 269—273 页。

占了一卦，得《观》卦变《否》卦。史官占断说："这是说观看考察一国的风俗民情，宜用宾客之礼来朝见君王。这难道是要取代陈国吗？不在此地，而在异国；不在敬仲本人，而在敬仲的子孙后代。光远照于他物，他物始得照耀。坤为土，巽为风，乾为天。《观》卦之《否》卦是《观》卦上卦巽风变为乾天居于下卦坤土之上，《否》卦二至四互体又为艮卦，艮为山。山上有木材，受到天光的照耀，都居在土之上，所以说是'观国之光，利用宾于王'。朝廷中摆满了各种各样的礼品，还有大臣们进奉的金玉和丝帛，天地间的珍美物品悉皆具备，所以说是'利用宾于王'。而'观'又有观望等待之义，所以敬仲只是观望，他的后代才能得志。《观》卦上巽风下坤土，有风行于土之象，风吹木实落去，更生他土而长育，所以说'其在异国'。如果是在异国，一定在姜姓之国。姜姓是大岳的后代。那里山岳与天相配（与《否》卦互艮为山，配外卦乾天的卦象相符）。事物没有两个同时都大，陈国衰亡，敬仲的后代必然昌盛！"等到陈国初亡的时候，陈桓子（敬仲五世孙陈无宇）开始在齐国兴盛；然后等陈国灭亡，成子（敬仲八世孙陈常）取得政权。

【注释】（1）陈国是西周封立的诸侯国，妫姓，传说是帝舜之后。陈国地在今河南东部及安徽西北部，都城宛丘（今河南淮阳）。陈厉公是陈国第十三代国君，公元前706年至公元前700年在位。（2）陈国最后一个国王陈滑公在周敬王四十一年（前479）被楚国擒灭。此前两年，周敬王三十九年（前481），田常杀了齐简公，做了齐王。可见周史的预言"陈衰，此其昌乎"恰与事实巧合。

2.《左传·闵公元年》毕万筮仕于晋

> 初，毕万筮仕于晋，遇《屯》䷂之《比》䷇。辛廖占之，曰："吉。屯固比入，吉孰大焉？其必蕃昌。震为土，车从马，足居之，兄长之，母覆之，众归之，六体不易，合而能固，安而能杀，公侯之卦也。公侯之子孙，必复其始。"①

【译文】闵公元年初（前661），毕万占筮在晋国的仕途如何，得《屯》卦变《比》卦。辛廖为其解占说："吉利。屯坚固比顺入，没有比这更吉利的了。子孙后代一定会兴旺发达。《屯》卦初爻动，由震雷变为坤土，马拉着车（震为车，坤为马），双足立于大地（震为足），兄弟逐

① 李学勤主编：《十三经注疏·春秋左传正义》第十一卷，第305—306页。

渐成长（震为长子），母亲包容呵护（坤为母），众人归顺（坎为众[①]），这六种意思不可改变。亲合而能险固，安顺而有威严，这是将成为公侯的卦象啊。公侯的子孙一定会兴旺发达。”

【注释】据《后汉书》等记载，周文王第十五子毕公高后裔毕万，西周时，事晋献公，献公十六年，以魏封毕万为大夫。又按孔疏“万是毕公之后，公侯之子孙，必当复其初始，言此人子孙又将为公侯也。及春秋之后二家分晋，而魏为诸侯，是其筮之验也”[②]，可参证引文内容。

3.《左传·闵公二年》鲁桓公卜筮成季之生

> 成季之将生也，桓公使卜楚丘之父卜之。曰：“男也。其名曰友，在公之右；间于两社，为公室辅。季氏亡，则鲁不昌。”又筮之，遇《大有》䷍之《乾》䷀，曰：“同复于父，敬如君所。”及生，有文在其手曰“友”，遂以命之。……[③]

【译文】鲁桓公的小儿子成季将要出生的时候，鲁桓公命令卜楚丘的父亲卜算一下。卜楚丘之父说：“是个男孩。他的名字叫友，不亚于您，奔走于两社之间（指掌大权），为王室的辅宰。成季死后，鲁国就不再昌盛。”又占了一卦，得《大有》卦变《乾》卦，断曰：“其职位同他的父亲一样，像君王一样受到人民的尊敬。”到了成季出生的时候，他的手上有个“友”字，于是就给成季命名为友。……

【注释】尚氏极为重视此一筮例中“同复于父，敬如君所”一句，除引用杜注及孔疏[④]外，还引用了任启运[⑤]的观点：“‘同复于父，敬如君所’，所谓后天之离即先天之乾。”至于占验的结果：成季及其子孙执政鲁国，很有政绩，果然同君王一样。第21例《左传·昭公三十二年》“史墨以《大壮》卦论季氏掌政”，也介绍了成季子孙执政鲁国、创立功业以致

---

① 尚氏在《周易古筮考》中引杜预注释为“坤为众”，但根据第6例《国语·晋语》“晋重耳筮得国”中的“坎，劳也，水也，众也”，且此例中，《比》卦的外卦为坎，内卦为坤，坤为顺，坎为众，似乎比“坤为众”义更准确。

② 李学勤主编：《十三经注疏·春秋左传正义》第十一卷，第306页。

③ 李学勤主编：《十三经注疏·春秋左传正义》第十一卷，第309—310页。

④ 尚氏所引的杜注为：“筮者之辞也。乾为君父，离变为乾，故曰‘同复于父’，见敬与君同。”孔疏为：“离是乾子，迁变为乾，故云‘同复于父’，言其尊与父同也。国人敬之，其敬如君之处所，言其贵与君同也。”

⑤ 任启运（1670—1744年）：清代学者，字翼圣，世称钓台先生，江苏宜兴人。其学宗朱子，而所著以礼学为多，易著有《周易洗心》九卷等。

民忘鲁君的史实。

4.《左传·僖公十五年》秦伯伐晋筮获晋君

秦伯伐晋。卜徒父筮之，吉。涉河，侯车败。诘之。对曰："乃大吉也，三败必获晋君。其卦遇《蛊》䷑，曰：'千乘三去，三去之余，获其雄狐。'夫狐蛊，必其君也。《蛊》之贞，风也；其悔，山也。岁云秋矣，我落其实而取其材，所以克也。实落材亡，不败何待？"三败，及韩。[①]

【译文】秦穆公将要讨伐晋国，令卜徒父占筮，策曰："吉，涉河，侯军车败。"秦穆公不解，诘问其详。卜徒父回答："这是大吉之卦，三败敌人，必获晋君。所占的《蛊》卦，辞曰：'千乘三去，三去之余，必获得其雄狐。'狐蛊，必定是指晋惠公。《蛊》的内卦是风，外卦是山。岁时已至秋天，我方秋风吹落对方山木之实而取其材，所以我方一定会胜利。山木果实落了，树木本身也被砍伐了，哪能不败？"晋之车乘三度与秦战而败坏乃至于韩。

【注释】鲁僖公十五年（前645），由于秦穆公不满晋惠公的忘恩行为[②]，决定讨伐晋国。引文记载的就是秦穆公令卜徒父占筮讨伐晋国成功与否的内容。结果，如卜徒父所断，秦国打败了晋国，并擒获了晋惠公。

5.《左传·僖公十五年》晋献公筮嫁伯姬于秦

初，晋献公筮嫁伯姬于秦，遇《归妹》䷵之《睽》䷥。史苏占之曰："不吉。其繇曰：'士刲羊，亦无衁也。女承筐，亦无贶也。西邻责言，不可偿也。《归妹》之《睽》，犹无相也。'震之离，亦离之震，为雷为火，为嬴败姬，车说其輹，火焚其旗，不利行师，败于宗丘。归妹、睽孤，寇张之弧，侄其从姑，六年其逋，逃归其国，而弃其家，明年其死于高梁之虚。"及惠公在秦，曰："先君若从史苏之占，吾不及此夫。"韩简侍，曰："龟，象也；筮，数也。物生而后有象，象而后有滋，滋而后有数。先君之败德及，可数乎？史苏是占，

① 李学勤主编：《十三经注疏·春秋左传正义》第十四卷，第373—374页。

② 据《春秋左传正义·僖公十五年》第375页记载："出因其资，入用其宠，饥食其粟，三施而无报，是以来也。……"说的就是，晋惠公逃亡梁国时受到秦国资助，回国继承君位时得到秦国帮助，饥荒时又吃过秦国卖给的粮食，秦国三次恩惠于晋国，而晋惠公都没有报答，所以秦国才来侵犯。

勿从何益？《诗》曰：‘下民之孽，匪降自天，僔沓背憎，职竞由人。’”①

【译文】僖公十五年（前645），晋献公要把他的女儿伯姬嫁给秦穆公，占了一卦，得《归妹》卦变《睽》卦。史官史苏断曰：“不吉。爻辞说：‘男子割羊而未见出血，女子提着筐却没有东西。西边的邻国有责让之言，得不偿失，没有什么好处。《归妹》卦变为《睽》卦，还是没有什么帮助。’《归妹》上卦震变为离，也是离变为震，震为雷离为火、为秦击败晋。战车挣脱了下輹，烈火焚毁了旗帜，不利于行兵打仗，将在宗族的丘邑失败。《归妹》卦变《睽》卦，《睽》上九孤绝，遇寇张开弓箭，侄子跟从着她的姑姑（这是说子圉在秦国做人质），六年之后逃了出来，逃回自己的属国，并抛弃了自己的家属（这是说子圉弃其妻怀嬴），第二年将死于高梁之地的废墟（晋惠公死的第二年，晋文公进入晋国，在高梁之地杀死了怀公）。”到了惠公被俘虏到秦国的时候，惠公说：“先君要是听从了史苏的占断，我就不会有今天的灾祸。”晋大夫韩简对惠公说：“龟，以象示人；筮，以数告人。物既生而后有其形象，既为形象而后滋多，滋多而后始有头数。先君废嫡立庶之败德既定，导致公今天如此的灾祸，可由筮数始生出吗？败德有其象数，龟筮从后而知，因嫁女于秦，史苏根据筮数占断，纵使当时没有嫁伯姬，于祸有何益？《诗》曰：‘在下之民的邪恶妖孽，并非天所降临。僔沓面语，背相憎疾，皆是由于人竞逐为恶造成。’”

【注释】此例中，杜注指出了用《周易》解卦的原则，即：“凡筮者用《周易》，则其象可推，非此而往，则临时占者或取于象，或取于气，或取于时日王相，以成其占。若尽附会以爻象，则构虚而不经，故略言其归趣。”孔疏为：“用《周易》则其象可推，非《周易》则不可得知本意，所取不在《周易》。若尽皆附会爻象，以求其事，则象非其类，事非其实，全构虚而不经，故略言归趣而已，不能尽得其象也。《阴阳书》以为春则木王、火相、土死、金囚、水休时日，王相谓此也。”（又可参见第1例《左传·庄公二十二年》“陈厉公筮公子敬仲生”，杜预的“卜筮观”）引文中的“龟，象也；筮，数也。物生而后有象，象而后有滋，滋而后有数”，反映了春秋人对龟卜揲蓍法的认识及运用。杜注“龟以象示，筮以数告，象数相因而生，然后有占，占所以知吉凶，不能变吉凶”，孔疏为：

① 李学勤主编：《十三经注疏·春秋左传正义》第十四卷，第378—383页。

“卜之用龟灼以出兆，是龟以金、木、水、火、土之象而告人。（第22例《左传·哀公九年》‘晋赵鞅筮救郑伐宋’，服虔指出：‘卜法横者为土，立者为木，邪向经者为金，背经者为火，因兆而细曲者为水。’①）筮之用蓍揲以为卦，是筮以阴阳蓍策之数而告人也。凡是动植飞走之物，物既生讫而后有其形象，既为形象而后滋多，滋多而后始有头数。其意言龟以象而示人，筮以数而告人。……明祸败既定，龟筮知之，从之不能损，不从不能益也。”“象生而后有数，是数因象而生也。若《易》之卦象，则因数而生。故先揲蓍而后得卦，是象从数生也。”

6.《国语·晋语》晋重耳筮得国

> 公子亲筮之，曰：“尚有晋国。”得贞《屯》䷂悔《豫》䷏皆八也。筮史占之，皆曰：“不吉。闭而不通，爻无为也。”司空季子曰：“吉。是在《周易》，皆利建侯。不有晋国，以辅王室，安能建侯？我命筮曰‘尚有晋国’，筮告我曰‘利建侯’，得国之务也，吉孰大焉！震，车也。坎，水也。坤，土也。《屯》，厚也。《豫》，乐也。车班外内，顺以训之，泉原以资之，土厚而乐其实。不有晋国，何以当之？震，雷也，车也。坎，劳也，水也，众也。主雷与车，而尚水与众。车有震，武也。众而顺，文也。文武具，厚之至也。故曰《屯》。其繇曰：‘元亨利贞，勿用有攸往，利建侯。’主震雷，长也，故曰元。众而顺，嘉也，故曰亨。内有震雷，故曰利贞。车上水下，必伯。小事不济，壅也。故曰勿用有攸往。一夫之行也。众顺而有武威，故曰‘利建侯’。坤，母也。震，长男也。母老子强，故曰《豫》。其繇曰：‘利建侯行师。’居乐、出威之谓也。是二者，得国之卦也。”②

【译文】晋国公子重耳亲自占卜问卦，起卦说：“还有晋国吗？”得到本卦《屯》卦，变卦《豫》卦，其中《屯》卦内外两经卦都存在不变的阴爻（即少阴，数八）。筮史据此推断，都说：“不吉利。闭塞不通，不是有作为的卦爻。”司空季子推断说：“吉利。这在《周易》，二卦都称‘利于建立侯国’，如果不能重返晋国，来辅助周王室，怎么能谈到‘建侯’？我祈命于筮‘还有晋国吗’，筮辞告诉我说‘利于建立侯国’，是得到国家的意思，还有什么能比这更吉利！震为车。坎为水。坤为土。

① 李学勤主编：《十三经注疏·春秋左传正义》第五十八卷，第1651页。

② 上海师范大学古籍整理研究所校点：《国语》，第362页。

《屯》卦象征物力富厚。《豫》卦象征喜乐。《屯》的内卦、《豫》的外卦都有车象，土地人民都顺从你，泉源资助你，土地富饶又乐其所有。如果不能重新得到晋国，怎么能应和这些卦象呢？震为雷、为车。坎为劳、为水、为众。论卦以内卦为主，《屯》卦内卦震有雷与车之象，外卦坎有水与众之象。震车象征威武，坎水象征民众顺从，可以说文武具备，实力雄厚之至呵！所以这卦称作《屯》卦。《屯》卦卦辞说：'元、亨、利、贞。勿用有攸往，利建侯。'《屯》卦内卦为震，震为雷为长，所以说是元。民众顺从会合，所以说是亨，内卦为震雷可以宜物而干大事业，所以说是利贞。卦象中震车动而向上，坎水顺而向下，象征着必定能称霸。在小事上还有阻难不顺之处，是因为闭塞不通，因此说'勿用有攸往'。但卦象中有一人行动，众人顺从而有威武之旨，所以卦辞又说'利建侯'。坤为母。震为长男。母亲年老，儿子强健，有欢娱之象，所以说《豫》卦安乐。《豫》卦的卦辞说：'利建侯行师。'就是指《豫》卦卦象中居内有坤母之乐，出外有震车之威。故这两卦都是重返晋国，建立功业的卦啊。"①

【注释】晋文公名重耳，晋献公的庶子。献公宠姬骊姬杀太子申生，立幼子奚齐为嗣后。公元前655年，十七岁的重耳被迫出奔到邻近晋国的一个少数民族邦国狄国，住了十二年后，又到了齐国，娶齐桓公的女儿姜氏为妻，之后便开始了归国之路，途经卫国、曹国、宋国、郑国、楚国，最后到秦国，与秦穆公的女儿怀嬴（姓嬴，曾嫁给入秦为质的晋公子圉。后公子圉逃归晋国，立为晋怀公，所以称她为怀嬴）缔结婚约。公元前637年，逃亡国外十九年后，重耳在秦国的帮助下终于归国即位，为晋文公。此处所引的就是重耳重返晋国前，亲自用《周易》占卜前途的内容。尚秉和先生对此例中的"贞《屯》悔《豫》皆八也"的具体含义，着重进行了探讨。

7.《国语·晋语》董因筮重耳返国

十月，惠公卒。十二月，秦伯纳公子。……董因迎公于河，公问焉，曰："吾其济乎？"对曰："岁在大梁，将集天行。……臣筮之，得《泰》䷊之八。曰：是谓天地配亨，小往大来。今及之矣，何不济

① 邬国义、胡果文、李晓路撰：《国语译注》，第318—319页。译文中的个别不确的地方据刘大钧著的《周易概论》"《左传》《国语》筮例"一节（第121—123页）做了修订。

之有？……”公子济河……丁未，入绛，即位于武宫。戊申，刺怀公于高梁。①

【译文】十月，晋惠公死。十二月，秦穆公把公子重耳送回晋国。……晋国大夫董因在黄河边上迎接重耳，重耳问道：“我这次回来能成功吗？”董因回答说：“现在太岁星出现在大梁区域，这象征您将要成就大事。……我占筮，得到《泰》之八，说：这是指天地亨通，小的去大的来。现在到时候了，怎么会不成功呢？……”于是公子重耳渡过了黄河……丁未日，进入国都绛城，在晋武公庙即位。戊申日，在高梁刺杀了晋怀公。②

【注释】引文记载的是公子重耳归国时，晋大夫董因迎接重耳时说的一段话。董因以天象及《易》占对重耳将能够成功归国、继承君位做了一番分析。尚秉和对引文中的“《泰》之八”做了分析。

8.《左传·僖公二十五年》晋文公筮纳周襄王

秦伯师于河上，将纳王。狐偃言于晋侯曰：“求诸侯，莫如勤王。诸侯信之，且大义也。继文之业而信宣于诸侯，今为可矣。”使卜偃卜之，曰：“吉！遇黄帝战于阪泉之兆。”公曰：“吾不堪也。”对曰：“周礼未改。今之王，古之帝也。”公曰：“筮之。”筮之，遇《大有》䷍之《睽》䷥，曰：“吉，遇‘公用享于天子’之卦也。战克而王飨，吉孰大焉？且是卦也，天为泽以当日，天子降心以逆公，不亦可乎？《大有》去《睽》而复，亦其所也。”晋侯辞秦师而下。③

【译文】秦穆公筑兵于黄河边上，将要接纳周襄王。晋国大臣狐偃对晋文公说：“求助诸侯，不如接纳周襄王。诸侯信任，而且大义。不但继承了晋文侯的功业而且使信义宣布于诸侯，今天可以接纳周襄王。”晋文公令卜偃龟卜了一下，卜偃说：“吉利！遇到黄帝与赤帝战于阪泉之野的吉兆。”晋文公说：“我不能担当此兆。”卜偃答道：“周德虽衰，其命没有改变。今天的周王，就是古时的帝。”晋文公说：“占筮一下。”于是占了一卦，得《大有》卦变《睽》卦。卜偃占断说：“非常吉利！遇到‘公侯受到天子宴请’的卦，战胜敌兵而受到周王的宴请，没有比这更吉利的

① 上海师范大学古籍整理研究所校点：《国语》，第365—367页。

② 邬国义、胡果文、李晓路撰：《国语译注》，第321—322页。

③ 李学勤主编：《十三经注疏·春秋左传正义》第十六卷，第426—427页。

了！况且这二卦，《大有》卦变《睽》卦是《大有》之下卦乾天变为兑泽，而上卦离日不变以照耀之，有天子降尊以迎接公侯的卦象，这样还不可以吗？天子据有天下为大有，离开王朝为睽背，《大有》变为《睽》卦，终归要回到《大有》卦，天子离开王朝，终究要回到王朝，这是其最终的结局。（更何况去《睽》卦而单论《大有》卦，其下卦乾为父，上卦离为子，也有天子降尊迎公的意思呵！）”于是晋文公辞让秦师而去。

【注释】公元前636年，周王室发生内乱，周襄王仓皇出逃，避居于郑国的氾地（今河南襄城），向各国诸侯求救。即位不久的晋文公听从大臣狐偃救援周襄王的建议，让卜偃先后用龟卜、蓍草占筮了一下，分别得到“黄帝战于阪泉”的吉兆和“公用享于天子”的吉卦。于是晋文公在公元前635年出兵平定了内乱，并护送周襄王归国。为了酬谢晋文公的功劳，周襄王将阳樊、温、原和攒茅四个邑赐给晋国，晋文公通过兴兵勤政，除得到土地外，还提高了晋在中原诸侯中的威望。此例记载的就是晋文公出兵平定周王室内乱前所做的卜筮。

9.《左传·宣公六年》郑王子伯廖以《丰》卦论曼满必败

郑公子曼满与王子伯廖语，欲为卿。伯廖告人曰：“无德而贪，其在《周易》《丰》䷶之《离》䷝，弗过之矣。”间一岁，郑人杀之。[①]

【译文】鲁宣公六年（前603），郑公子曼满同王子伯廖说，自己想做卿相。王子伯廖私下跟别人说：“曼满没有德行而贪婪，在《周易》为《丰》卦上六爻（《丰》卦上六爻辞‘丰其屋，蔀其家，窥其户，阒其无人。三岁不觌，凶’，义取无德而大，其屋不过三岁必灭亡），不会超过三年就会灭亡。”过了一年郑公子曼满被郑国人杀害。

【注释】尚秉和按语[②]：“此亦即事取义，非筮得之卦而亦无不验。盖易学之发达，无过春秋。”潘雨廷对此持不同意见。

10.《左传·宣公十二年》晋知庄子以《师》卦论彘子违命出师

楚子围郑……晋师救郑。……及河，闻郑既及楚平，桓子欲还……彘子曰：“不可。晋所以霸，师武、臣力也。今失诸侯，不可

① 李学勤主编：《十三经注疏·春秋左传正义》第二十二卷，第614页。

② 注释中涉及的尚秉和按语皆引自尚秉和《周易古筮考》，据中国书店1990年影印本版。以下同。

谓力。有敌而不从，不可谓武。由我失霸，不如死。且成师以出，闻敌强而退，非夫也。命以军帅，而卒以非夫，唯群子能，我弗为也。"以中军佐济。知庄子曰："此师殆哉！《周易》有之，在《师》䷆之《临》䷒，曰：'师出以律，否臧，凶。'执事顺成为臧，逆为否，众散为弱，川壅为泽，有律以如己也。故曰律。否臧，且律竭也，盈而以竭，夭且不整，所以凶也。不行谓之临，有帅而不从，临孰甚焉？此之谓矣。果遇，必败，彘子尸之。虽免而归，必有大咎。"①

【译文】宣公十二年（前597），楚军攻打郑国……晋国救郑的援军已到河边，听说郑军已到楚平，中军师荀林父欲班师回晋。……彘子却说："不可以。晋国所以得为霸主，在于军师之武、群臣有力。今失诸侯，不可谓之力。见敌不能从，不可谓之武。由于我的原因使晋国失去霸主的地位，不如让我死。而且军队已经出动，听说敌人强大就要后退，这不是大丈夫所为。您行令是中军之师，却不如一介武士。若要撤退，你们可以撤，我不能撤。"彘子遂以中军之兵去辅助郑军。知庄子评论说："这支军队将要完了。在《周易》，为《师》卦变《临》卦。《师》卦初六爻辞说：'行兵作战要依法而进退，上下执事相违逆，凶。'行事顺和有成为臧，逆心背意为否，大军分散则必弱小（坎为众，兑为弱），大川阻塞而变成大泽（坎为沟渎，即川，兑为泽），不以军队的命令、纪律而行，而是自行其是，所以是'律否臧'。军队的纪律遭到破坏，就像大川之水本应很满，却逐渐枯竭，而且又被夭塞不能整流，所以最终结果凶险。《临》的卦象就是行不通，有主帅而不听从，还有比这更不行的吗？彘子违命就不可行。若果敢遇敌，必致祸败，彘子将主受此祸，自己虽能暂时脱免而归，以后必有大灾难。"

【注释】（1）此例的史实果如庄子所言，彘子第二年为晋国所杀。因此尚氏在《周易古筮考》中对此例所加的按语评论道："此因彘子出师，即以《师》为卦，而有取于初爻变《临》之辞以推决后事，而无不神验，与前两则（第15例《左传·襄公二十八年》'郑子太叔以《复》卦论楚子将死'、第9例《左传·宣公六年》'郑伯廖以《丰》卦论曼满必败'）因事取卦之义正同，神乎技矣！自春秋后不复有此。"潘雨廷对此观点有不同的看法。（2）尚氏又按："《说卦》坎为律［同法］，坎变为兑，兑毁折，应彘子违法也。坤众也。注云坎为众，不知其本。"这也有待商榷。

① 李学勤主编：《十三经注疏·春秋左传正义》第二十三卷，第633—642页。

第2例《左传·闵公元年》“毕万筮仕于晋”中的“众归之”，第6例《国语·晋语》“晋重耳筮得国”中的“坎，劳也，水也，众也”，都有坎为众之象。

11.《国语·周语》晋筮悼公归国

> “成公之归也，吾闻晋之筮之也，遇《乾》☰之《否》☷，曰：‘配而不终，君三出焉。’一既往矣，后之不知，其次必此。且吾闻成公之生也，其母梦神规其臀以墨，曰：‘使有晋国，三而畀驩之孙。’故名之曰‘黑臀’，于今再矣。襄公曰驩，此其孙也。而令德孝恭，非此其谁？且其梦曰：‘必驩之孙，实有晋国。’其卦曰：‘必三取君于周。’其德又可以君国，三袭焉。……”顷公许诺。及厉公之乱，召周子而立之，是为悼公。①

【译文】“晋成公回国继位时，我听说晋国占了一卦，得《乾》卦而变为《否》卦，卦辞说：‘德虽配天而不能长久保有，将有三个国君从周归国继位。’第一个是成公，已经当了国君，第三个是谁，还不知道，第二个一定是公子周。我听说晋成公出生时，他的母亲梦见神在他的臀上画了个黑痣，说：‘让他成为晋君，三传之后把君位给予驩的曾孙。’所以给他取名为‘黑臀’，成公传下的君位已经历了两代。晋襄公为驩，公子周就是他的曾孙。而且他具有谦恭孝敬的美德，不是他又是谁呢？况且那梦中说：‘必定是驩的曾孙，才能得到晋国。’那个卦辞说：‘一定三次从周迎还国君。’公子周的德行又能够君临国家，梦、卦、德三者都契合了。……”单顷公应承了他父亲的告诫。到晋厉公被弑时，晋人迎回公子周立为国君，就是晋悼公。②

【注释】这是周室单襄公病重时召见其子顷公时所说的一段话，主要表达的意思是让顷公一定要善待晋国的公子周。原因是公子周不但具备继承晋国君位的各种美德，而且契合晋成公继位时晋国所占卦及成公之母所做梦的内容。上面的引文主要介绍了卦和梦的内容。事实上，晋厉公被弑后，晋人果然从周迎回公子周做了晋国君主，即晋悼公。下表是对部分晋国国君的简要梳理，便于理解引文中的相关内容。

---

① 上海师范大学古籍整理研究所校点：《国语》，第99—101页。

② 邬国义、胡果文、李晓路撰：《国语译注》，第77—78页。

晋国君主及在位时间列表

君主	姓名	关系	在位时间
晋唐叔	姬虞①	周武王的儿子	公元前 1042—?
晋献公	姬诡诸	晋武公之子	公元前 676—前 651 年，在位二十六年
晋惠公	姬夷吾	献公的庶子，曾逃亡到梁国，呆了四年	公元前 650—前 637 年，在位十四年
晋怀公	姬圉	惠公之子	公元前 636 年继位，同年被国人杀
晋文公	姬重耳	献公的庶子，曾逃亡国外十九年	公元前 636—前 628 年，在位九年
晋襄公	姬驩	文公之子	公元前 627—前 621 年，在位七年
晋灵公	姬夷皋	襄公之子，文公之孙	公元前 620—前 607 年，在位十四年
晋成公	姬黑臀	文公之子，襄公的弟弟，灵公去世后，被晋大臣从周迎还为君	公元前 606—前 600 年，在位七年
晋景公	姬獳，又名据	成公之子	公元前 599—前 581 年，在位十九年
晋厉公	姬州蒲，《史记》作“寿曼”	景公之子	公元前 580—前 573 年，在位八年
晋悼公	姬周	襄公的曾孙	公元前 572—前 558 年，在位十五年
晋平公	姬彪	悼公之子	公元前 557—前 532 年，在位二十六年
晋昭公	姬夷	平公之子	公元前 531—前 526 年，在位六年

12.《左传·成公十六年》晋鄢陵筮败楚

晋、楚遇于鄢陵……公筮之。史曰：“吉。其卦遇《复》䷗，曰：‘南国蹙，射其元王，中厥目。’国蹙、王伤，不败何待?”公从

① 周文王、周武王建立了许多姬姓的封国，除晋国的祖先唐叔是周武王的儿子外，卫国的祖先康叔，曹国的祖先曹叔振铎均是周文王的儿子。

之。……及战，射共王，中目。[1]

【译文】晋楚两国的军队相遇于鄢陵，晋侯占筮问吉凶。史官说："吉。这一卦是《复》卦，说：'南国蹙，射其元王，中厥目。'对方国家的处境窘迫，而君王又受伤，怎能不败？"晋侯依从。在战斗中，（晋将吕锜）射中了楚王的眼睛。

【注释】此例在晋邑鄢陵的战役发生在晋厉公六年，即鲁成公十六年（前575）。引文中的"共王"，即楚恭王，乃楚国国君，名审，公元前590年至公元前560年在位。

13.《左传·襄公九年》穆姜筮往东宫

> 穆姜薨于东宫。始往而筮之，遇《艮》䷳之八，史曰："是谓《艮》䷳之《随》䷐，随，其出也。君必速出。"姜曰："亡！是于《周易》曰：'随，元、亨、利、贞，无咎。'元，体之长也。亨，嘉之会也。利，义之和也。贞，事之干也。体仁足以长人，嘉德足以合礼，利物足以和义，贞固足以干事。然，故不可诬也，是以虽随无咎。今我妇人，而与于乱，固在下位，而有不仁，不可谓元；不靖国家，不可谓亨；作而害身，不可谓利；弃位而姣，不可谓贞。有四德者，随而无咎。我皆无之，岂随也哉？我则取恶，能无咎乎？必死于此，弗得出矣！"[2]

【译文】襄公九年（前564），穆姜死于东宫。穆姜始迁东宫时占了一卦，遇《艮》之八。（杜注："《周礼·太卜》：'太卜掌《三易》。'然则杂用《连山》《归藏》《周易》。二《易》皆以七八为占。故言遇《艮》之八。"）史官断曰："这是《艮》卦变为《随》卦。（杜注：'史疑古《易》遇八为不利，故更以《周易》占，变爻，得《随》卦而论之。'）《随》非闭固之卦，您一定会很快就迁出东宫。"穆姜说："不可能。在《周易》中的《随》卦卦辞说：'元亨利贞，无咎。'元，是身体之首长。亨，是嘉美之会合。利，是事物得体而和义。贞，是做事的根本。君子体现仁足以治理人，嘉美德行足以合乎礼，裁成事物足以合乎义，贞正固守足以成就事业。此四德在身，必然固不可诬罔，因而虽遇《随》卦亦无咎

① 李学勤主编：《十三经注疏·春秋左传正义》第二十八卷，第778—781页。

② 李学勤主编：《十三经注疏·春秋左传正义》第三十卷，第869—872页。

害。今我一个妇人而淫乱祸国，身在下位而行不仁之事，不能叫元；使国家不得安宁，不能说是亨；作乱而害了自己，不可叫作利；放弃自己的尊位而与臣子淫姣，不能叫作贞。有此元亨利贞四德之人，乃遇《随》卦而无咎害。四德我都没有，怎么能随而无咎呢？我是自己作恶取祸，怎能无灾咎呢？我一定会死在这里，不能出去了。”

【注释】（1）穆姜是鲁宣公的妻子，成公的母亲，她与大夫叔孙侨如通奸，淫乱无德，成公十六年（前575），叔孙侨如与穆姜阴谋推翻鲁成公，结果失败，侨如奔齐，穆姜被迁于东宫。穆姜初迁时，占了一卦，引文所载即其筮例。（2）穆姜在解《随》卦时引述了元、亨、利、贞“四德”。与《文言传》对比，《文言》云“元者善之长”，穆姜云“体之长”；《文言》云“嘉会足以合礼”，穆姜云“嘉德”，除这两处稍有不同外，其他引述均与《文言》中相同。此外，在第6例《国语·晋语》“晋重耳筮得国”中，司空季子说：“主震雷，长也，故曰元。众而顺，嘉也，故曰亨。”第19例《左传·昭公十二年》“鲁南蒯筮叛季氏”中，子服惠伯解卦时也说：“元，善之长也。”由此可以推断，卦辞“元亨利贞”四字，早在春秋时代，很可能已经成为“四德”，并有了统一的解释。[①]

14.《左传·襄公二十五年》齐崔杼筮取棠姜

> 齐棠公之妻，东郭偃之姊也。东郭偃臣崔武子。棠公死，偃御武子以吊焉。见棠姜而美之，使偃取之。……武子筮之，遇《困》䷮之《大过》䷛。史皆曰：“吉！”示陈文子，文子曰：“夫从风，风陨，妻不可娶也。且其《繇》曰：‘困于石，据于蒺梨，入于其宫，不见其妻，凶。’‘困于石’，往不济也。‘据于蒺梨’，所恃伤也。‘入于其宫，不见其妻，凶’，无所归也。”崔子曰：“嫠也何害？先夫当之矣。”遂取之。[②]

【译文】襄公二十五年（前548），棠公死了，东郭偃带崔武子去吊丧。武子看到齐棠公的遗孀很美，便让东郭偃为他娶棠姜。……崔武子占了一卦，遇得《困》卦变为《大过》卦，史官都说娶棠姜不吉。将卦拿给陈文子看，陈文子说：“丈夫随风而飘荡，风有陨落之意，所以不能娶棠姜。况且《困》卦六三爻辞说：‘行路被石绊倒，双手抓到蒺藜之上，回

---

① 参见刘大钧《周易概论》，齐鲁书社1988年版。

② 李学勤主编：《十三经注疏·春秋左传正义》第三十六卷，第1011—1013页。

到家又见不到自己的妻子，凶。’被巨石所绊倒，是说前行没有益处；双手抓在蒺藜上，是说将会受到所依靠者的伤害；回到家中，见不到自己的妻子，凶，这是说最终没有归宿。”崔子说：“一个寡妇能有什么害处？他的先夫棠公已经承担这些凶险了。”于是娶了棠姜。

【注释】尚秉和按：“此推变象，兼推本卦动爻辞。坎为中男，故曰夫；变巽，故曰从；风陨，故凶。上兑毁折，亦凶也。”

15.《左传·襄公二十八年》郑子太叔以《复》卦论楚子将死

> 郑伯使游吉如楚。及汉，楚人还之，曰：“宋之盟，君实亲辱。……”子大叔归，复命，告子展曰：“楚子将死矣！不修其政德，而贪昧于诸侯，以逞其愿，欲久得乎？《周易》有之，在《复》䷗之《颐》䷚，曰：‘迷复，凶。’其楚子之谓乎？欲复其愿，而弃其本，复归无所，是谓迷复。能无凶乎？君其往也！送葬而归……”①

【译文】襄公二十八年（前545），郑伯派游吉（子大叔）去朝见楚国国君。到了楚国的边界汉水时，楚国人让游吉回去，说：“履行宋之盟约，郑国国君应该亲自前来朝见。……”公子大叔返回郑国复命，对子展说：“楚子快要死了。不勤修其政德，而贪昧在诸侯中恃强凌弱，以显示他扬威的权欲。《周易》之中讲到过这种事情。在《复》卦上六爻，爻辞说：‘迷失道路之后才知道找返回的路，结果往往是凶。’说的不正是楚子吗？为了满足自己的愿望，而放弃勤修德政之本，回来之后却已无处可去，这就叫作迷复，能不凶险吗？您前往楚国吧，将为楚子送葬而后返回……”

【注释】（1）引文的时代背景是：公元前546年，为了结束连年混战的局面，各诸侯国在宋国达成罢兵盟约，规定各国结盟和好，不再打仗，晋、楚两国交替主持诸侯的结盟（轮流做霸主），郑国等小国必须向晋、楚等大国进贡，这就是“宋之盟”。襄公二十八年，应由楚国主盟，为履行各国所签订的停战盟约，郑简公派大夫游吉去楚国朝见楚国国君，而游吉到达楚国的边界汉水时，却被楚国人拒绝入境，接着便发生了引文中所说的内容。结果是正如游吉所分析的那样，楚子（即楚康王）不久果然死去。（2）尚秉和按：“此亦以动爻辞占，特《复》之取义并非筮来，只因楚子欲郑朝，楚以复其愿，因即取《复》卦为占，并取《复》上六变《颐》，以寓无应之义。古人之于易学，精熟如此，可随事取占，不必布蓍

① 李学勤主编：《十三经注疏·春秋左传正义》第三十八卷，第1074—1075页。

也。”意思是说：此例也是以动爻爻辞来占断，只是所用《复》卦的取义不是占筮而来，而是只因为楚子想到郑国回拜，以逞其扬威之愿，因而就取《复》卦来为之占断。并取《复》卦上六爻动而变为颐卦，以寓其无对应之义。古人研究易学，如此精确熟练，可以随时、随地、随事取占，没有必要非得去揲蓍布卦方可起卦。

16.《左传·昭公元年》医和以《蛊》卦论晋侯病

> 晋侯求医于秦，秦伯使医和视之，曰：“疾不可为也。是谓近女室，疾如蛊。……”赵孟曰：“何谓蛊?”对曰：“淫溺惑乱之所生也。于文，皿虫为蛊，谷之飞亦为蛊；在《周易》，女惑男，风落山，谓之《蛊》䷑。皆同物也。”①

【译文】晋平公向秦国求医，秦景公派医和给他诊断，医和说：“公的病没办法治愈。此病是由于近女色引起，如同蛊疾。……”赵孟说：“什么是蛊?”医和答道：“这是由于沉溺女色失志而产生的。在文字中，虫和皿二字构成蛊字，谷久积变为飞虫，也叫作蛊。在《周易》，女惑男，风落山，叫作‘蛊’。这说的都是同一类事物。”

【注释】(1) 医和引用《蛊》卦的卦象来分析晋平公所得的病。《蛊》卦䷑，下巽上艮。巽为长女，艮为少男，少男而悦长女，不相配，所以称“女惑男”。巽又为风，艮又为山，山木得风而落，故曰“风落山”。这里并没有涉及《蛊》卦的卦辞和爻辞。(2) 此例不见于尚秉和的《周易古筮考》及《左传国语易象释》。

17.《左传·昭公五年》鲁庄叔筮叔孙穆初生

> 初，穆子之生也，庄叔以《周易》筮之，遇《明夷》䷣之《谦》䷎，以示卜楚丘。曰：“是将行，而归为子祀，以谗人入，其名曰牛，卒以馁死。《明夷》，日也。日之数十，故有十时，亦当十位。自王已下，其二为公，其三为卿。日上其中，食日为二，旦日为三。《明夷》之《谦》，明而未融，其当旦乎！故曰为子祀。日之《谦》当鸟，故曰‘明夷于飞’。明之未融，故曰‘垂其翼’。象日之动，故曰‘君子于行’。当三在旦，故曰‘三日不食’。离，火也。艮，山也。离为火，火焚山，山败。于人为言，败言为谗，故曰‘有攸往，主人有

① 李学勤主编：《十三经注疏·春秋左传正义》第四十一卷，第1164—1168页。

言’。言必谗也。纯离为牛。世乱谗胜，胜将适离，故曰其名曰牛。《谦》不足，飞不翔，垂不峻，翼不广，故曰其为子后乎！吾子，亚卿也，抑少不终。”①

【译文】昭公五年初（前541），鲁国叔孙庄叔在他的次子叔孙穆子出生的时候，用《周易》占了一卦，遇《明夷》卦变《谦》卦，拿给卜楚丘看。卜楚丘占断说：“是这个儿子将要出走，而回来为子祀，因为馋人而入朝廷，这个馋人的名字叫牛，穆子最终会饿死。《明夷》卦，是日明伤。日之数每旬以十计，所以与之对应的有十时，也对应着十位，自王以下，第二级为公，第三级为卿。（杜注：‘日中当王，食时当公，平旦为卿，鸡鸣为士，夜半为皂，人定为舆，黄昏为隶，日入为僚，晡时为仆，日昳为台，隅中日出，阙不在第。尊王公，旷其位。’）日中之时当王，食时之时为第二公之位，平旦之时为第三卿之位。《明夷》变《谦》卦，阳光微明而未大方光明，他当旦日卿之位，所以说当奉子祀。《明夷》下离之初爻动而变为《谦》卦，离日当为鸟，所以说‘明夷于飞’。光明微露而未大放，所以说‘垂其翼’。君子之动像太阳运行一样光明磊落，所以说君子避难而行。卿在旦日之时有三之数，所以说‘三日不食’。离为火，艮为山，离变为艮，有火焚山之象，山被焚则山上之草木毁坏，故山败。艮卦对人事为言，败言则为谗言，所以说‘虽然可以前往，但主人有责备之言’。这一定是谗言。纯《离》之卦有牛之象（杜注：‘《易》，“离上离下，离，畜牝牛，吉”。故言纯《离》为牛。’）乱世馋人当道，胜利归于谗言之人，所以说进谗之人名字叫牛。《谦》卑为不足，《明夷》之鸟飞不远翔，翼垂则不高峻，翅羽则不广展，所以说是先生您的继承者。您是亚卿，穆子亦为亚卿，或许穆子不能终尽其位。”

【注释】《左传・昭公四年》记载了叔孙穆子长大成人后的境遇，“初，穆子去叔孙氏，及庚宗，遇妇人，使私为食而宿焉。……适齐，娶于国氏，生孟丙、仲壬……”② 即正如卜楚丘推断的那样，叔孙穆子为避侨如之难而出走，在庚宗遇到妇人宿焉，以后奉召归来而被立为卿。庚宗妇人携其子献雉，问其所生，回答说“能承奉子祀”，穆子名之曰“牛”，宠爱他并使他参政。最后由于牛的谗言，穆子的长子孟丙被杀，次子仲壬被驱逐。之后穆子得疾，三日得不到食物而亡。对于此例中的这一段历

---

① 李学勤主编：《十三经注疏・春秋左传正义》第四十三卷，第1212—1215页。

② 李学勤主编：《十三经注疏・春秋左传正义》第四十二卷，第1205—1208页。

史，尚氏在《焦氏易林注》“《剥》之《比》”注中也有相关的论述。[①]

18.《左传·昭公七年》卫孔成子筮立公子元

> 卫襄公夫人姜氏无子，嬖人婤姶生孟縶。孔成子梦康叔谓己：“立元，余使羁之孙圉与史苟相之。”史朝亦梦康叔谓己：“余将命而子苟，与孔烝鉏之曾孙圉，相元。”史朝见成子，告之梦，梦协。晋韩宣子为政，聘于诸侯之岁，婤姶生子，名之曰元。孟縶之足不良，能行。孔成子以《周易》筮之曰：“元尚享卫国，主其社稷。”遇《屯》䷂。又曰：“余尚立縶，尚克嘉之。”遇《屯》䷂之《比》䷇。以示史朝。史朝曰：“元亨，又何疑焉。”成子曰：“非长之谓乎？”对曰：“康叔名之，可谓长矣。孟非人也，将不列于宗，不可谓长。且其繇曰‘利建侯’。嗣吉何建？建非嗣也。二卦皆云，子其建之。康叔命之，二卦告之。筮袭于梦，武王所用也。弗从何为？弱足者居。侯主社稷，临祭祀，奉民人，事鬼神，从会朝，又焉得居？各以所利，不亦可乎？”故孔成子立灵公。十二月，癸亥，葬卫襄公。[②]

【译文】昭公七年（前535），卫襄公的夫人姜氏没有孩子，宠妾婤姶生了孟縶。卫大夫孔成子（即烝鉏）梦见康叔（卫国的祖先，是周文王的儿子）对自己说：“册立元为卫国国君，让羁（烝鉏的儿子）的孙子圉和史苟（史朝的儿子）辅佐他。”史朝也梦见康叔对自己说：“我将命令你的儿子苟和孔烝鉏的曾孙圉辅佐元。”史朝见到成子，告诉他所做的梦，其梦与孔成子之梦相符。在晋国韩宣子为政、聘于诸侯的那一年，婤姶又生了一个儿子，取名为元。孟縶的足有疾，跛能行。（卫襄公死后不久，）孔成子用《周易》占筮立国君之事，说：“元能够享有卫国，主宰卫之社稷。”遇《屯》卦。孔成子又说：“我欲立孟縶为卫国之君，并能赞美辅助他！”再起卦，又占得《屯》卦变《比》卦。拿给史朝看，史朝说：“元享有卫国，又有什么可疑的呢？”孔成子说：“难道说的不是长子吗？”史朝回答说：“康叔给子起名为元，可以说元为长。孟縶不是健全之人，将不能列于宗主之列，不能说是司祭器之长子。况且《屯》卦繇辞说‘利于建立侯国’，嗣子吉祥何必建立侯国？建立侯国则不是承嗣之子。两次占得之卦都说利于建立侯国，是说其子建立侯国！（初卦《屯》卦辞曰

---

① （汉）焦延寿著，尚秉和著，常秉义点校：《焦氏易林注》，第230页。

② 李学勤主编：《十三经注疏·春秋左传正义》第四十四卷，第1254—1255页。

‘元、亨、利、贞。勿用有攸往，利建侯’，次占《屯》初九爻辞亦曰‘磐桓，利居贞，利建侯’。）康叔已经命令我们，二卦已经告诉我们，占筮的结果与梦相同，这是武王使用过的，怎能不遵从呢？足弱者安居。侯主持社稷之事，亲临祭祀，事奉人民，敬拜鬼神，顺从朝会，又怎能安居？孟絷和元各以其所利（孟絷利于居于家中，元吉祥而宜建立侯国），不也是很好吗？”所以孔成子立元为卫灵公。十二月，癸亥，埋葬了卫襄公。

【注释】此例又再次提到了“元为长”之意。

19.《左传·昭公十二年》鲁南蒯筮叛季氏

> 南蒯之将叛也……南蒯枚筮之，遇《坤》䷁之《比》䷇。曰：“黄裳元吉。”以为大吉也。示子服惠伯曰：“即欲有事，何如？”惠伯曰：“吾尝学此矣，忠信之事则可，不然必败。外强内温，忠也。和以率贞，信也。故曰‘黄裳元吉’。黄，中之色也。裳，下之饰也。元，善之长也。中不忠，不得其色。下不共，不得其饰。事不善，不得其极。外内倡和为忠，率事以信为共，供养三德为善，非此三者弗当。且夫《易》，不可以占险，将何事也，且可饰乎？中美能黄，上美为元，下美则裳，参成可筮。犹有阙也，筮虽吉，未也。”①

【译文】昭公十二年（前530），南蒯欲要背叛季平子……南蒯用枚筹占了一卦，遇《坤》卦变《比》卦。《坤》卦六五爻辞曰“黄裳元吉”。南蒯认为大吉，拿给子服惠伯看，说：“想干一件大事，怎么样？”惠伯说：“我曾经研究过《周易》。占问忠信之事则能成功，否则必然失败。《比》卦外坎内坤，坎为刚强，坤为温顺，外刚强而内温顺，是为忠。谦和行事而贞正，是为信。所以说‘黄裳元吉’。黄，是中央土之正色。裳，为人下体之衣饰。元，为众善之首长。如果占者心中没有忠心之美德，就当不起黄之尊贵之色。如果作为臣下没有恭共之美行，则当不起下裳之美饰。如果行事不善，就不会符合元之大义。内外同倡和顺为忠，行事忠信为共，供养正直、刚克、柔克三德为善。如果没有忠、信、善三德则不能承当此卦爻之美义。况且《周易》不能用来占断险恶之事。您要举何种大事，能够担当起作为臣下的下裳之美饰？中之美则能黄，上之美则为元，下之美则成裳饰。忠、信、善三德俱全则可如此筮之言吉。三者犹有阙失

① 李学勤主编：《十三经注疏·春秋左传正义》第四十五卷，第1300—1302页。

之处，占筮虽然吉利，但结果未必吉利。”

【注释】蒯，南遗之子，是季平子的家臣。季平子立后，对南蒯未加礼遇，南蒯便密谋背叛季平子，结果如惠伯所说，南蒯反叛果然失败。

20.《左传·昭公二十九年》蔡墨以《乾》《坤》两卦论龙

> 秋，龙见于绛郊。魏献子问于蔡墨曰：“吾闻之，虫莫知于龙，以其不生得也，谓之知，信乎？”对曰：“不然，《周易》有之，在《乾》䷀之《姤》䷫曰‘潜龙勿用’；其《同人》䷌曰，‘见龙在田’；其《大有》䷍曰，‘飞龙在天’；其《夬》䷪曰，‘亢龙有悔’；其《坤》䷁曰，‘见群龙无首，吉’；《坤》䷁之《剥》䷖曰，‘龙战于野’。若不朝夕见，谁能物之？”①

【译文】是年秋，晋国都绛城近郊出现了龙。魏献子问晋太史蔡墨：“我听说，虫类中没有比龙更聪明的，所以人们不能活捉它，这可信吗？”蔡墨答道：“如果不是古代真的有龙，那么《周易》之辞怎么能以龙为喻呢？《乾》卦初九爻辞说‘潜龙勿用’；九二爻辞说‘见龙在田’；九五爻辞说‘飞龙在天’；上九爻辞说‘亢龙有悔’；用九爻说‘见群龙无首，吉’；《坤》上六爻辞说‘龙战于野’。在古时，如果不是龙朝夕出现，怎能对龙的各种状态做出详细的描述呢？”

【注释】上面引文对《周易》的运用，主要表现在蔡墨以《乾》《坤》两卦中称龙的爻辞来证明古代龙的存在。尚秉和的《周易古筮考》在“用九用六解”一节着重对引文中“《乾》䷀之《坤》䷁”的具体含义做了一番探讨。

21.《左传·昭公三十二年》史墨以《大壮》卦论季氏掌政

> 赵简子问于史墨曰：“季氏出其君，而民服焉，诸侯与之；君死于外而莫之或罪也。”对曰：“鲁君世从其失，季氏世修其勤，民忘君矣。虽死于外，其谁矜之？社稷无常奉，君臣无常位，自古以然。故《诗》曰：‘高岸为谷，深谷为陵。’三后之姓于今为庶，主所知也。在《易》卦，雷乘乾曰《大壮》䷡，天之道也。……”②

---

① 李学勤主编：《十三经注疏·春秋左传正义》第五十三卷，第1503—1510页。

② 李学勤主编：《十三经注疏·春秋左传正义》第五十三卷，第1528—1529页。

【译文】赵简子问晋史蔡墨道："鲁国的大夫季氏将国君赶走，而民众却顺从，各国诸侯也予以认可；国君死于国外，也没有人问罪于季氏，这是为什么?"蔡墨回答说："鲁国的国君自文公以来政权落于大夫之手，却只图求安逸。相反，季氏掌政，勤于修德，人民当然忘记国君的存在。鲁昭君虽然死于国外，但有谁会同情他呢?社稷奉之无常人，君臣居之无常位，自古以来就是这样。所以《诗》曰：'高山可以变成深谷，深谷也可以变成丘陵。'虞、夏、商三代帝王的后代到今天成了平民，您应该知道。在《周易》卦中，震雷乘于乾天之上为《大壮》卦，这反映了天之道［《大壮》，乾代表君，震代表臣，震在乾上，君臣易位，表明卿大夫势力的强壮。《大壮·彖》曰：'"大壮"，大者壮也。刚以动，故壮。"《大壮》，利贞"，大者正也，正大而天地之情可见矣。'史墨据此指出雷（震）在天（乾）上是符合规律的］。……"

【注释】赵简子，即赵鞅，又名志父，亦称赵孟，春秋末年晋国正卿。史墨，即晋史蔡墨。史墨议论的时候，正是春秋时期历史大变动的时代，礼崩乐坏，周室衰微，卿大夫专权。史墨引用《诗经》和《易》来说明季氏取代鲁君是合乎自然规律变化的。这里不是用《易》做占筮，而与《诗经》一样，作为论证的理论依据。此例不见于尚秉和的《周易古筮考》及《左传国语易象释》。

22.《左传·哀公九年》晋赵鞅筮救郑伐宋

> 晋赵鞅卜救郑，遇水适火，占诸史赵、史墨、史龟。……阳虎以《周易》筮之，遇《泰》䷊之《需》䷄，曰："宋方吉，不可与也。微子启，帝乙之元子也。宋、郑，甥舅也。祉，禄也。若帝乙之元子归妹，而有吉禄，我安得吉焉?"乃止。①

【译文】哀公九年（前486），晋国赵鞅卜问伐宋救郑，遇到水火之兆让史赵、史墨、史龟解占。……阳虎用《周易》占了一卦，得《泰》卦变《需》卦。阳虎断曰："宋国吉利，不能与宋交战（《泰》卦六五爻说：'帝乙归妹，以祉元吉。'意思是帝乙嫁妹，得如其愿，受福禄而大吉）。微子启是帝乙的元子（宋为微子之后），宋、郑为婚姻甥舅之国。祉即福禄。如果帝乙之元子嫁女而有吉禄（则宋吉），我怎么能够吉利。"于是赵鞅不再伐宋。

---

① 李学勤主编：《十三经注疏·春秋左传正义》第五十八卷，第1651—1652页。

【注释】水火之兆，服虔云："兆南行适火。卜法横者为土，立者为木，邪向经者为金，背经者为火，因兆而细曲者为水。"

二 《左传》《国语》所记筮例一览表①

	所在书目	内容	用途	本卦	之卦	备注
*1	《左传·庄公二十二年》	陈厉公筮公子敬仲生	占筮	《观》䷓	《否》䷋	（1）一爻变；（2）以变爻爻辞断，并用本卦与变卦卦象；（3）应用互体；（4）坤为土
*2	《左传·闵公元年》	毕万筮仕于晋	占筮	《屯》䷂	《比》䷇	（1）一爻变；（2）以本卦、变卦卦名、卦象断；（3）坤为马，震为杀，坎为众
*3	《左传·闵公二年》	鲁桓公卜筮成季之生	占筮	《大有》䷍	《乾》䷀	（1）一爻变；（2）用爻辞引申义解占；（3）卜、筮并用
*4	《左传·僖公十五年》	秦伯伐晋筮获晋君	占筮	《蛊》䷑		（1）没有变卦；（2）出现"千乘三去，三去之余，获其雄狐"，可能用到其他筮书；（3）下卦为"贞"，上卦为"悔"
*5	《左传·僖公十五年》	晋献公筮嫁伯姬于秦	占筮	《归妹》䷵	《睽》䷥	（1）一爻变；（2）出现"震之离，亦离之震"；（3）用本卦及之卦变爻爻辞解
*6	《国语·晋语》	晋重耳筮得国	占筮	《屯》䷂	《豫》䷏	（1）三爻变；（2）出现"贞屯悔豫，皆八也"；（3）以本卦与之卦卦名、卦辞及卦象断；（4）本卦称"贞"，变卦称"悔"；（5）震为车，坎为众；（6）"主震雷，长也，故曰元。众而顺，嘉也，故曰亨"，对元、亨的解释与《文言》传同；（7）可能用其他筮书

① 表内的筮例顺序以时间先后为序。表内标"*"表示尚秉和在《左传国语易象释》分析的筮例。

续表

	所在书目	内容	用途	本卦	之卦	备注
7	《国语·晋语》	董因筮重耳返国	占筮	《泰》䷊		(1) 出现了“《泰》之八”；(2) 用卦辞断
8	《左传·僖公二十五年》	晋文公筮纳周襄王	占筮	《大有》䷍	《睽》䷥	(1) 一爻变；(2) 用本卦变爻爻辞，本卦之卦卦象断；(3) 卜、筮并用
9	《左传·宣公六年》	郑王子伯廖以《丰》卦论曼满必败	引用	《丰》䷶	《离》䷝	(1) 以“《丰》之《离》”表示《丰》卦上六爻；(2) 用《丰》卦上六爻爻辞所蕴含的意思论断，但未提及爻辞
10	《左传·宣公十二年》	晋知庄子以《师》卦论彘子违命出师	引用	《师》䷆	《临》䷒	(1) 以“《师》之《临》”表示《师》卦初六爻；(2) 用《师》卦初六爻爻辞，本卦之卦的卦象论述
＊11	《国语·周语》	晋筮悼公归国	占筮	《乾》䷀	《否》䷋	(1) 三爻变；(2) 以本卦与之卦卦象断
＊12	《左传·成公十六年》	晋鄢陵筮败楚	占筮	《复》䷗		(1) 没有变卦；(2) 用《复》卦卦辞论断，但可能为其他筮书卦辞，曰“南国蹙，射其元王，中厥目”
13	《左传·襄公九年》	穆姜筮往东宫	占筮	《艮》䷳	《随》䷐	(1) 五爻变；(2) 出现“《艮》之八”“是谓《艮》之《随》”；(3) 可能用到其他筮书；(4) 引用到《文言》中“元、亨、利、贞”；(5) 以占问者的品行断卦
＊14	《左传·襄公二十五年》	齐崔杼筮取棠姜	占筮	《困》䷮	《大过》䷛	(1) 一爻变；(2) 以本卦与变卦卦象、本卦变爻爻辞断；(3) 象、辞兼取
15	《左传·襄公二十八年》	郑子太叔以《复》卦论楚子将死	引用	《复》䷗	《颐》䷚	(1) 以“《复》之《颐》”表示《复》卦上六爻；(2) 用《复》卦上六爻辞论断

续表

	所在书目	内容	用途	本卦	之卦	备注
16	《左传·昭公元年》	医和以《蛊》卦论晋侯病	引用	《蛊》䷑		用《蛊》卦卦象解释蛊疾，未涉及卦爻辞
*17	《左传·昭公五年》	鲁庄叔筮叔孙穆初生	占筮	《明夷》䷣	《谦》䷎	(1) 一爻变；(2) 取本卦变爻爻辞、之卦动爻意及本卦之卦卦象；(3) 出现“纯离为牛”；(4) 涉及古代记日法
18	《左传·昭公七年》	卫孔成子筮立公子元	占筮	《屯》䷂	《比》䷇	(1) 一爻变；(2) 以本卦的卦辞和变爻爻辞论断吉凶，未用卦象；(3) 元为长
19	《左传·昭公十二年》	鲁南蒯筮叛季氏	占筮	《坤》䷁	《比》䷇	(1) 一爻变；(2) 以变爻爻辞解占；(3) 提到“忠信之事则可”“夫《易》不可以占险”等，以所占事的正邪为解卦的前提；(4)“元，善之长也”的运用
20	《左传·昭公二十九年》	蔡墨以《乾》《坤》两卦论龙	引用	《乾》䷀ 《坤》䷁		(1) 以《乾》之《姤》、其《同人》、其《大有》、其《夬》、其《坤》分别表示《乾》卦初九、九二、九五、上九和用九，以《坤》之《剥》表示《坤》卦上六爻；(2) 引用《乾》《坤》两卦称龙之爻的爻辞论证古代真的有龙
21	《左传·昭公三十二年》	史墨以《大壮》卦论季氏掌政	引用	《大壮》䷡		侧重卦象角度来论说
22	《左传·哀公九年》	晋赵鞅筮救郑伐宋	占筮	《泰》䷊	《需》䷄	(1) 一爻变；(2) 用本卦变爻爻辞所蕴含的意思论断；(3) 卜、筮并存

三　对《左传》《国语》所记筮例的小结

《左传》《国语》是记载春秋时期历史事件的重要典籍，《周易》以筮书的面目出现在书中，并展现了其逐步向哲学演化的步伐，两部书中与《周易》有关的记载共有二十二条，现将这些筮例进行总结如下。

首先，《左传》《国语》表明了《周易》在当时的性质及其社会地位。在二十二条记载中，有六条是引证《周易》经文来说明问题或阐发观点的，而其余的十六条则是以《周易》或其他筮书进行占筮，以预测吉凶祸福。这说明，《周易》在春秋时代是一部筮书。而所占之事，小到目前之行事，大到将来之命运，均见于公、侯、大夫等上流阶层的活动中。

其次，分析所记载的筮例，显示了春秋人解卦“筮无定法”的情况。考《左传》与《国语》，古人用《周易》解占，涉及多个方面，如本卦和变卦相应的卦名、卦象、卦辞，本卦和变卦相应变爻的爻辞，等等，并且他们对所占卦的推断，全随自己的理解做出解释，没有绝对的公式可循。如穆姜认为对卦辞的理解，还要以占问者的品行而断。（《左传・襄公九年》）又如惠伯解卦，先以所占事的正邪为前提。（《左传・昭公十二年》）正如《系辞》所云：“不可为典要，唯变所适。”

再次，《左传》《国语》呈现了春秋时代有关占筮的一些惯例。一是春秋时代人们以《周易》占筮论事尚未以“九”“六”指称一卦的某一爻。如《左传・昭公二十九年》一例中，蔡墨称《乾》卦初九爻为：“《乾》之《姤》”。二是春秋时人们用“某卦之某卦”的方式来表示所占卦的本卦和变卦，有时又称本卦为“贞”，变卦为“悔”。三是春秋时代人有时也把内卦称为“贞”，外卦称为“悔”。重要的是，弄清这些惯例的具体内涵，对于我们更好地理解古人的占筮体系是十分必要的。

最后，《左传》《国语》提供了后世解《易》的体例之萌芽。遍考二十二条筮例，大多都兼顾象数和义理两个方面解占的倾向。从象数的角度看，《左传》《国语》中的筮例，则体现在对“卦变”“卦象”“互体”等解卦方法的应用。这些原始占筮意义的解卦方法，启示后世人们去探索卦与卦之间的内在联系，从而解说《周易》经文。这样，便逐渐发展成为一整套较为全面和复杂的象数解《易》系统。同时，《左传》《国语》筮例中也不乏通过对卦名、卦辞和爻辞的解释来阐发自然及人事哲理的例子，则开启了后世义理解《易》之先河。

另外，《左传》《国语》还反映了先秦时代人们的一些社会人生情状。如《左传·昭公五年》“日之数十，故有十时，亦当十位”，这不但反映了以十日为一旬的古代记日法，而且揭示了先秦时代森严的等级制度。

四 滋溪老人传[①]

滋溪老人。姓尚氏。名秉和。字节之。世居行唐县城西南滋河北岸之伏流村。自前明以来。家世无甚贫。亦无甚富。世世耕。亦世世读。父中宪公。幼有声于庠序间。乃六应乡举而不第。卒以贡生终老。有二子。长式和。字逊臣。次即秉和。乃纵令游学。曰。是或能成吾志。初肄业邑龙泉书院。从安州魏奉宸先生游。岁己丑乡试。逊臣中誊录。分国史馆。人言可叙官。时年少气盛。弃而不顾。继而又赴真定恒阳书院肄业。时桐城吴挚父先生方主讲保定莲池书院。以诗古文为北方倡。心慕之。乃复游学于保定。逊臣于历史地理。及诸家古文。素所服习。尤擅长制艺。既至莲池。颇为吴先生所赏拔。乃六应乡举。每高荐而不第。最后二科主司拟中者再。仍不第。后乙酉科取中拔贡生。非所好也。乃绝意进取。祇秉和一人。在外游学。岁乙（应为“己”）亥。丁生母张太宜人忧。遂屏弃制艺。专致力于诗古文。凡归方姚梅曾张。并吴先生所评点诗古文诸子。前四史。五代史。或假之于吴先生。或索之同门。日夕移录者数年。由是于班马韩欧。叙事虚实。详略简括。微眇之旨。略得于心。而叹晋唐以来史传。其叙述每与其人之精神。不能相称。后昌黎能之矣。而不作史。欧阳能之矣。而于新唐书。只作志不作传。只新五代史为一手所成。班马遗法。赖以复明。外此则陈陈相因。有若簿籍。未尝不读之而倦也。光绪壬寅。受知于学使陆伯葵先生。取优贡第四名。是年举于乡。翊年癸卯成进士。分工部。光绪三十年入进士馆。学习法政。三十一年十二月巡警部尚书徐公。闻名调入巡警部。三十二年补主事。翊年升员外郎。以军机章京记名。宣统二年丁父忧。始巡警部设立二年。易名民政部。至是又易名内务部。复浮沉部中者十余年。自通籍后。处京师。出入于各座师之门。凡王公贵人。及当世宰相。莫不亲接其颜色。习见其晋接僚属承奉辇毂之劳。而为时势所拘。皆不克行其志。慨然于崇高富贵者如斯。至四五品以下朝士。能酬应奔走。趋附形势者。即可超迁。否则庸碌不足数也。其烦

① 引自尚秉和《周易尚氏学》附录部分之《滋溪老人传》，第356—363页。

劳其情状。自料非孱躯所能堪。而文学者。吾所素习也。始欲以著述自见矣。然不能枵腹为。又不能去通都大邑。以与文人学士远也。东方生云。避世金马门。扬子云云。下者禄隐。遂师其意。如讷如愚。不顾讥笑。博升斗以自溷。乃集古文讲授谈十二卷。凡文章家讲求义法传授心印之言。靡不辑录。而于叙事之法讲论尤详。盖文章之道。以记事为最难。八家之中已不尽能矣。明清两朝儒者。尽有文名横绝一世。乃一叙事则蹶足不起。且邻于小说者多矣。则以义法不详。雅俗之辨未审也。独归熙甫方望溪两氏。能摧伏外道。力扶雅音。故备录其说。以为古文者导。自此书出。河北大儒王晋卿先生。桐城姚仲实姚叔节诸名士。皆叩门来访。引为同气。至辛亥革命。国体变更。私忖此变为数千年所未有。蹶然兴曰。是吾有事之日也。乃搜集传记。存录报章。凡百七十余种。以十年之力。成辛壬春秋四十八卷。继又思中国历史。皆详于朝代兴亡。政治得失。文物制度之记载。至于社会风俗之演变。事物风尚之异同。饮食起居之状况。自三代以迄唐宋。实相不明。一读古书。每多隔阂。初学固病之。即通人学士。偶有所询。瞠目不能答者多矣。然一物有一物之历史。一事有一事之历史。即细而至于拜跪坐卧。床榻几席。更衣便旋。亦莫不有其历史。因即经史百家。及晋唐宋以来小说。凡人所习焉不察。而于事物之历史有关者。详细辑录。解说原委。连缀成篇。成历代社会风俗事物考四十四卷。时政府已南迁。则授读于辽东以自给。年已垂垂老矣。老而学易。自古如斯。亦不知其所以然也。欲学易。先明筮。而古筮法皆亡。乃辑周易占筮考十卷。罗古人筮案。以备研寻。象者。学易之本。而左传国语为最古之易师。乃著左传国语易象释一卷。汉人说易。其重象与春秋人同。然象之不知者。浪用卦变或爻辰以当之。初不敢谓其非。心不能无疑也。初在莲池时。读焦氏易林而爱之。继思即一卦为六十四繇词。必有所以主其词者。无如易林所用之象。与汉魏人多不同。故仍不能通其义。久之阅蒙之节云。三夫共妻。莫适为雌。子无名氏。翁不可知。知林词果由象生。又久之阅剥之巽云。三人同行。一人言北。伯仲欲南。少叔不得。中路分道。争斗相贼。巽通震。由是易林言覆象者亦解。又数年读大过。九五曰。老妇得其士夫。大过上兑。而恍然于易林遇兑即言老妇之本此也。大过九二曰女妻。女妻。少妻也。九二巽体。又恍然于易林遇巽即言少齐(应为“妻”)之本此也。他若易林遇艮即言龟。而恍然于颐损益之龟之指互艮。遇兑即言月。而恍然小畜归妹中孚之月之指兑。若此者共百余象。非易林之异于汉魏人。乃汉魏人之误解易。凡异者。困之有言不信。以三至上正覆兑相背也。中孚之鹤鸣子和。以二至五正覆震艮相对也。凡旧解无不误。亦皆赖易林以通。先天卦象。清儒谓为宋以前所无。辟之数百年矣。乃易林无不用之。邵子所传一二三四五六七八之先天卦数。及日月星辰水火石土之八象。清儒尤讥其无理。易林亦无不用之。于是著焦氏易林注十六卷。焦氏易诂十二卷。以正二千年周易之误解。卦气者卜筮之资，乃必与时训相附。初莫明其故。久之知七十二候之词。皆由卦象而出。如中孚曰蚯蚓结。上巽为虫。故曰蚯蚓。中孚正反巽。相对于中。故曰蚯蚓结。于复曰麋角解。震为鹿故曰麋。艮为角。艮覆在地。则角落矣。故曰麋角解。初以为偶然耳。既求之各卦无不皆然。且用正象覆象半象靡不精切。凡易林所举失传之象。如以艮巽为鸿雁。以兑为斧为燕。求之卦气图往往而在。于周易所关至巨。乃著周易时训卦气图易象考一卷。文王演易。本因二易之辞。而改易旧卦名者。约二十卦。其旧名略见于宋李过西谿易说。乃说之不详。至清黄宗炎朱彝尊马国翰等迭考之。于某卦当今之某卦。略得矣。而皆未详其义。又二易繇词。杂见于传记者。其卦名虽异。其取象则同。可考见周易之沿革。乃著连山归藏卦名卦象考一卷。易理之真解既明。易象之亡者复得。于是由汉魏以迄明清。二千年之误解。遂尽行暴露。非前人智慧之不及。乃易象失传之太久也。因之及门诸友环请注易。乃复成易注二十二卷。以其与先儒旧说十七八不同。而又不敢自匿其非也。因名曰周易尚氏学。以二千余年之旧解。今忽谓其多误。以一人之是。谓千百人皆非。无乃骇众。然而易象易理。如此则协。如彼则鳌。一经道破。明白易知。以天下之大。千百年学士之多。果无一人同我者乎。乃复泛览易说。至数百家之多。果得会稽茹敦和。乾隆进士。著周易大衍。其发明失传之象。与我同者十有五。如以坎为矢。震为輹。艮为床等是也。得归安卞斌。嘉庆进士。著周易通释。以巽为豕。以坤为鱼。以坎为矢。其取象与我同者三。得安仁卢兆敖。嘉庆进士。著周易辑义。以乾为日。以鸣鹤在阴之阴为山阴。说龙战于野云。天地之大德曰生。生生之谓易。故天地不交则万物不通。以战为交接。说与余同者三。得黄冈万裕云。嘉庆举人。著周易变通解。谓左氏风行而著于土。山岳则配天。川壅为泽。震之离亦离之震。荀爽注家人。谓离巽之中有乾坤。同人谓乾舍于离。同日而居。坤舍于坎。同月而居。皆明言先天卦位。说与余同者六。得宛平李源。道光举人。著周易函书补义。说西南得朋。乃与类行。朋即类。类即朋。阴以阳为朋。复曰朋来无咎。谓阳来也。阴以阳为类。颐六二曰行失类也。谓往不遇阳也。说天地变化。草木蕃云。蕃者掩闭。说大过以巽为女妻。以兑为老妇。谓既济以离为东。坎为西。说与我同者九。得江宁沈绍勋。著周易示儿篇。言焦氏易林为言易者所不解。其学遂绝。苟有深明象数者。一一诠注。可以发无穷之义蕴。乃注易林乾之随艮之离二卦。皆原本象数。又谓左传同复于父敬如君所。及南国蹶舍其元王中厥目等辞。皆明言先天卦位。说与我同。此六人者。其说易虽不皆善。而各有二三说与余符合。可见真理之在天壤。久而必明。孔子曰德不孤必有邻。岂不然乎。乃引以自证焉。独左氏與易林所用正覆象。迄无一人用以解易者。则余说之赖以证明者。不过百分之五六耳。其有待于后者尚多也。泛览既久。乃成易林评议十二卷。年老健忘。偶有所得。不即书之。转瞬即逝。力矫其病。成读易偶得录二卷。读书偶得录四卷。太玄说易。与易林等重。乃太玄筮法。人与人殊。从无论定。乃著太玄筮法正误一卷。凡说易之书约有十种。其立说与取象十七八与先儒不同。其誉我者。王晋卿先生谓。将二千年来。儒者之盲词呓说。一一驳倒。使西汉易学。复明于世。孟子所谓其功不在禹下。陈散原先生谓。此书千古绝作。今世竟有此人。著此绝无仅有之书。本朝诸儒。见此当有愧色。其谤我者。谓郑虞旧注。为历代易家所尊重。今忽谓其多疵。岂有清一代如惠氏父子张惠言姚配中诸人之尊崇郑虞者之皆误乎。是则妄诞之甚。然而我所举之易说易象。皆周易所固有。我不过举左传易林等书。用以证明。以贡献于学者之前耳。至于毁之誉之弃之取之。在其人之功力如何。庸足计乎。此外著查勘明陵记四卷。燕京城垣沿革考一卷。燕京历代宫殿考一卷。灌园余暇录六卷。槐轩见闻录二卷。客余随笔一卷。文集四卷。诗集四卷。槐轩说诗十二卷。二十六年讲学莲池书院。为毛诗说二卷。始吾以易象失传。故易说多晦。乃浏览毛诗新旧各说。其晦黯与易同。惜余年老。不获终业。只说召南周南二篇耳。老人资性鲁钝。幼读书日不过十余行。讷于言。见事迟滞。今年七十矣。回忆生平所历。如科名如学问。无不艰苦既久。而后得之。年十八入邑庠。二十一补廪膳生。乃七应乡举。始举于乡。成进士时年已三十三。先母张太宜人殁已三年。又外祖育堂公。有知人鉴。见余兄弟文。谓必腾达。吾当见其成。乃乡举报捷。先一月而公殁。科第之荣。世俗所重。二老人期望终身。竟不得目睹。以博一笑。此则生平所最痛心者。及通籍为官。不三年得补主事。又二年迁员外郎。得京察一等记名军机章京。军机章京即唐宋之中书舍人。据形势之地。最为清要。乃将任职。而清室鼎革。其为学。当少年精力强壮之时。为制艺所困。不得专致力于诗古文。乃通籍后始专意为之。而吴先生已殁。乃问法于吴北江常稷笙贾佩卿刘苹西诸同学。凡有所作。无不就正。遂门径粗通。而易学十种。其伏根在二十年前。其考求遗象而成书。则在二十年后。其念兹在兹之艰苦。有非言语所能形容者。盖易林既通。以易林注易。而易林未通以前。实以易注易林。呜呼困矣。老人生平足迹所至。昔赴汴应试。值河水大涨。得观黄河威势。民国三年奉部檄。往热河查避暑山庄古物。因得遍观庄内七十二胜境。及园外八大处之名迹。康熙乾隆两帝之墨迹。徜徉于山水湖石之间者约一年。五年从塔宣抚使为参赞。遍游张家口大同归化城诸边塞。九年因赈至汉口。登黄鹄矶。览大江。陟晴川阁。访琴台。复乘江轮至九江。冒雨登匡庐绝顶。北望大江。如长虹挂天。东眺鄱阳湖。波浪春天。十年查赈河北。游蓟门百泉。登啸台。访邵子安乐窠。东至黎阳。陟大伾寻禹迹。瞻佛图澄所刻石佛像。高十丈。抚端木子手植桧。十五年至蚌埠。驻徐州。登云龙山。访东坡遗迹。拜亚父冢。回至济南。泛大明湖。登历亭。得李北海杜工部宴处。十八年赴沈阳。过碣石山海关。东望大海波涛作黑色。平生足迹止此。老人自幼游佛庙则喜。道院则否。殊不知其所以然。初读佛经。懵不知落处。后阅五灯会元。达观禅师云。禅是经纲。经是禅纲。提纲正纲。了禅见经。乃穷览禅说。久之。知唐宋以来禅家大师。道齐诸圣。其寥寥数语。能括尽经教精华。其大自在处。已入吾儒圣境。凡吾儒谤佛者。皆不知佛之实际与吾儒同。且不知吾儒中庸之道与佛无异也。盖自唐之王维白居易裴休。宋之杨亿李遵勖张九成李邴冯楫。十数人外。鲜有知此者矣。禅语既会。再读诸经。立知归宿。然仍不能解脱也。十四年冬。因时局兀臬不能去怀。偶阅马祖与百丈观野鸭因缘。遂脱然放下。因说偈曰。参得江西过去禅。应无所住得真铨。森罗万象飞飞过。不许些微把眼穿。因废弃时事。安心著书。后读僧璨信心铭曰。大道无难。惟嫌拣择。但莫爱憎。洞然明白。又曰。才有是非。纷然失心。凡著书不能无拣择。无是非。于是著书之念亦放下。放下再放。回思旧梦。尽是云烟。历历数之。真多事也。

右系先君七十岁时所写自传。先君生于一八七〇年（同治九年）七月二十七日。殁于一九五〇年四月十日。享年八十一岁。写此传时约为一九三九年。正当华北沦陷时期。忧国心伤。无以自遣。书此述怀。聊作一生总结。然先君事迹之足可称述者。当不只此。即以著述而论。自传中未经提及者尚多。如诸子古训考十八种。洞林筮案。郭璞洞林注。易卦杂说。槐轩杂著。（易筮）卦验集存。周易导略论。国学概论。云烟过眼录。避暑山庄记。河北省通志（兵事篇）等二十余种。或自以为零星小品。无足称述。或为七十岁后所写。未及完成。先君自九一八事变。由东北返京后。即在京寓为生徒讲易。院内有老槐二株。因名屋曰槐轩。先君于学无所不窥。除著述外。对于方术医药。无不精通博洽。凡家庭妇孺。以及邻舍老幼。偶患病症。一经诊治。无不手到病除。或劝悬壶以济世。先君未允。北京中医学会遂聘为顾问。又精于鉴赏金石文玩。工于绘事。所绘山水。介乎云林子久之间。名画室曰无声诗室。自号石烟道人。教子骧以画法。因号骧为小烟。元配卢氏。早亡。无所出。继配王氏。生子二。长骏。幼殇。次即骧。女三。长兰。适行唐傅氏。次桐云。适长垣焦氏。三女章云。适东鹿李氏。骧工科大学毕业。历任重工业部建筑工程部工程师。孙沣辅仁大学毕业。供职北京电业局。孙女慧娟。适北平席氏。曾孙四。曾孙女一。俱幼读。一九六二年三月尚骧谨记。

参考文献

一　著作类

（一）尚秉和著作类

（汉）焦延寿著，尚秉和注，常秉义点校：《焦氏易林注》，光明日报出版社 2005 年版。

（汉）焦延寿著，尚秉和注：《焦氏易林注》，九州出版社 2017 年版。

刘光本撰：《周易古筮考通解》，山西古籍出版社 1994 年版。

尚秉和：《周易古筮考》，中国书店 1990 年影印本。

尚秉和：《周易尚氏学》，中华书局 1980 年版。

尚秉和著，常秉义点校：《焦氏易诂》，光明日报出版社 2006 年版。

尚秉和撰，陈金生点校：《焦氏易诂》，中华书局 1991 年版。

尚秉和撰，张善文校理：《易说评议》，中国大百科全书出版社 2005 年版。

（二）古籍著作类

（汉）班固撰，（唐）颜师古注：《汉书》，中华书局 1962 年版。

（汉）桓宽：《盐铁论》，《诸子集成》，中华书局 1954 年版，第 7 册。

（汉）京房撰，（吴）陆绩注：《京氏易传》，载《四库术数类丛书》（六），上海古籍出版社 1991 年版。

（汉）司马迁：《史记》，中华书局 2006 年版。

（汉）司马迁撰，（宋）裴骃集解，（唐）司马贞索隐，（唐）张守节正义：《史记》，中华书局 2013 年版。

（汉）扬雄撰，（宋）司马光集注，刘韶军点校：《太玄集注》，中华书局 1998 年版。

（汉）郑玄撰，（宋）王应麟编：《周易郑康成注》，载（清）永瑢、（清）纪昀等《钦定四库全书》，台北：台湾商务印书馆 1986 年影印本，经部易类，第 7 册。
（魏晋）王弼著，楼宇烈校释：《王弼集校释》，中华书局 1980 年版。
（晋）陈寿撰，（宋）裴松之注：《三国志》，中华书局 1959 年版。
（唐）魏征、令狐德棻撰：《隋书》，中华书局 1973 年版。
（宋）程颢、程颐撰，潘富恩导读：《二程遗书》，上海古籍出版社 2000 年版。
（宋）程迥：《周易古占法》，载（清）永瑢、纪昀等《钦定四库全书》，台湾商务印书馆 1986 年影印本，第 12 册。
（宋）范晔撰，（唐）李贤等注：《后汉书》，中华书局 1965 年版。
（宋）黎靖德编，王星贤点校：《朱子语类》，中华书局 1994 年版。
（宋）陆佃解：《鹖冠子》，上海古籍出版社 1990 年版。
（宋）欧阳修著，李逸安点校：《欧阳修全集》，中华书局 2001 年版。
（宋）邵雍著，郭彧整理：《邵雍集》，中华书局 2010 年版。
（宋）赵汝楳：《筮宗》，（清）永瑢、纪昀等：《钦定四库全书》，台北：台湾商务印书馆 1986 年影印本，第 19 册。
（宋）朱熹撰，廖明春点校：《周易本义》，广州出版社 1994 年版。
（宋）朱震：《汉上易传》，九州出版社 2012 年版。
（明）来知德：《周易集注》，九州出版社 2012 年版。
（清）顾炎武著，（清）黄汝成集释，栾保群、吕宗力点校：《日知录集释》，上海古籍出版社 2006 年版。
（清）黄宗羲：《易学象数论》，九州出版社 2007 年版。
（清）惠栋撰，郑万耕点校：《周易述》，中华书局 2007 年版。
（清）孔广森撰，王丰先点校：《大戴礼记补注》，中华书局 2013 年版。
（清）李道平撰，潘雨廷点校：《周易集解纂疏》，中华书局 1994 年版。
（清）李富孙：《易经异文释》卷一，《皇清经解续编》卷五百三十九，《续修四库全书》，上海古籍出版社 2002 年影印本，经部易类，第 27 册。
（清）毛奇龄：《仲氏易》，上海古籍出版社 1990 年版。
（清）皮锡瑞：《经学通论》，中华书局 1954 年版。
（清）孙星衍撰，陈抗、盛冬铃点校：《尚书今古文注疏》，中华书局 2004 年版。
（清）王先谦撰，沈啸寰、王星贤点校：《荀子集解》，中华书局 1988 年版。
（清）王先慎撰，钟哲点校：《韩非子集解》，中华书局 1998 年版。

（清）永瑢、纪昀等：《焦氏易林提要》，《钦定四库全书》，台湾商务印书馆1986年影印本，子部术数类，第808册。
（清）永瑢、纪昀等：《钦定四库全书总目》，台湾商务印书馆1986年影印本。
郭彧：《〈京氏易传〉导读》，齐鲁书社2002年版。
何宁：《淮南子集释》，中华书局1998年版。
黄晖：《论衡校释》，中华书局1990年版。
孔凡礼点校：《苏轼文集》，中华书局1986年版。
李学勤主编：《十三经注疏·春秋左传正义》，北京大学出版社1999年版。
李学勤主编：《十三经注疏·礼记正义》，北京大学出版社1999年版。
李学勤主编：《十三经注疏·尚书正义》，北京大学出版社1999年版。
李学勤主编：《十三经注疏·周易正义》，北京大学出版社1999年版。
梁韦弦：《〈程氏易传〉导读》，齐鲁书社2003年版。
林忠军：《〈易纬〉导读》，齐鲁书社2002年版。
钱大昕：《嘉定钱大昕全集》，江苏古籍出版社1997年版。
上海师范大学古籍整理研究所校点：《国语》，上海古籍出版社1998年版。
苏舆撰，钟哲点校：《春秋繁露义证》，中华书局1992年版。
邬国义、胡果文、李晓路撰：《国语译注》，上海古籍出版社1994年版。
徐昂：《释郑氏爻辰补》，南通翰墨林书局1947年影印本。
徐昂：《周易对象通释》，南通竞新公司1937年影印本。
徐昂：《周易虞氏学》，南通竞新公司1936年影印本。
许慎：《说文解字》，中国书店1989年版。
杨伯峻译注：《论语译注》，中华书局1980年版。
张惠言撰，刘大钧校点：《周易虞氏义》，载北京大学《儒藏》编纂与研究中心编《儒藏》（精华编一〇册），北京大学出版社2010年版。
朱杰人等主编《朱子全书》（修订本），上海古籍出版社、安徽教育出版社2010年版。

（三）今人著作类

高亨：《周易大传今注》，齐鲁书社1979年版。
高亨：《周易古经今注》（重订本），中华书局1984年版。
顾颉刚编著：《古史辨》，海南出版社2005年版，第3册。
李镜池：《周易探源》，中华书局1978年版。
李学勤：《周易溯源》，巴蜀书社2006年版。

林忠军:《象数易学发展史》第一卷，齐鲁书社 1994 年版。
林忠军:《象数易学发展史》第二卷，齐鲁书社 1998 年版。
刘大钧:《今、帛、竹书〈周易〉综考》，上海古籍出版社 2005 版。
刘大钧:《纳甲筮法》，齐鲁书社 1995 年版。
刘大钧:《周易概论》，齐鲁书社 1988 年版。
刘大钧、林忠军注译:《周易传文白话解》，齐鲁书社 1993 年版。
刘玉建:《两汉象数易学研究》，广西教育出版社 1996 年版。
潘雨廷:《读易提要》，上海古籍出版社 2003 年版。
杨庆中:《二十世纪中国易学史》，人民出版社 2000 年版。
杨树达:《周易古义》，上海古籍出版社 2007 年版。
张其成主编《易学大辞典》，华夏出版社 1992 年版。
朱伯崑:《易学哲学史》，华夏出版社 1995 年版。
朱伯崑主编《周易知识通览》，齐鲁书社 1993 年版。
朱兴国:《三易通义》，齐鲁书社 2006 年版。

（四）出土文献类

丁四新:《楚竹书与汉帛书〈周易〉校注》，上海古籍出版社 2011 年版。
廖名春:《马王堆帛书周易经传释文》，载杨世文等编《易学集成》，四川大学出版社 1998 年版。
马承源主编《上海博物馆藏战国楚竹书（三）》，濮茅左整理注释之《周易》，上海古籍出版社 2003 年版。
清华大学出土文献研究与保护中心编，李学勤主编《清华大学藏战国竹简（肆）》，中西书局 2013 年版。

二　论文类

陈来:《帛书易传与先秦儒家易学之分派》，《周易研究》1999 年第 4 期。
陈良运:《〈焦氏易林〉作者考辨——兼与黎子耀先生商榷》，《周易研究》1992 年第 3 期。
陈良运:《汉代〈易〉学与〈焦氏易林〉》，《中州学刊》1998 年第 4 期。
陈良运:《焦延寿思想渊源考辨——兼证〈焦氏易林〉产生年代》，《江西师范大学学报》（哲学社会科学版）2000 年第 1 期。
陈良运:《京房〈易〉与〈焦氏易林〉》，《周易研究》1999 年第 1 期。

程石泉：《孔子与〈易经〉——马王堆帛书〈易〉之经传中新发现》，《孔子研究》2002 年第 5 期。
崔波：《京房易学思想述评（上）》，《周易研究》1994 年第 4 期。
崔波：《京房易学思想述评（下）》，《周易研究》1995 年第 1 期。
邓立光：《从帛书〈易传〉析述孔子晚年的学术思想》，《周易研究》2000 年第 3 期。
丁四新：《〈易传〉类帛书零札九则》，《周易研究》2007 年第 2 期。
丁四新：《从出土竹书综论〈周易〉诸问题》，《周易研究》2000 年第 4 期。
方尔加：《〈焦氏易林〉之管见》，《周易研究》2004 年第 2 期。
韩慧英：《〈左传〉〈国语〉筮数"八"之初探》，《周易研究》2002 年第 5 期。
韩慧英：《评"古史辨派"的〈周易〉筮法观》，《周易研究》2017 年第 5 期。
韩慧英：《试析清华简〈筮法〉中的卦气思想》，《周易研究》2015 年第 3 期。
韩慧英：《为往圣继绝学——民国年间传统治〈易〉路径之研究》，《周易研究》2010 年第 4 期。
韩慧英：《荀爽"乾坤坎离"说浅议》，《周易研究》2006 年第 3 期。
何琳仪：《帛书〈周易〉校记》，《周易研究》2007 年第 1 期。
黄高宪：《黄寿祺〈周易尚氏学札记〉评述》，《周易研究》1998 年第 4 期。
黄黎星：《以象解筮的探索——论尚秉和先生对〈左传〉〈国语〉筮例的阐解》，《周易研究》2002 年第 5 期。
李学勤：《〈归藏〉与清华简〈筮法〉〈别卦〉》，《吉林大学社会科学学报》2014 年第 1 期。
李学勤：《〈周易〉与中国文化》，《周易研究》2005 年第 5 期。
连劭名：《考古发现与先秦易学》，《周易研究》2003 年第 1 期。
连镇标：《郭璞易学思想考》，《周易研究》2000 年第 4 期。
连镇标：《焦延寿易学渊源考》，《周易研究》1996 年第 1 期。
连镇标：《尚秉和易学思想考》，《周易研究》2007 年第 2 期。
梁韦弦：《坤卦卦辞"西南得朋，东北丧朋"的解释及相关问题》，《古籍整理研究学刊》2004 年第 4 期。
林忠军：《从帛书〈易传〉看孔子易学解释及其转向》，《北京大学学报》（哲学社会科学版）2007 年第 3 期。

林忠军：《焦延寿易学杂说》，《山东大学学报》（哲学社会科学版）1993年第4期。
林忠军：《论两汉易学的形成、源流及其特征》，《山东大学学报》（哲学社会科学版）2000年第1期。
林忠军：《王家台秦简〈归藏〉出土的易学价值》，《周易研究》2001年第2期。
刘大钧：《“卦气”溯源》，《中国社会科学》2000年第5期。
刘大钧：《〈大一生水〉篇管窥》，《周易研究》2001年第4期。
刘大钧：《帛〈易〉源流蠡测》，《文史哲》2005年第4期。
刘大钧：《今、帛、竹书〈周易〉与今、古文问题》，《周易研究》2005年第2期。
刘大钧：《〈周易〉古义考》，《中国社会科学》2002年第5期。
刘光本：《尚秉和易学思想初探》，《周易研究》1995年第4期。
刘玉建：《试论两汉易学的传承——与尚秉和先生商榷》，《理论学刊》1996年第2期。
刘震：《从〈蒙〉卦看〈周易〉的教育思想》，《周易研究》2016年第6期。
刘震：《孔子与〈易传〉的文本形成之管见》，《孔子研究》2011年第4期。
刘震：《清华简〈筮法〉与〈左传〉〈国语〉筮例比较研究》，《周易研究》2015年第3期。
刘震：《清华简〈筮法〉中的“象”“数”与西汉易学传承》，《周易研究》2014年第3期。
王保玹：《京氏〈易〉今古文考》，《中国哲学史》1992年第1期。
王正一：《西汉〈易〉学中的两个京房》，《春秋》2006年第1期。
于载洽：《论〈易〉之“朋”象》，《晋阳学刊》1981年第5期。
赵杰：《本易理以诂易辞，由易辞以准易象——试论尚氏易学的特色及其对易学史的贡献》，《周易研究》2002年第6期。
〔日〕池田知久：《周易与原始儒学》，《清华大学学报》（哲学社会科学版）2002年第3期。

后　　记

本书的初稿系本人的博士学位论文，记得当初之所以选择尚秉和先生的易学思想作为研究对象，最初的起源是深慕尚先生精湛的象数之思，尤其是读书时初识《周易古筮考》，为书中所记先生娴熟的筮占射覆技艺所折服，待到博士学业将尽，发现学界研究尚先生思想的作品并不多见，且并无专著以先生的整体易学思想为对象，故而有了大胆的想法，妄开尚先生思想研究之新图景。后来真正深入尚先生的等身著作中，才发现之前对尚先生的认识实为井底蛙见。尚先生不但在象数易学方面造诣深厚，他对于易学史，特别是西汉易学史的研究也独具特色，如他以《焦氏易林》为出发点，提出了诸多西汉易学传承中的重要问题。同时，尚先生不但在易学领域贡献卓著，他在经史、诗文等领域也为学界所重。到此，我也才明白，正是由于尚先生所涉领域之广、所专象数之深，所以才鲜有人贸然研究之而恐误读先生之本意。所幸当年求学于山东大学易学与中国古代哲学研究中心，蒙业师刘大钧先生不弃与同门诸位师兄弟助力，我怀着惶恐，借着“无知者无畏”的胆量，完成了以“尚秉和易学思想”为题的博士学位论文。

因为深知自己学识有限，对于尚先生易学思想的研究尚有许多不尽如人意的地方，所以博士学位论文完成后我并没有急于出版成册。多年间，因为工作辗转，几次尝试将书稿完善后出版，却总觉得对尚先生思想的理解未臻于尽善尽美。直到数年前，我有幸获得了国家社会科学基金后期资助项目的资助，结合在评审过程之中专家高屋建瓴的意见，我也终于鼓起勇气将对尚秉和先生的易学思想的研究提到日程上来。近年来坚持在中国人民大学开设关于《周易》的选修课程，弘扬传统象数易学思想的教学在一定程度上提高了我的学术视野；与学界同仁不间断地交流沟通，也使我对于尚先生的易学思想有了更为深刻的认识，结合近年来学界在出土文献等不同领域的立异新说，我对书稿进行了系统性的修改和调整。在家人的理解和支持下，终于完成对于尚秉和易学思想的第二次研究。

本书虽然较之当初的博士学位论文有了一些改进，但由于尚秉和先生的易学思想广奥深邃，加上本人学疏才浅，故本书错谬和浅薄之处仍在所难免，敬请方家批评指正。

最后，本书的编辑出版赶上了2019、2020年之交的疫情，在举国上下居家防疫期间，承蒙刘大钧先生不吝赐序，不但对拙著予以奖掖，而且还对书中的不足做了有益的补充。恩师的道德文章是我一生学习的楷模。同门李尚信师兄、张克宾师弟为序文的打印校对也做了大量工作，笔者在此一并表示衷心的感谢。感恩学界师友对我一直以来的支持和帮助！论文的出版，也要向中国社会科学出版社及郝玉明女士致谢。

是为记。

韩慧英记于北京寓所

2020年5月29日